全国高职高专市场营销专业规划教材

网络营销理论与实务

主　编　尹瑞林

副主编　夏　静　李　玮　王　颖

人民邮电出版社

北　京

图书在版编目（CIP）数据

网络营销理论与实务／尹瑞林主编．—北京：人民邮电出版社，2011.10（2016.1重印）
全国高职高专市场营销专业规划教材
ISBN 978-7-115-26399-5

Ⅰ．①网… Ⅱ．①尹… Ⅲ．①网络营销—高等职业教育—教材 Ⅳ．①F713.36

中国版本图书馆 CIP 数据核字（2011）第 189284 号

内 容 提 要

本书以培养学生的网络营销实践能力为目标，内容涉及网络市场特征和网络消费者，网络市场调研，网络营销工具，网络营销的产品及服务策略，网络营销价格策略等九个方面，突出了网络营销的"发展性、技术性、实践性"三大特征。本书体例新颖、案例丰富、语言精练，实用性非常强。

本书可作为高职院校市场营销、电子商务及相关专业的教材，也可作为营销工作者和研究人员的参考用书，还可作为网络营销师认证考试及短期培训班的培训资料。

全国高职高专市场营销专业规划教材
网络营销理论与实务

◆ 主　编　尹瑞林
副主编　夏　静　李　玮　王　颖
责任编辑　李宝琳
执行编辑　王楠楠

◆ 人民邮电出版社出版发行　北京市丰台区成寿寺路 11 号
邮编　100164　电子邮件　315@ptpress.com.cn
网址　http://www.ptpress.com.cn
北京艺辉印刷有限公司印刷

◆ 开本：787×1092　1/16
印张：16　　　　　　　2011年10月第1版
字数：210千字　　　　2016年1月北京第3次印刷

ISBN 978-7-115-26399-5

定　价：29.00元
读者服务热线：(010)81055656　印装质量热线：(010)81055316
反盗版热线：(010)81055315

总　序

随着社会主义市场经济的快速发展，尤其是市场营销理念的飞速发展，用人单位对市场营销专业人才的需求十分旺盛，要求也越来越高。掌握最新的市场营销理论和营销技巧，并且具有较高的专业素质、较强的适应能力的人才更受企业的青睐。

高职高专市场营销专业以培养社会各行业发展所需的一线市场营销应用型人才为目标，其毕业生应具有良好的理论基础，接受过专门的职业化训练，并且具有一定的实践经验。因此，在市场营销专业人才培养的过程中，高职高专院校应以市场需求为导向，在课程体系和实训体系的设置上下工夫，培养出高素质的应用型和技能型人才，以适应市场经济发展对市场营销及其相关专业人才的广泛需求。为此，人民邮电出版社组织众多教学一线的教师，围绕"以能力为本位，以应用为主旨"的指导思想，打造了这套"全国高职高专市场营销专业规划教材"。其鲜明的特色和科学、合理的体例结构，得到众多专家的一致肯定和教学一线老师的认可。

首先，本套教材的体例模式充分体现了"理论教学"与"实践教学"并举。在体例设置上，本套教材每章章首均设置了"知识目标"和"能力目标"，有利于学生有方向、有针对性地展开学习；每章正文开始前都有"案例引入"部分，选取了现实生活中能体现本章内容的鲜明实例，一方面启发学生的思考，另一方面让学生对本章的内容产生亲切感；每章正文结尾处设置了"本章小结"和"思考题"，以利于学生回顾、自查学过的知识；最后的"实践技能训练"部分是根据本章的能力目标、围绕本章所学内容设计的实训项目，老师可以据此安排学生进行实际操作。整个教材的体例编排依托课堂，以案例分析、专题讨论为亮点，通过大量的经典案例对学生的思维进行启发，以增加学生的感性认识；同时，针对课程中出现的一些特殊内容，如市场调查、消费者行为学等，安排学生去实地进行实践。

其次，本套教材加入了新理论、新知识、新趋势。在经济全球化、信息化、科技化等新时代背景下，企业为了稳定发展、赢得最大的利润，不停地对市场营销这一课题进行探讨。如何通过市场营销这个利器发掘出企业的谋生之路、发展之路，是众多企业关注的焦点。激烈的市场竞争推动了市场营销的发展，传统的营销方式也发生着巨大的变化，企业的目光开始转向品牌战略型市场营销、电子商务网络型市场营销等。本套教材根据市场营销理论的发展和市场的需求，调整了课程设置、增加了新兴的课程；在内容编排方面也加入了学科和技术发展的最新动态，淘汰了陈旧过时的内容，把市场营销理论和营销技术发展的最新成果适当地纳入到教学内容中，突出了实践型和应用型教育的特点。

最后，本套教材语言精练，让学生"看了就懂，懂了会做"。书中各章节内容除了必要的理论阐述，其他知识和内容多以流程式的方式组织和编排，语言力求精练，避免太过学术化的表述，便于学生快速掌握，快速"上手"。

本套教材的编者均拥有丰富的实践经验和教学经验，知识体系全面，了解实际教学中最需要什么样的教材，知道如何让教材与实际教学更好地衔接，因此由他们编写本套教材十分合适。

希望本套教材的出版可以为高职高专市场营销及相关专业的教学工作增添几分特色，为促进市场营销人员的培养尽一份绵薄之力。

前　言

人类社会已经步入网络经济时代，网络的优势和价值已经被社会各界所认同。与此同时，网络营销也成为当前理论研究、企业实践的热点。网络营销是企业为实现整体市场营销目标，依托现代信息技术与网络技术而开展的、以满足顾客需求为中心的新型营销方式，它既给传统的市场营销带来了挑战，也为其开拓了更为广阔的发展空间。同时，企业的实践活动极大地促进了网络营销理论的发展。

我国拥有最庞大的网民群体，他们构成了巨大的网络消费群体。特别是近年来，随着网络技术的发展和网络营销环境的变化，我国出现了许多新的网络营销资源和网络营销模式，这既丰富了网络营销的教学内容，也对网络营销的教学提出了新的挑战。

本书从市场营销理念与网络技术相结合的视角，构建了网络营销的内容体系，通过实证分析，提出了网络营销的新策略。本书共分为九章：网络营销概述、网络市场特征和网络消费者、网络市场调研、网络营销工具、产品及服务策略、网络营销价格策略、网络营销促销策略、网络营销渠道策略、网络营销实施与控制。各章内容简明扼要，并配有"知识目标"、"能力目标"、"案例引入"、"本章小结"、"思考题"和"实践技能训练"，有助于学生快速掌握本章知识点，并将其在实践中加以应用。

本书在编写时结合最新的网络实践，紧扣高职高专的教学特点，系统介绍了网络营销的基本原理与实践技巧，力图做到深入浅出、论据翔实、富有创新性。本书注重基础理论，讲求内容实用，既可作为市场营销类专业的课程教材，也可作为从事市场研究与销售工作人员的参考书。

参与本书编写工作的有李玮（第一、二章）、王颖（第三、四、五章）、夏静（第六、七章）、尹瑞林（第八、九章），全书由尹瑞林担任主编并负责统稿。山东英才学院商学院刘庆林院长、付宏华副院长参与了教材编写提纲的讨论，并对课程内容的设置和撰写提出了宝贵的意见。本书在编写过程中也得到了其他同事的大力支持和帮助，在此表示衷心的感谢。

本书在编写过程中，借鉴了国内外大量的出版物和网上资料，由于编写体例的限制未在文中一一注明，在此，谨向各位作者表示由衷的敬意和感谢。由于网络营销的不断发展和作者水平有限，本书仍有很多不足，欢迎各位读者批评指正，以便在修订时使本书更趋完善。

目　　录

第一章　网络营销概述

知识目标

1. 理解并掌握网络营销的定义。
2. 理解网络营销与传统营销的异同。
3. 理解网络营销的特点与优势。

能力目标

熟悉网络营销环境。

案例引入

B2C "新贵" ——京东商城

2010 年艾瑞咨询发布的中国网络购物市场监测数据显示：京东商城是中国垂直 B2C 市场最大的"3C 产品"（计算机、通信和消费电子产品）网购专业平台，是中国电子商务领域受消费者欢迎和颇具影响力的电子商务网站之一，其页面如图 1-1 所示。

图 1-1　京东商城电脑配件页面

京东商城的发展主要得益于其富有特色的垂直 B2C 运作模式。其运作模式主要具有以下特点。

(一) 精准定位

据京东商城调查数据显示，经过 5 年的发展，截至 2009 年年底，京东商城固定用户达 600 万，累积订单量 1 000 万，相对于其他 B2C 企业上千万的用户量，这两个数字证明了京东商城的用户黏度非常高。在京东商城购买商品的用户中，25~35 岁的人群占到了 56%，公司职员和企业管理者占到了 70%。

京东商城当初进入市场时以 3C 为切入点，从而使自己能够轻松上阵，提高资源整合能力，并在 3C 领域进一步深耕细作。不过，可以看到，京东商城目前在线销售的产品，除了 3C 产品外，还有日用百货类产品。显然，京东依托自己的优势领域以及已建立起来的好口碑，正逐步做大、做强。

(二) 降低成本

对于网上购物，消费者看重的就是便宜、快捷、方便。这对于所有的 B2C 公司来说，意味着网络生存的法则就是"低成本、高效率"。

京东商城商品价格的制定从不参考同行价格，而是有自己的一套价格制定措施，以保证其在同行业中具有绝对的价格优势。

作为零售商的传统家电卖场，其账期一般在 100 天左右，严重挤占了供货商的现金流。而京东商城在创立之初，就自建信息系统，根据消费者在网上的点击率、关注程度、过往的销售量等信息，迅速对产品销售作出预判，并对产品销售全过程进行信息化管理，充分利用电子商务的高效率优势，尽可能缩短账期。京东商城目前的平均库存周转只需 12.6 天，平均账期只有 20 天，其优势显而易见。

(三) 大胆创新

京东商城的发展与其大胆创新的开拓精神分不开。京东商城在发展的过程中，成功开创了很多个行业第一，丰富了电子商务的运作模式。

例如，2004 年 7 月，京东在全国首创即时拍卖系统——京东拍卖场；2006 年 6 月，京东商城开创业内先河，全国第一家以产品为主体对象的专业博客系统——京东产品博客系统正式开放；2007 年 10 月，京东商城在北京、上海、广州三地启用移动 POS 上门刷卡服务；2009 年 2 月，京东商城尝试出售一系列特色上门服务，包括上门装机服务、电脑故障诊断服务等。

京东商城的这一系列举措，体现了开拓创新的精神，是不断为消费者提供个性化服务、不断丰富客户体验、不断保持客户关系的表现，这非常符合网络时代的市场竞争要求。

精准定位、降低成本、大胆创新，正是凭借这些独特的运营特点，京东商城成功地走到了今天。

第一节　网络营销的概念

随着互联网络的兴起和发展，电子商务这一新兴的商业运作模式将传统的商务流程电子化、数字化。互联网对于传统市场营销最具革命性的影响在于其缩短了生产和消费之间的距离，减少了商品的流通环节，消费者足不出户就可以在网上完成购买行为。在这样的背景之下，网络营销应运而生。

一、网络营销的定义

网络营销的英文名称一般采用 E-marketing，"E"表示电子化、信息化、网络化，与电子商务（E-business）、电子虚拟市场（E-market）相呼应。网络营销又可以称为网上营销、在线营销、互联网营销等，其是以国际互联网络为基础，利用数字化信息和网络媒体的交互性来辅助营销目标实现的一种新型的市场营销方式。笼统地说，凡是以互联网为主要手段开展的营销活动，都可称之为网络营销。

网络营销以互联网替代了传统的报刊、邮件、电话、电视等中介媒体，利用互联网对产品的售前、售中、售后各环节进行跟踪服务，自始至终贯穿在企业经营的全过程，寻找新客户、服务老客户，从而最大限度地满足客户需求、开拓市场、增加盈利。

网络营销是企业整体营销战略的一个组成部分，是为实现企业总体经营目标而进行的以互联网为基础手段的各种营销活动，其本质仍然是商品交换，其目的仍然是满足交换双方的需要。对于企业来说，通过网络营销可以实现企业的盈利；对于消费者来说，通过网络营销可以获得自己所需要的产品或服务。这里所说的产品或服务包括一切可以满足顾客需要的因素，如货物、服务、思想、知识、信息、技术、娱乐等有形和无形的因素。

综上所述，网络营销是企业以现代营销理论为基础，利用互联网（也包括企业内部网和外部网）技术和功能，最大限度地满足客户需求，以开拓市场、增加盈利为目标的经营过程。

二、网络营销的产生

网络营销的产生是科技发展、消费者观念转变等多种因素综合作用的结果，网络营销的产生有其技术基础、观念基础、现实基础和市场基础。

（一）网络营销产生的技术基础

现代电子技术和通信技术的应用和发展是网络营销产生的技术基础。随着互联网的飞速发展和广泛普及，其已成为全球性的快捷、方便的信息沟通渠道。商业贸易的过程需要有大量数据信息的传输，这也使得 Internet 的商用潜力被挖掘出来。

联合国国际电信联盟（International Telecommunication Union，ITU）统计数据显示，互联网用户总数在 2010 年年底已突破 20 亿，接近全球 1/3 的人口，其中最大用户比例来自亚太地区。中国互联网络信息中心（China Internet Network Information Center，CNNIC）统计报告显示，截至 2010 年 12 月底，中国网民规模达到 4.57 亿人，互联网普及率达到 34.3%；互联网商务化程度迅速提高，2010 年全国网络购物用户规模年增幅 48.6%，是增幅最快的网络应用。网上支付、网上购物和网上银行使用率迅速提升，更多的经济活动已步入了互联网时代。

（二）消费者价值观的变革是网络营销产生的观念基础

随着互联网在商业领域的应用，当今企业正面临着前所未有的激烈竞争，市场逐渐从卖方向买方演变，世界各地的企业都在想方设法满足消费者的需求，以消费者为导向的营销时代来临了。在买方市场上，消费者面对着更为纷繁复杂的商品和品牌选择，这一变化使消费者心理与以往相比呈现出以下特点。

1. 个性消费回归

传统营销是在媒体介质单向传播的前提下出现的，但互联网改变了这一切，消费者与厂商之间沟通的鸿沟正在被填平，带来的直接变化就是消费者对传统品牌的依赖度大幅下降。在网络营销过程中，消费者的主动性增强了，通过进入感兴趣的企业网站或虚拟商店，消费者可获取更多的相关信息和产品组合，从而使购物更显个性。

2. 购物过程更加理性化

在网络营销中，消费者容易接触到更多的商品信息，可以多方面进行信息的查询和对比。例如，对于正在考虑购买商品的消费者，他们可以轻易地找到先前购买了该商品的消费者的相关评论，只需轻点鼠标就可以对不同产品进行比较。这使得消费者被欺骗和误导的概率降低，他们可以更理智地购买。

3. 对购物方便性的追求和对购买乐趣的追求并存

一方面，一些工作压力较大、生活紧张度较高的消费者会以购物的方便性为目标，追求时间和劳动成本的尽量节省；另一方面，一些消费者则恰好相反，一些自由职业者或家庭主妇希望通过购物消遣时间、寻找生活乐趣、保持与社会的联系、减少心理孤独感，因此他们愿意花费时间和体力进行购物，前提必须是购物能为他们带来乐趣，能满足其心理需求。这两种相反的心理将在今后较长的时间内并存和发展。

4. 消费者的主动性增强

在社会化分工日益细化和专业化的趋势下，消费者对消费的风险感随着选择的增多而上升。在许多大额或高档的消费中，消费者往往会主动通过各种可能的渠道获取与商品有关的信息并进行分析和比较，这也就意味着消费者在购买商品时的主动性在增强。

（三）商业竞争的日益激烈化是网络营销产生的现实基础

随着经济全球化的发展，市场竞争日趋激烈，为了在竞争中占据优势地位，各企业都使出了浑身解数来吸引顾客。市场竞争已不再单纯依靠表层的营销手段的竞争，经营者迫切需要进行变革，以尽可能地降低商品在从生产到销售的整个供应链上所占用的成本和费用比例，缩短运作周期。

而对于经营者的变革要求，网络营销可谓一举多得。开展网络营销，可以节约大量昂贵的店面租金，可以减少库存商品资金占用，可以使经营规模不受场地限制，便于采集客户信息等，这些都使得企业经营的成本和费用降低、运作周期变短，从根本上使企业的竞争优势增强、盈利增加。正如时代华纳集团旗下的新媒体公司副总裁诺尔顿所言："虽然目前我们还不知道该怎样赚钱，但必须现在就看好网络上的无限商机。"

（四）网络营销配套服务水平的不断提高是网络营销的市场基础

制约和影响互联网发展的最大因素是网络安全。众多商家和消费者对网上大量进行的商业活动心存疑虑。资金不安全、虚假广告以及其他可能出现的问题使得商家和消费者裹足不前。CNNIC《第 26 次中国互联网络发展状况统计报告》表明：89.2% 的电子商务网站访问者担心访问到假冒网站；如果他们无法获得该网站进一步的确认信息，86.9%的人会选择退出交易。互联网向商务交易型应用的发展，需要可信、可靠的网络环境作为支撑。网络营销要充分发挥其效力，还需要网上支付、政策法规、物流等一系列的配套服务作为基础。

1. 银行金融服务

随着电子商务的发展、网络的迅速普及，以及网民渗透率的加速提升，网银业务的发展为网络营销特别是在线销售提供了便捷的支付和结算手段。在用户注册数方面，"计世资讯"的调研结果显示，2010年第一季度中国网上银行的注册用户数规模达到2.28亿，环比增长16.9%（如图1-2所示）。"易观智库"发布的《2010年第三季度中国网上银行市场行业数据库》显示，2010年第三季度中国网上银行活跃用户数达到1.65亿户，环比增长14.5%，同比增长61.3%，继续保持高速增长。

单位：亿

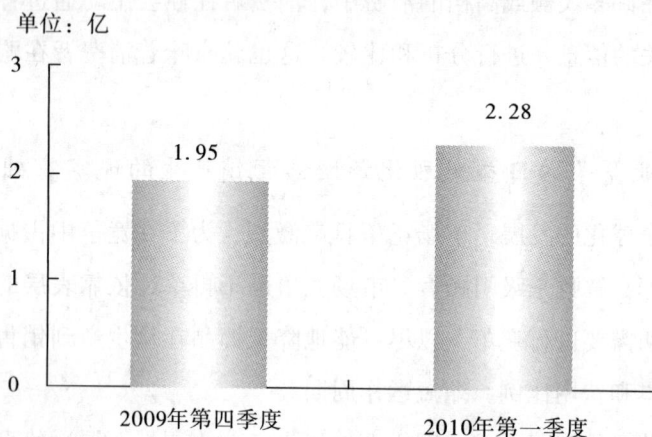

图1-2 2009年第四季度、2010年第一季度中国网上银行注册用户数总体规模
数据来源：计世资讯，2010年5月

2. 政策法规

为了规范电子签名行为，确立电子签名的法律效力，2004年第十届全国人大通过了《中华人民共和国电子签名法》。2006年6月，商务部公布了《中华人民共和国商务部关于网上交易的指导意见》（征求意见稿），有效地避免了网上交易面临的交易安全性问题。2007年12月17日，商务部公布了《商务部关于促进电子商务规范发展的意见》，该意见出台的目的在于，希望能够促进电子商务规范发展，引导交易参与方规范各类市场行为，化解交易矛盾，促进电子商务健康发展。2008年4月24日，商务部起草了《电子商务模式规范》和《网络购物服务规范》。2009年

12 月，商务部发布了《关于加快流通领域电子商务发展的意见》，旨在加快发展面向消费者的专业网络购物企业，培育一批知名度高、实力强、运作规范的专业网络购物企业，建设交易商品丰富、服务内容多样的新型商业网站，加快发展面向消费者的第三方电子商务平台，鼓励中小企业和个人借助电子商务平台开展网上交易。2010 年 6 月，商务部发布了《关于促进网络购物健康发展的指导意见》，旨在发展交易安全、服务完善、管理规范、竞争有序的网络购物商城，建设安全可信、高效便捷的第三方网络购物平台，促进网络购物群体的快速成长。

另外，工业和信息化部等相关部门也都开始实施各自出台的一系列法规政策，以扶持和规范电子商务产业的健康发展，这其中涉及"网上支付跨行清算系统"与"第三方网络支付牌照"（B2B、B2C 与 C2C 网络支付）、"手机实名制"（移动电子商务、移动支付）、个人进口税调整（网络购物、海外代购）等。

3. 物流服务

每天在全球范围内发生着数以百万计的商业交易，每笔交易的背后都伴随着物流和信息流，物流是否便捷影响着绝大多数卖家的效率和绝大多数买家的满意度。合理化、现代化的物流，通过降低费用从而降低成本、优化库存结构、减少资金占用、缩短生产周期，保障现代化生产的高效进行。相反，缺少现代化的物流，网络营销将难以顺利进行。

在互联网企业中，正是物流拯救了美国的亚马逊公司，并创造了亚马逊今天的业绩。亚马逊三次大胆地将免费送货作为促销手段（如图 1-3 所示），并且不断降低免费送货服务的门槛，从而薄利多销、低价竞争，以物流的代价去占领市场、招揽顾客、扩大市场份额。亚马逊在配送模式上采取外包的方式，将库存控制在最低水平，实现零库存运作，并且根据不同商品类别建立不同的配送中心，提高配送中心的作业效率，并且采取"组合包装"技术，扩大运输批量。正是由于亚马逊有完善、优化的物流系统作为保障，它才能将物流作为促销的手段，并有能力严格地控制物流成本和有效地进行物流过程的组织运作。

图 1-3　亚马逊网站免费送货

　　我国在交通运输、仓储设施、信息通信、货物包装与搬运等基础设施建设方面已经取得了一定的发展，为物流产业的发展奠定了必要的基础。另外，现代包装技术和机械化、自动化货物搬运技术在我国的广泛应用，改善了我国物流活动中货物运输的散乱现象和人背肩扛的手工搬运方式。同时我国已自主开发和研制了各类包装和搬运机械设备，这为先进机械的投产使用奠定了扎实的技术基础，同时也降低了本行业应用新技术的资金成本。

　　但是，中国物流产业起步较晚，甚至可以说是电子商务的发展带动了物流产业的发展。从某种程度上说，目前物流产业的发展速度并没有完全跟上电子商务的发展，物流产业的发展仍任重而道远。

三、网络营销的特点

　　随着互联网技术发展的成熟、互联网成本的低廉，以及互联网应用的日渐普及，互联网将生产者和消费者跨时空联系起来，这大大降低了交易的成本，使得交易双方在时间和空间上有了更大的活动范围。与传统营销方式相比，网络营销具有很多传统营销所不具备的独特、鲜明的特点。

（一）网络信息全球传播性

　　网络的全球互联共享性和开放性，决定了网络信息具有无地域、无时间限制的全球传播性，由此也决定了网络营销效果的全球性。网络营销是在无国界的、开放的、全球的范围内去寻找目标客户的营销手段。全球化的市场带来的是更大的成交可能性、更广域的价格和更加良好的质量。

作为 2010 上海世博会唯一的互联网服务高级赞助商，腾讯成为了世博网络平台的总集成、总运营与总维护者。打开腾讯网首页，"世博精彩，无处不在"的广告语成为腾讯网世博会期间的闪亮主题（如图 1-4 所示）。腾讯携手亿万网友，将世博会的精彩延展到了世界各个角落，让这一场永不落幕的盛宴实至名归。

图 1-4 腾讯网"世博精彩，无处不在"广告图片

（二）信息沟通的实时性

快速、准确的信息传递与获取是信息化时代企业捕捉商机、提高效率、获得营销竞争力的关键。论坛、E-mail、即时通信工具以及社会化网络的出现，使得顾客在产生某种产品需求欲望时就能有针对性地及时了解产品和服务信息，商家也能够充分了解消费者的喜好与需求，从而通过提供优良的在线服务增强客户的信赖感。图 1-5 是联想的客服首页，联想提供 24 小时全天候在线技术支持，企业派驻经验丰富的工程师 24 小时在线为顾客即时答疑。

图 1-5　联想客服首页

（三）营销运营低成本

　　网络营销以计算机网络为营销环境，减少了销售中间环节，简化了信息传播过程。这可以节省大量的店面租金和人工成本，减少库存产品的资金占用，增加资金的利用率。可以说，网络营销以低廉的成本，获得了极大的效果。企业节省下来的开支，可以让利于消费者。通过网络营销，消费者和企业可以达到双赢。

（四）网络资源的整合性

　　网络的开放性，决定了从业者的广泛性，由此也决定了网络营销资源的整合性。网络营销不但可以对传统营销的多种营销手段和营销方法进行整合从而在网络上得以体现，还可以对整个网络上的传播资源进行整合。例如，广告联盟的成功运作、友情链接的交换都体现了网络资源的整合性这个特点。

（五）网络营销的个性化

充分展示和张扬自己的个性是这个时代的特点之一，因而利用消费者的好奇心进行网络营销往往更为有效。在网络营销中利用一些创新的想法和别人从未使用过的网络资源来进行营销，通常可以出奇制胜。

（六）营销过程的交互性

商家通过互联网可以展示商品目录，提供有关商品信息的查询；可以和顾客进行实时、双向的互动沟通，进行一对一的人性化促销；可以进行产品测试与消费者满意度调查等。可以说，网络是产品设计、商品信息提供以及服务的有力工具。网络营销的交互性使得用户和商家之间有了交流的机会，距离感大大缩短。

四、网络营销的职能

网络营销具有八大职能：网站推广、网络品牌、信息发布、网上调研、销售促进、线上销售、顾客服务、顾客关系。

（一）网站推广

获得必要的访问量是网络营销取得成效的基础，尤其是中小企业，由于其受经营资源的限制，发布新闻、投放广告、开展大规模促销活动等的宣传机会比较少，因此通过互联网手段进行网站推广的意义显得更为重要，这也是中小企业对于网络营销更为热衷的主要原因。即使对于大型企业，网站推广也是非常必要的，事实上许多大型企业虽然有较高的知名度，但网站访问量却不高。相对于其他功能来说，网站推广显得更为迫切和重要，网站所有功能的发挥都要以一定的访问量为基础，因此，网站推广是网络营销最基本的职能之一，是网络营销的基础工作。

（二）网络品牌

网络品牌建设以企业网站建设为基础，通过一系列的推广措施，达到顾客和公众对企业的认知和认可。网络营销的重要任务之一就是在互联网上建立并推广企业的品牌，以及让企业的网下品牌在网上得以延伸和拓展。网络营销为企业利用互联网建立品牌形象提供了有利的条件，无论是大型企业还是中小企业都可以通过互联网快速建立品牌形象，并提升企业的整体形象。网络品牌价值是网络营销效果的表现形式之一，可以说，在一定程度上网络品牌的价值甚至高于通过网络获得的直接收益。

（三）信息发布

网络营销的基本思想就是通过各种互联网手段，将企业营销信息以高效的手段向目标用户、合作伙伴、公众等群体传递，因此信息发布就成为网络营销的基本职能之一。掌握尽可能多的网络营销资源、充分了解各种网络营销资源的特点，以及向潜在用户传递尽可能多的有价值信息，是网络营销取得良好效果的基础。

（四）网上调研

通过在线调查表或者电子邮件等方式，可以完成网上市场调研，因此相对于传统的市场调研，网上调研具有高效率、低成本的特点。网上调研不仅为制定网络营销策略提供支持，也是整个市场研究活动的辅助手段之一，它与网络营销的其他职能具有同等地位，既可以依靠其他职能的支持而开展，同时也可以相对独立地进行。网上调研的结果反过来又可以为其他职能的更好发挥提供支持。

（五）销售促进

市场营销的基本目的是为最终增加销售提供支持，网络营销也不例外。各种网络营销方法大都直接或间接具有促进销售的效果，同时还有许多有针对性的线上促销手段，这些促销方法并不限于对网上销售的支持。事实上，网络营销对于促进线下销售同样很有价值，这也就是为什么一些没有开展网上销售业务的企业一样有必要开展网络营销的原因。

（六）网上销售

网上销售是企业销售渠道在网上的延伸，一个具备网上交易功能的企业网站本身就是一个网上交易场所，网上销售渠道建设并不限于企业网站本身，还包括建立在专业电子商务平台上的网上商店，以及与其他电子商务网站不同形式的合作等，因此网上销售并不仅仅是大型企业才能开展，不同规模的企业都有可能拥有适合自己需要的在线销售渠道。

（七）顾客服务

互联网提供了更加方便的在线顾客服务手段，从形式最简单的 FAQ（常见问题解答），到电子邮件、邮件列表，以及在线论坛和各种即时信息服务等，在线顾客服务具有成本低、效率高的优点，这直接影响到网络营销的效果。

（八）顾客关系

顾客关系是与顾客服务相伴而生的一种结果，其对于开发顾客的长期价值具有至关重要的作用。而网络营销为建立顾客关系、提高顾客满意度和忠诚度提供了更为有效的手段。网络营销的交互性和良好的顾客服务手段增进了顾客关系，这成为网络营销取得长期效果的必要条件，成为企业创造和保持竞争优势的重要策略。

五、网络营销与相关概念的关系

网络营销的特点在于"网络"的使用，没有网络，就没有网络营销。网络营销的实质是电子化、信息化、全球化，要更好地理解这一定义，应注意以下几点。

（一）网络营销不单纯是网上销售

正如营销不同于零售一样，网络营销也并不是网上销售的同义词。企业的目标市场可以分为传统有形市场和网络虚拟市场，企业的营销手段也因此可以分为传统营销手段和网络营销手段。总的来看，企业的营销活动如表1-1所示。

表1-1　企业的营销活动

		市场	
		传统有形市场	网络虚拟市场
营销	网下	（区域Ⅰ）传统市场营销	（区域Ⅱ）部分网络营销
	网上	（区域Ⅲ）部分网络营销	（区域Ⅳ）纯网络营销

资料来源：刘向晖著．网络营销导论．北京：清华大学出版社，2005

实际上网上销售是传统营销和网络营销的整合，是网络营销发展到一定阶段的产物。网络营销是为实现网上销售目的而进行的一项基本活动，但网络营销本身并不等同于网上销售。

这可以从以下三个方面来说明。

（1）从表1-1中可以看出，网络营销的范围涵盖了区域Ⅱ、区域Ⅲ和区域Ⅳ，常见的问题是将网络营销理解为纯网络营销（区域Ⅳ），这种概念上的混淆缩小了网络营销的范围。

（2）网络营销的效果可能表现在多个方面，例如企业品牌价值的提升、与客户沟通的加强等。网络营销并不一定能实现网上直接销售的目的，但有助于提升总体的销售量。

（3）网上销售的推广手段也不仅仅靠网络营销，往往还要采用许多传统的方式，如传统媒体广告、新闻宣传等。

（二）网络营销不仅限于网上

如表1-1所示，网络营销是企业整体营销战略的一个组成部分。网络营销的手段也不仅限于网上，而是注重网上网下相结合。网上营销和网下营销是相辅相成、互相促进的营销体系。网络营销往往需要网下活动的配合，网下的营销活动也需要网上营销的辅助。一个完整的网络营销方案，除了在网上做推广外，也有必要在网下进行传统的营销宣传。淘宝、当当等互联网企业在成立之初都曾耗费巨资进行线下的广告推广，而且现在它们也逐渐开始开展线下业务。再例如阿里巴巴，很多人是通过其总裁马云在传统媒体中对阿里巴巴的宣传才对其有所了解的，它的电视广告中有句很响亮的广告词："网上贸易，创造奇迹。"

（三）网络营销的重点在于"营销"，网络技术只是实现营销目的的工具

以企业的主营业务为主旨，以网络和网络营销技术为工具，工具围绕主旨服务，这是国内外多数网络营销企业成功的共同特点。美国一家网上药品杂货公司的老板在被问及技术与业务之间的关系时说道："我们注重的是药品和销售。"至于电子商务，他说："只不过是碰巧使用了互联网来作为销售和沟通的工具而已。"

（四）网络营销不等同于电子商务

电子商务是一个非常广义的概念，是包括电子交易在内的，利用网络进行的全部商务活动。那么电子商务与网络营销之间是什么关系呢，我们可以通过图1-6形象地看出来。

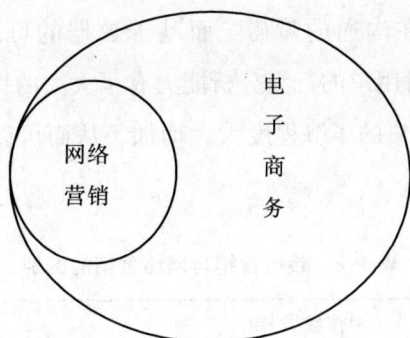

图1-6　电子商务与网络营销关系示意图

电子商务的内涵很广，其标志和核心是电子化交易，它强调的是交易方式和交易过程的各个环节。而网络营销注重的是以互联网为主要手段的营销活动，其重点在交易前阶段的宣传和推广，无论是传统企业还是基于互联网开展业务的企业，无论其是否具有电子化交易的发生，都需要网络营销，因此网络营销是电子商务的组成部分，并且是非常重要的一个组成部分，实现电子商务一定是以开展网络营销为前提的。

第二节　网络营销与传统营销

一、网络营销对传统营销的冲击

在当前网络环境不断发展的情况下，网络经济愈发显现出了它的优势。虚拟企业的实现、跨时空的营销、企业与客户之间便利的沟通等活动通过互联网可以轻松地实现。因此，网络营销对传统营销带来了一定的冲击，并且这种冲击是多方面的。

（一）对目标市场营销策略的冲击

传统的市场细分理论根据同一产品消费需求的差异性，对消费者进行区分和归类，进而选择消费需求相同或相似的消费者作为营销对象，开展同质化、规模化的营销。而随着网络技术迅速向宽带化、智能化、个人化方向发展，网络营销要求企业以每一个用户的需求来组织生产和销售，企业将运用极限市场细分开展一对一营销。

（二）对传统产品策略的冲击

在传统的市场营销活动中，企业遵循的是市场导向理念，由于客观条件的限制，生产者与消费者之间存在沟通的障碍。而基于数据的可获得性和可分析性（如表1-2所示），网络营销对用户的行为分析能力有了大大的提高。数据分析能力提高带来的直接结果就是对用户的了解程度大大增加，从而可以针对不同用户的个性化需求制定相应的产品策略。

表1-2 传统营销与网络营销的区别

	传统营销	网络营销
数据收集范围	用户接触广告的核心阶段	用户接触广告的全部阶段
数据收集方式	人工，设备辅助	系统自动
数据量	有限，需要抽样	无限，全数据收集
数据准确性	误差很大（很多主观信息）	误差极小（只存在系统误差）
数据连续性	无法连续	可以达到完全连续
数据分析精度	最多细分到人群	可以基于单个用户
数据分析维度	很有限（用户背景）	很丰富（各类用户特性）
数据收集成本	很高	只是硬件投入，边际成本极低

在网络营销里，企业可以随时把握分布在全球各地的消费者的需求动态，根据每位顾客的特点要求单独设计、生产产品，开发出"量身定制"的产品去满足其需求。戴尔对顾客个性化需求的满足就是典型的例子。在整个购买的流程上，戴尔通过网络、电话、邮政等订购的方式为用户提供了多样化的选择。用户仅需通过登录戴尔的直销网站，填个订单，便可根据自己的需求量身定制相关的产品和了解适合自己的售后服务。直销模式带给戴尔以客户为导向的价值理念，真正将用户的兴趣爱好作为产品研发的航标。也因为如此，戴尔有更多的价值空间实现更加多的客户价值。

（三）对营销渠道的冲击

在传统的营销活动中，分销渠道由一系列的市场中介和个人组成，网络的出现动摇了以中间商为基础的产品营销网络，互联网使生产厂商和消费者可以直接进行商品交易，从而减少了商品的流通环节，中间商的重要性大大降低了。在网络营销中，渠道功能显得尤为突出。例如京东商城已经开放了自己的电子商务平台，开始在平台上招商；而当当网也在2010年年初开放了平台。独立B2C平台的开发也使得网上渠道之间相互渗透，品牌商有了更多选择。

（四）对定价策略的冲击

消费者利用网络的开放性和主动性可在全球范围内迅速收集到与购买决策有关的信息，消费者对价格的敏感性大大增强，这要求企业以尽可能低的价格向消费者提供产品和服务。另外，如果企业产品的价格标准不统一或经常变动，客户将会从互联网上认识到这种价格差异，而对企业产生不满，影响企业区分需求定价策略的实施。因此，互联网会使变化不定且存在差异的价格水平趋于一致。网络营销抑制了传统的定价策略，降低了定价策略的随意性。

（五）对传统促销活动的冲击

传统营销中的广告和公关活动是促销策略的主要组成部分之一，互联网为此提供了新的平台，即可以通过互联网发布网络广告来进行网上销售，网络广告消除了传统广告的障碍。由于网络空间具有无限扩展性，因此在网络上做广告可以较少地受到空间篇幅的限制，从而尽可能地将必要的信息一一罗列出来。各类信息，包括营销信息可以以立体多层次交互的形式存在并通过一个简单（或者吸引人）的界面表现在用户面前，其中比较突出的一个特点是网络广告中各种广告形式的组合效果已远远超过了传统广告形式的想象力。

此外，网络广告除了有信息承载量大的特点，还可以通过电脑动画、声音或特效等手段使消费者从视觉、听觉方面接收大量的产品信息，更方便地了解所选产品的性能和特点。网络广告较高的广告效率也为企业创造了便利。企业可以根据网上广告的点击率迅速获知消费者对所投放广告的反馈，从而及时调整促销策略。

二、网络营销与传统营销的整合

网络营销理论是传统营销理论在互联网环境中的应用和发展，是企业整体营销战略的一个组成部分，网络营销活动不可能脱离一般营销环境而独立存在。必须恰当地整合网络营销与传统营销，使得网络营销和传统营销互相影响、互相补充和互相促进，直至最后实现相互融合的内在统一。

（一）网络营销对顾客概念的整合

网络营销和传统营销二者是互补的，也是相融的，都是以满足顾客需求为目标的。但随着网络的发展，消费者对产品和服务的看法也在不断地改变。传统企业开始关注并且进入网络营销领域的动因大多是消费者已经变了，这就需要企业按照客户的需求定制产品和提供相应的服务。网络营销中，由于信息沟通的便利性和时空距离的缩短，企业之间竞争的难度增大了，如何使消费者感到满意，成为企业需要着重考虑的问题。

（二）适时改变价格策略和促销策略

传统企业营销的价格策略主要考虑产品的生产成本和同类产品的市场价格。而在网络营销中，消费者利用互联网可及时获得同类产品和相关产品的不同价格信息，这必然会给企业的定价带来巨大的冲击。为了消除这些不利影响，企业要努力使价格差异减少或实行价格标准化。尤其是在面对网络上更具理性的消费者时，企业在制定价格策略时更要考虑消费者的价值观念。

（三）网络营销对营销渠道的整合

互联网的发展和商业应用，使得传统营销中间商的地缘优势被互联网的虚拟性所取代，互联网的发展改变了营销渠道的结构，这就要求实行多元化的营销渠道模式的整合。

举例来说，戴尔公司在互联网上将生产的计算机直接销售给消费者，公司40%以上的销售额来自这种直销经营。戴尔借助互联网，节省了大量的销售开支，以相当低廉的运营成本，创造出高于业内平均水平的利润。戴尔成功的关键在于实施了多渠道交流策略：除了大胆应用互联网以外，戴尔还建立了一支大规模的直销队伍，向不同领域的潜在客户发送大量促销信件，同时分别为销售和服务部门设立了电话咨询中心。

（四）企业网站的建设与企业形象

企业网站对企业的网络营销来说起着关键的作用。对于开展网络营销的企业来说，企业网站是其对外信息交流的门户和交易的平台，代表着企业的形象。要使企业网络营销与传统营销得以有效地结合，那么企业在网络中的形象应该与现实中的形象达到一致，既能充分反映出企业的实力又不能过分夸张。所以，开展网络营销的企业必须建立一个能够宣传企业和企业的产品，能够作为企业电子商务平台，能够充分满足企业信息交流的网站，同时应设有专门的部门来维护网站的运行并对网站进行管理。相应地，为了使网络营销能够顺利开展，要求企业的其他部门特别是产品研发部门以及物流、售后部门大力支持网络营销，并要安排专门的人员来处理网络营销的有关事务。

第三节 网络营销的理论基础

网络营销是建立在虚拟空间上的，它的运作模式和操作规律与传统营销相比有了很大的变化，但网络营销仍然属于市场营销理论的范畴，它在强化传统市场营销理论的同时，也提出了一些不同于传统市场营销理论的新理论，主要有以下几种。

一、网络整合营销理论

在深入研究互联网各种媒体资源（如门户网站、电子商务平台、行业网站、搜索引擎、分类信息平台、论坛社区、视频网站、虚拟社区等）的基础上，精确分析各种网络媒体资源的定位、用户行为和投入成本，根据企业的客观情况（如企业规模、发展战略、广告预算等）为企业提供最具性价比的一种或者多种个性化网络营销解决方案的行为就被称为整合式网络营销，也叫网络整合营销。

具体来说，网络整合营销是指在一段时间内，营销机构以消费者为核心重组企业和市场行为，综合、协调使用以互联网渠道为主的各种传播方式，对各种营销工具和手段进行系统化的结合，以统一的目标和形象，传播连续、一致的企业或产品信息，实现与消费者的双向沟通，迅速树立品牌形象，建立产品与消费者的长期密切联系，更有效地达到品牌传播和产品行销的目的。其决策过程如图1-7所示。

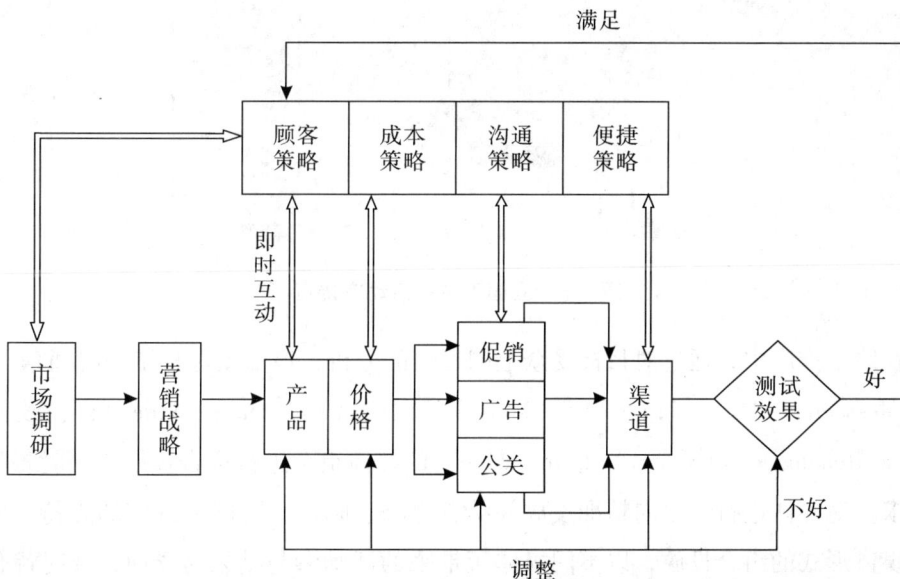

图 1-7　网络整合营销决策过程

网络整合营销是 20 世纪 90 年代以来在西方国家风行的营销理念和方法。它与传统营销"以产品为中心"相比，更强调"以客户为中心"。它强调营销即是传播，即和客户多渠道沟通，与客户建立起品牌关系。与传统营销的"4P"相比，网络整合营销理论的核心是"4C"，即相对于"产品"（Product），要求关注客户（Consumer），提供能满足客户需求和欲望的产品；相对于"价格"（Price），要求关注客户为了满足自己的需求和欲望所可能的支付成本（Cost）；相对于"渠道"（Place），要求考虑客户购买的便利性（Convenience）；相对于"促销"（Promotion），要求注重与客户的沟通（Communication）。

此外，网络整合营销有"4I"原则：趣味原则（Interesting）、利益原则（Interests）、互动原则（Interaction）、个性原则（Individuality）。

比较典型的网络整合营销理论的例子是"立顿"的传情下午茶活动：只要轻松登录 www.lipton-icha.com 便可免费为八大城市指定办公楼的朋友点上一份精美的下午茶。这一活动一时间在全国白领间掀起了一股送茶风潮。该活动如图 1-8 所示。

图 1-8　立顿下午茶活动宣传页

在线上推广中，通过对目标受众上网习惯的分析，该活动选择了即时通信（Instant Messaging，IM）、门户网店（Portal）、在线视频（Online Video）、在线阅读（Online Reading）、电子杂志（E-magazine）的媒体组合进行广告投放。同时根据活动要求，对媒体进行了定向精准投放并结合 BBS、邮件、百度关键字的支持，实施多种媒体形式的组合投放，以不同媒体所带来的活动参与结果为导向，及时优化媒体投放策略，更好地体现了互联网媒体高效和迅速反馈的优势。

在线下推广中，在送茶活动的 8 个城市的商务楼宇中联播电视广告片，传播"立顿免费传情下午茶"活动，告知大家搜索"送茶"，即可以通过搜索引擎登录送茶活动网站，这样成功的跨媒体结合更有效地增加了活动参与人数。

从活动传播效应来看，在一个月的活动期间，网站总计 1 200 万访问量，共吸引了 400 万独立用户登录活动网址，其中 84 万独立用户想参与送茶活动，13 万网友主动发送电子贺卡邀请朋友来参与活动，活动网站内"茶事大家说"的板块也人气大旺，网民们乐于分享成功送茶的经验，并带来更多主动登录网站的参与用户。Nielson. online 的数据统计表明，22 万成功送茶的信息中覆盖 7 万多的独立访问者，也就是说 1 个人的成功体验将影响到 3 个人。

那么这次活动为什么能取得成功呢？

第一，网络整合营销"4I"原则中，趣味原则位于首位，这也显示着网络营销的属性向娱乐化迁徙。上述案例的整个活动中，无论是趣味小游戏，还是分享成功送茶经验，都迎合了现代人追求新鲜事物的心理，趣味盎然。

第二，网络整合营销 4I 原则中提倡利益原则，上述案例中的营销活动为目标受众提供了利益，目标受众免费得到了实实在在的礼物，这也吸引了很多受众参加。

第三，网络整合营销 4I 原则的互动原则强调，消费者完全可以参与到网络营销的互动与创造中来。消费者亲自参与营销过程，会在其大脑中刻下深刻的品牌印记。把消费者作为一个主体，发起其与品牌之间的平等互动交流，可以为营销带来独特的竞争优势。此次活动正因为互动性强而吸引了众多消费者的参与。

第四，网络整合营销 4I 原则提倡个性原则，而上述案例中立顿下午茶的活动体验就是一种个性化的凸显。

总而言之，这次活动运用了多种网络营销方法，以情感为载体，选择了送礼物给朋友这个温馨的点子，通过口碑传递，立顿红茶迅速在网友中流动起来，人们纷纷登录网站送茶传情。

二、网络直复营销理论

美国直复营销协会（American Direct Marketing Association，ADMA）为直复营销下的定义为：直复营销是一种为了在任何地方产生可度量的反应和达成交易而使用一种或多种广告载体交互作用的市场营销体系。直复营销英文表示为"Direct Response Marketing"，其中"Direct"即直接的意思，是指不通过中间分销商而直接通过媒体连接企业和消费者,在销售过程中生产厂商与终端顾客直接对话。"Response"即回复的意思,是指企业与顾客之间的交互,顾客对企业的营销努力有一个买还是不买的明确而直接的回复,企业也可以对这种明确的回复进行数据统计,由此对以往的营销效果作出评价。

相对于传统营销所采用的传统媒介和渠道,直复式营销是主要基于互动媒介,或者互动媒介与传统媒介结合的一种营销活动。这些互动媒介包括电话、直邮、网站、电子邮件、短信以及3G和数字有线电视等。在直复营销中,营销数据占有非常重要的地位,企业能不能有效经营和管理好数据是直复式营销能否给企业带来财富的关键。甚至有人将直复营销称为数据库营销。所以,要从事直复营销的研究和实践必须要掌握数据库的使用方法和技巧。

将直复式营销模式导入企业的营销体系中,通过营销变革提升传统的营销,不但可以帮助企业突破发展瓶颈,还可以构建竞争对手短期内无法逾越的核心竞争力。

三、网络软营销理论

软营销理论是针对工业经济时代以大批量生产为主要特征的"强势营销"提出的新理论。该理论产生的原因是网络本身的特点和消费者个性化需求的回归。该理论强调企业进行市场营销活动时必须尊重消费者的感受和体验,让消费者能主动地接受企业的营销活动。软营销理论有以下两点要求:第一,网络经营者在网络上提供信息必须遵守网络信息规则,即所谓的网络礼仪;第二,网络经营活动中必须坚持以消费者为营销主体,企业是消费者兴趣的追随者。

传统的促销以企业为主体,通过一定的媒体和宣传工具将企业产品的信息强加给顾客,而顾客则被动地接受信息。在这一过程中,企业缺乏与顾客的沟通和联系,营销的效率和成功率较低。而在网络软营销中,营销是一对一和交互式的,顾客可以根据自己个性化的需求自主地选择网络广告和查看商品的促销信息,从而真正地参与到企业的促销活动中;同时,企业也能够通过网络这一便利的沟通媒介,了解到顾客真正的需求。这一过程是顾客主动参与的过程,更容易建立起顾客对企业的认同感。

总结来说,软营销与传统的强势营销的根本区别在于:强势营销的主动方是企业,而软营销的主动方是顾客,个性化消费需求的回归使消费者在心理上要求自己成为主动方,而网络的互动特性也为消费者成为主动方提供了条件。消费者有权利拒绝他们不需要或者不欢迎的广告、信息,他们可以在个性化需求的驱使下自主地去网络上搜索他们需要的信息。可见，传统营销的主动方和被动方在网络营销中正好调换了位置。

传统的强势营销和网络的软营销并不是完全对立的，二者的巧妙结合往往会产生意想不到的效果。有这样一个经典的案例。原以亚洲地区为业务重心的某航空公司，为了扩展更广阔的市场，拟举办一个大型抽奖活动，并在各大报纸上刊登了一个"赠送百万里行"抽奖的广告。与众不同的是，这个广告除了几个斗大的字"奖100万里"及公司网址外没有任何关于抽奖办法的说明，消费者要想了解抽奖办法只有登录公司网站。这样一来，很多消费者主动登录企业网站以获得相关的活动信息，从而为企业下一步运作网络营销奠定了基础。因此，与传统的做法相比，这种整合的运作方式不仅强化了营销效果，同时也更经济。另外，从长远的角度来看，通过这种方式，该公司也提高了公司网站的知名度和消费者登录公司网站的积极性。

四、关系营销理论

关系营销（Relationship marketing）理论所倡导的是，利用一些网络组织技术将企业的营销关系导入一种制度化的相互关系之中，以形成一种长期稳定的市场营销关系网络。其把营销活动看成是一个企业与消费者、供应商、分销商、竞争者、政府机构及其他公众产生互动的过程，其核心是建立和发展与公众的良好关系。世界著名的营销学家菲利普·科特勒（Philip Kotler）认为，关系营销是当今营销学中最被看好的趋势之一。

关系营销的本质特征可以概括为以下几个方面。

1. 双向沟通

在关系营销中，沟通应该是双向而非单向的。只有广泛的信息交流和信息共享，才可能使企业赢得各个利益相关者的支持与合作。

2. 合作

一般而言，关系有两种基本状态，即对立和合作。只有通过合作才能实现协同，因此合作是"双赢"的基础。

3. 双赢

即关系营销旨在通过合作增加关系各方的利益，而不是通过损害其中一方或多方的利益来增加其他各方的利益。

4. 亲密

关系能否得到稳定和发展，情感因素也起着重要作用。因此关系营销不只是要实现物质利益的互惠，还必须让参与各方能从关系中获得情感的需求满足。

5. 控制

关系营销要求建立专门的部门，用以跟踪顾客、分销商、供应商及营销系统中其他参与者的态度，由此了解关系的动态变化，及时采取措施消除关系中的不稳定因素和不利于关系各方利益共同增长的因素。

企业的营销活动是一个与消费者、竞争者、分销商、政府机构和社会组织等诸多方面发生相互作用的过程，正确处理企业与这些个人或组织的关系是企业营销的核心，也是决定企业成败的关键之一。因此，市场营销观念应从简单的以达成一次性交易为目标转变为注重与顾客保持长期、稳定、互利互惠的关系上来，以实现企业与顾客的双赢。

本章小结

网络营销是企业以电子信息技术为基础、以计算机网络为媒介和手段而进行的各种营销活动的总称。本章对网络营销的相关概念以及理论基础进行了介绍，主要包括网络营销的定义、特点和功能，并介绍了网络营销与电子商务的区别；同时对网络营销与传统营销进行了对比分析，指出了它们的区别和联系；最后介绍了网络营销的理论基础，旨在使学生对网络营销有个宏观的把握，从而为以后章节的学习奠定基础。

思考题

1. 什么是网络营销？网络营销的内容有哪些？

2. 与传统市场营销相比，网络营销具有哪些特点与优势？

3. 联系实际谈谈我国企业开展网络营销的必要性与可能性。

实践技能训练

1. 申请一个免费电子邮箱，并熟练使用其各种功能。

2. 登录卓越亚马逊网上书店，熟悉网站的结构和组成，并注册成为会员。

3. 登录互联网天地（www. chinainternet. cn）、中国商务网（www. chinaeb. com. cn）、中国电子商务协会（www. ec. org. cn）等网站了解最新的电子商务、网络营销动态。

第二章　网络市场特征和网络消费者

1. 理解网络消费者的购买动机与购买过程。
2. 掌握消费需求的特点与影响消费者购买的主要因素。

能力目标

能够根据消费者的购买动机以及实际调研分析消费者的购买行为。

案例引入

MasaMaso（玛萨·玛索）引领网民消费观念的又一次变革

如果说淘宝网、拍拍网等的低价策略满足了网友对低价商品的消费需求，实现了消费观念的第一次变革。那么，像 MasaMaso 这类线上知名品牌在承袭网购优势的基础上，又开启了精品消费的网购观念。从注重低价到注重品质，中国网民的消费观念又迎来了一次新的变革。

品质高端、设计前沿、价格亲民、服务到位是 MasaMaso 吸引网购用户的主要原因。MasaMaso 品牌创立之初就确定了自己的中高端定位，致力于摆脱网络销售商品赢在低价而质量参差不齐的大众消费印象。所以，不论是产品的研发设计还是原料的选择订购，MasaMaso 都以国际一线品牌作为参照，旨在打造线上高端优质男装品牌，其网页如图 2-1 所示。

通过高品质的产品和合理的价格，MasaMaso 打动了第一批用户，这也是它踏上成功之路的开始。伴随着知名度的提高和销量的增加，MasaMaso 得到了更多的关注。

和国际大牌的同类产品相比，MasaMaso 的产品价格更加"亲民"，与那些主打价格战的品牌相比，MasaMaso 产品具有更高的品质，这一独特的战略定位使得 MasaMaso 找到了属于自己的发展空间。原来喜欢在网络上购买低价产品的消费者，也开始在网络上寻求高品质的产品。MasaMaso 的上线和消费者习惯的悄然改变不谋而合。因此，在激烈的竞争中，MasaMaso 找到了自己的市场。

图 2-1 MasaMaso 首页

第一节 网络市场特征

随着互联网的盛行，利用无国界、无区域界限的互联网来销售商品或提供服务成为了买卖通路的新选择。对网络市场特征的分析是我们进入网络市场、成功进行产品在线销售的基础。

一、网络市场概况

网络市场的商务应用与发展起源于 20 世纪 70 年代电子数据交换（Electronic Data Interchange，EDI）的应用。随着互联网的普及，电子商务得到迅速发展，并且形成了一定的规模。中国互联网络中心 2010 年 12 月的统计报告表明，中国互联网用户已达 4.57 亿，互联网普及率为 34.3%（如图 2-2 所示），我国网民规模已占全球网民总数的 23.2%，手机网民规模达 3.03 亿。中小企业电子商务应用呈普及化趋势。互联网作为内容和功能全面的平台，成为了人们获取信息的常规来源、娱乐休闲的重要方式以及商务交易的便捷渠道。

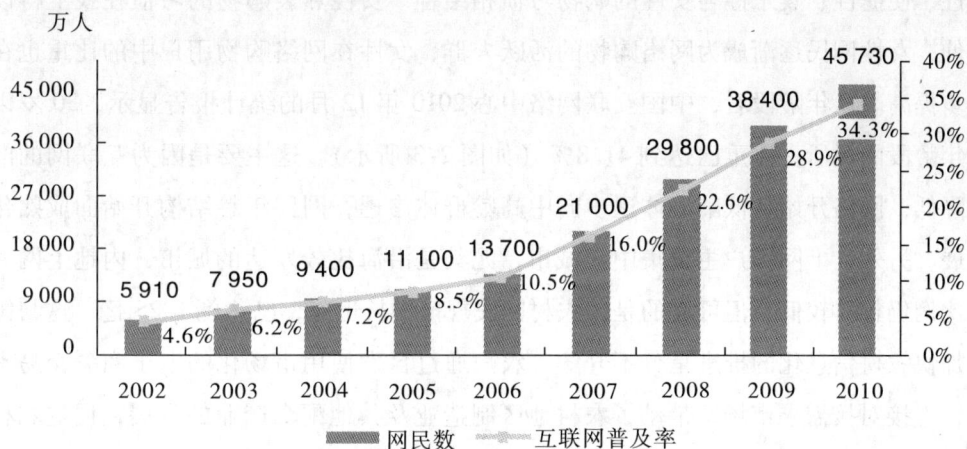

图 2-2   中国网民规模与普及率

另外，艾瑞咨询《2010—2011 年中国网络经济市场研究报告》统计数据显示，2010 年中国网络经济市场规模超过 1 500 亿，同比增长 57.5%，其中，电子商务、网络游戏和网络广告占据市场份额的前三名。

中国网络市场的发展特点如下。第一，实体经济的良好表现是网络经济增长的基础，这保证了企业在互联网领域的投入和消费者网络消费的增长。第二，网络化成为市场增长的热点，在线商贸 B2B 平台的影响力不断扩大，呈现出从信息平台向交易平台的转变；越来越多的传统零售企业开始进入电子商务领域，互联网成为分销的重要渠道；企业更加重视网络营销，网络营销预算比重不断扩大；网民行为渐趋网络化，购物、支付、预订等行为向互联网平台转变。第三，2010 年我国网络经济市场规模有大幅度的增长，主要原因之一是，众多大型赛事、大型活动对市场具有明显的带动作用，企业会借助热点事件进一步加大对网络营销的投入，而世博会、亚运会的召开也会对旅行预订、网络视频、网络购物等行业的市场增长起到促进作用。

二、网民结构特征

随着互联网在我国的发展，网民的结构特征也相应地发生了一些变化。深入分析、了解网民的结构特征，探求其变化趋势和规律，可以较好地把握"谁在使用互联网"这一问题，从而有针对性地确定企业的目标市场。

近几年，随着职业女性工作时间的延长及生活方式的改变，基于网络购物的时尚性、便捷性、娱乐性与女性的购物习惯相结合，女性热衷购物的习惯在线上得以延伸，女性网民逐渐成为网络购物的活跃人群，女性在网络购物用户中的比重也在逐步提高。从年龄段看，中国互联网络中心2010年12月的统计报告显示，30岁以上年龄段网民所占比重已达到41.8%（如图2-3所示）。这主要是因为互联网的门槛降低，网络开始从低龄群体逐步向中高龄群体渗透，网民年龄结构开始向成熟化发展。另外，上网用户主要集中在城市，尤其是沿海比较发达的城市，内地上网人数比例仍相对较低。但可喜的是，农村网民规模增长迅速，已达到1.25亿，这与国家加快农村信息化的推进是分不开的。农户通过自发使用市场化的电子商务交易平台，直接对接需求市场，带动了农村地区制造业及其他配套产业的发展，促进农村产业结构升级和转型，这也带动了周边地区信息化程度的提高。

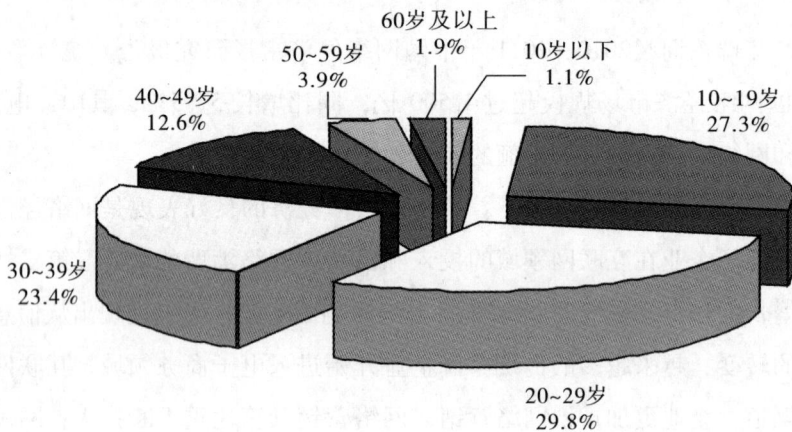

图2-3 网民年龄结构

数据来源：中国互联网络信息中心

三、网民网络使用特征

网民的上网工具呈现多元化，根据中国互联网络中心2010年12月的统计报告，使用台式电脑上网的网民有78.4%，使用手机和笔记本电脑上网的网民分别为66.2%和45.7%。在上网地点的选择方面，网民在家上网的比例显著高于在其他地点，数据显示，有89.2%的网民在家上网，越来越多的家庭接入了网络，相应地，家便成了网民上网的主要地点。在网吧、单位和学校上网的网民分别占35.7%、33.7%和23.2%，还有16.1%的网民在公共场所上网。网民平均每周上网时长为

18.3 个小时，日平均上网时长为 2.6 个小时。

网民上网的最主要目的是获取信息和休闲娱乐。网络购物用户年增长率为 48.6%，是增幅最高的一类网络应用，与之相匹配的网上支付、网上银行等商务类应用的重要性进一步提升，网上支付和网上银行的全年增长率也分别达到了 45.8% 和 48.2%，远远超过了其他类网络应用。更多的传统经济活动步入了互联网时代，在线商务行为已经成为重要的互联网应用，越来越多的线下交易行为持续向线上转变，电子商务的发展已经成为互联网乃至中国经济领域最引人关注的市场。另外，一些新兴的团购和微博客的用户数也初具规模。截至 2010 年 12 月，网上团购用户规模已达到 1 875 万，在网民中占比为 4.1%。新浪数据表示 2011 年上半年中国微博客用户规模已突破一亿。互联网在深入影响人们生活的同时，也带来了更多的机遇，具体如表 2-1 所示。

表 2-1 2009.12—2010.12 各类网络应用的使用率

应用	2010 年		2009 年		增长率
	用户规模（万）	使用率	用户规模（万）	使用率	
搜索引擎	37 453	81.9% ↑	28 134	73.3%	33.1%
网络音乐	36 218	79.2% ↓	32 074	83.5%	12.9%
网络新闻	35 304	77.2% ↓	30 769	80.1%	14.7%
即时通信	35 258	77.1% ↑	27 233	70.9%	29.5%
网络游戏	30 410	66.5% ↓	26 454	68.9%	15.0%
博客应用	29 450	64.4% ↑	22 140	57.7%	33.0%
网络视频	28 398	62.1% ↓	24 044	62.6%	18.1%
电子邮件	24 969	54.6% ↓	21 797	56.8%	14.6%
社交网站	23 505	51.4% ↑	17 587	45.8%	33.7%
网络文学	19 481	42.6% ↑	16 261	42.3%	19.8%
网络购物	16 051	35.1% ↑	10 800	28.1%	48.6%
论坛/BBS	14 817	32.4% ↑	11 701	30.5%	26.6%
网上银行	13 948	30.5% ↑	9 412	24.5%	48.2%
网上支付	13 719	30.0% ↑	9 406	24.5%	45.9%
网络炒股	7 088	15.5% ↑	5 678	14.8%	24.8%
微博客	6 311	13.8%	—	—	—
旅行预订	3 613	7.9% →	3024	7.9%	19.5%
团购	1 875	4.10%	—	—	—

另外，根据市场监测机构中国市场与媒体研究（China Marketing & Media Study，CMMS）2009 年对 30 座城市的 7 万个样本的数据研究显示，网民在互联网上的行为越来越多样化，网上聊天/交友超越新闻阅读、搜索信息成为网民最主要的网络行为，如图 2-4 所示。

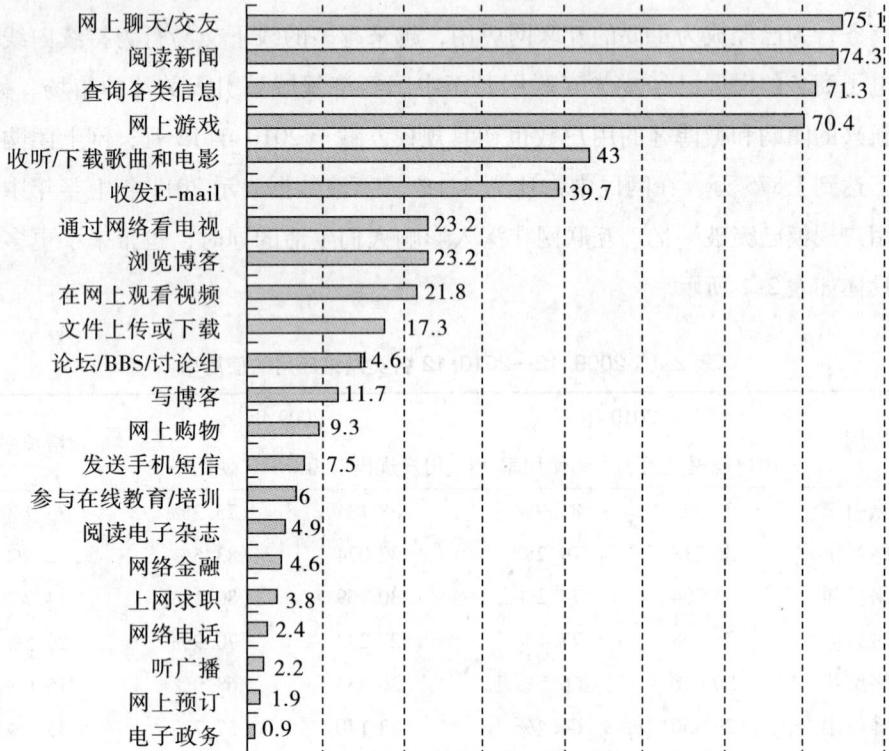

网络行为	比例
网上聊天/交友	75.1
阅读新闻	74.3
查询各类信息	71.3
网上游戏	70.4
收听/下载歌曲和电影	43
收发E-mail	39.7
通过网络看电视	23.2
浏览博客	23.2
在网上观看视频	21.8
文件上传或下载	17.3
论坛/BBS/讨论组	14.6
写博客	11.7
网上购物	9.3
发送手机短信	7.5
参与在线教育/培训	6
阅读电子杂志	4.9
网络金融	4.6
上网求职	3.8
网络电话	2.4
听广播	2.2
网上预订	1.9
电子政务	0.9

图 2-4　中国网民的网络行为

网民需求的多样化注定了单一的网站/频道难以满足用户的需求，搜索引擎类、新闻类、游戏类、博客类等网站都是网民日常关注的重点，而门户类网站对各类网站的整合使得网民可以在一个门户网站中获取各种信息与满足。因此，整合的门户网站对网民的吸引度极高，95.3% 的网民经常访问门户类网站，如图 2-5 所示。

门户类 ████████████████████████████ 95.3
搜索引擎 █████████████████████ 67.6
新闻类 █████████████████ 56.1
游戏类 ███████████████ 49.6
博客类 ███████ 24.8
BBS/社区类 ██████ 21.8
视频网站 ██████ 21.3
电子邮箱 █████ 17.6
地方门户类 █████ 16.9
购物/订票 ████ 15.3
影音娱乐 ████ 13.8
IT/科技类 ███ 11.2
财经网 ███ 10.5
汽车网 ███ 10
体育网站 ██ 9.6
招聘类 ██ 8.8
房产类 ██ 6.6
女人类 █ 3.7
生活信息类 █ 3.6

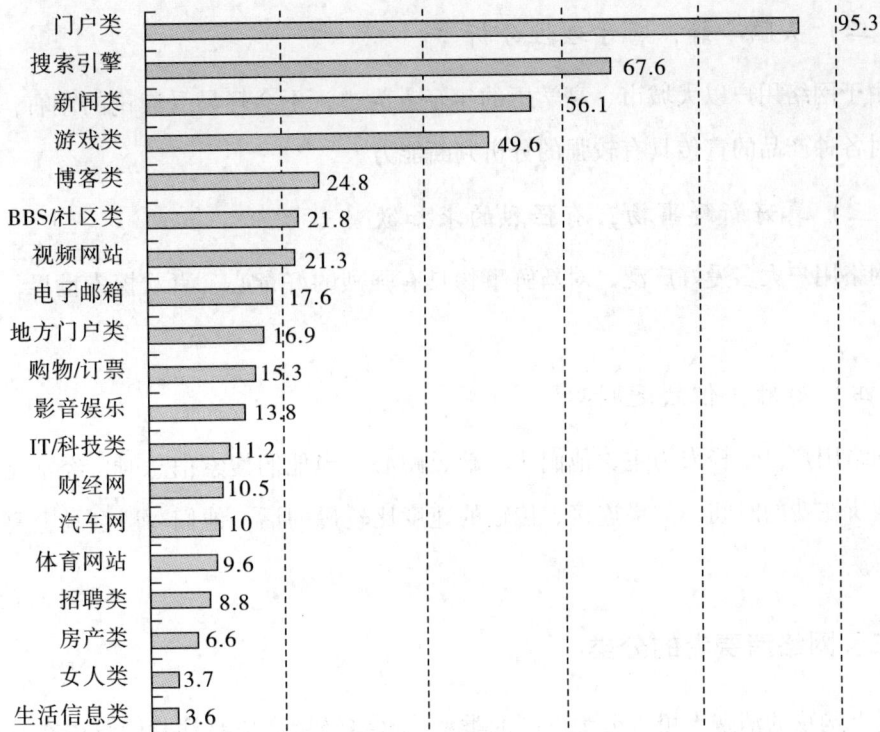

图 2-5　网民经常访问的网站类型

第二节　网络消费者分析

一、网络消费者的特征

网络消费者从狭义上是指通过互联网在电子商务市场中进行消费和购物等的消费者人群，从广义上是指所有上网的人，即全体网民。网络用户是网络营销的主要对象，也是推动网络营销发展的主要动力，要做好网络市场营销工作，就必须了解网络消费者的群体特征。

（一）注重自我

由于目前网络消费者多以年轻、高学历的用户为主，他们拥有不同于他人的思想和喜好，有自己独立的见解和想法，对自己的判断能力也比较自负。所以他们的具体要求越来越独特，而且变化多端，个性化特征越来越明显。

（二）头脑冷静，善于理性分析

由于网络用户以大城市、高学历的年轻人为主，不会轻易受舆论的左右，因此他们对各种产品的宣传具有较强的分析判断能力。

（三）喜好新鲜事物，有强烈的求知欲

网络用户大多爱好广泛，对新鲜事物具有强烈的好奇心，喜欢探索世界，乐于尝试。

（四）好胜，但缺乏耐心

网络用户以年轻人为主，他们比较缺乏耐心，当他们搜索信息时，经常比较注重搜索所花费的时间，如果连接、传输的速度比较慢的话，他们一般会马上离开这个站点。

二、网络消费者的分类

网上购物的消费者可以分为不同的类型，网络经销商应将注意力集中在其中一两种消费者的身上，这样才能做到有的放矢。根据网络消费者的行为目的和特点，可以将其分为以下四种类型。

（一）购买型

购买型网络消费者又可以分为以下几种类型。

1. 网络参与型

这类购物者认为网上社区是最好的购物和讨论购物的场所，他们喜欢在网上浏览论坛、查看和发表帖子。

2. 隐私规避型

这类购物者一般很注重自己的隐私，因此他们特别看重网上购物的私密性。

3. 价格折扣型

这类购物者非常在意商品价格，网上购物主要是寻找价格较低的商品。

4. 贪图方便型

这类购物者需要的是方便直接的网上购物体验，上网的时间不一定很多，但网上交易却不少。网购免去了路途上的困扰，使消费者可以在自己需要的任何一个时间方便、自由地在网上选购商品，享受网购所带来的便利。

5. 自动监控型

这类购物者比较欣赏网上购物可以自动监控整个购物流程的特点。

（二）寻求型

寻求型网络消费者又可以分为直接寻求型和间接寻求型。直接寻求型网络消费者有很直接的信息寻求目标，很清楚地知道自己想借助网络获取何种信息或者得到何种帮助和服务。这类消费者在上网时间段和访问的网站方面有一定的规律。间接寻求型网络消费者的目标比较模糊，只是试探性地在网上寻找有用的或者他们感兴趣的信息。间接寻求型网络消费者在网上的时间很充裕，他们认为网络是有价值的，因而努力在网络上搜寻他们想要的信息。

（三）享乐型

很多网络消费者上网的目的是寻求刺激和快乐。他们通过网络聊天、看电影、玩游戏、发微博等方式获取信息或者共享信息，以达到自我愉悦的目的。

（四）免费品寻觅型

这类网络消费者主要希望借助于互联网这一公共的信息平台获取免费品或者免费体验的机会。现在很多商家也通过让顾客体验产品来抓住顾客的需求，免费体验营销方式已经成为一种全新的营销文化。

三、网络消费者的购买动机

所谓动机，是指推动人们进行活动的内部原动力，即激励人们行为的原因。人们的消费行为都是由购买动机所驱动的。网络消费者的购买动机，是指在网络购买活动中，能使网络消费者产生购买行为的某些内在的动力。我们只有了解消费者的购买动机，才能预测消费者的购买行为，从而采取相应的促销措施。由于网络促销是一种不见面的销售，消费者的购买行为不能被直接观察到，因此对网络消费者购买动机的研究就显得尤为重要。

网络消费者的购买动机基本上可以分为两大类：需求动机和心理动机。前者是指人们由于各种需求所引发的购买动机，而后者则是指由于人们的认识、情感、意志等心理因素引发的购买动机。

（一）网络消费者的需求动机

要研究消费者的购买行为，首先要研究网络消费者的需求动机。美国著名的心理学家马斯洛把人的需要划分为五个层次，即生理的需要、安全的需要、社会的需要、尊重的需要和自我实现的需要。马斯洛的需求理论对网络需求层次的分析具有重要的指导作用。但网络虚拟市场与现实中的市场毕竟有很大的差别，在虚拟的网络环境中人们希望满足以下三个方面的基本需要。

1. 兴趣

网络消费者大多热衷网络漫游，对网络活动抱有极大的兴趣，这种兴趣主要源于两种内在驱动力：探索的内在驱动力和成功的内在驱动力，即人们出于好奇和能获得成功的满足感而对网络活动产生兴趣。

网络消费者在网上进行购买时也可能由于兴趣而对相关产品进行关注和购买。因此，企业在开展网络营销时不但需要为消费者提供产品和服务的信息，还应该提供消费者感兴趣的其他信息，以吸引消费者的注意。例如，在介绍提供数码相机的产品配置、性能和价格等产品信息的同时也为消费者提供摄影方面的知识；在进行图书网上促销的时候还能为读者提供相关的书评等。

2. 聚集

虚拟网络社会提供了具有相似经历的人们聚集的机会，这种聚集不受时间和空间的限制。人们可以利用网络这个平台找到与自己兴趣、爱好相投的人互相之间进行交流和学习。像团购这种消费方式的诞生就是一部分喜欢省钱、省时、省心的消费者组织起来进行的活动。

3. 交流

网民在网络上聚集，自然就会产生交流的需求，而随着交流范围的扩大，又会产生一种示范效应，使得对某种产品和服务有相同兴趣的成员聚集在一起，形成商品交易和信息交流的场所，即网络商品交易市场。上面所提到的网络团购就是网络消费者聚集在一起互相交流买卖信息和经验，从而加大与商家的谈判能力，以求得最优价格的一种新兴购物方式。

（二）网络消费者的心理动机

网络消费者购买行为的心理动机主要体现在理智动机、情感动机和惠顾动机三个方面。

1. 理智动机

理智动机具有客观性、周密性和控制性的特点。这种购买动机是消费者在反复比较各种在线商场的商品后所产生的。因此，这种购买动机比较理智、客观而且很少受到外界因素的影响。这种购买动机主要体现在耐用消费品或价值较高的高档商品的购买中。

2. 情感动机

情感动机是指由人们的情绪和情感所引发的购买动机。这种动机可分为两种类型：一是由于人们喜欢、满意、快乐、好奇而引发的购买动机，它具有冲动性和不稳定的特点；另一种是由于人们的道德感、美感、群体感而引发的购买动机，它具有稳定性和深刻性的特点。

3. 惠顾动机

惠顾动机是建立在理智经验和感情之上的，是因对特定的网站、广告、商品生产具有特殊的信任与偏好而重复、习惯性地前往访问并购买的一种动机。对于由惠顾动机所产生的购买行为来说，网络消费者一般在作出购买决策时心目中已确定了购买目标，并在购买时克服和排除了其他同类产品的吸引和干扰，并按原计划确定的购买目标实施购买行动。具有惠顾动机的网络消费者往往是某一站点忠实的浏览者。

第三节　影响网络消费者购买的主要因素

影响消费者购买行为的主要因素有消费者自身的因素、社会因素、企业和产品因素等。分析影响消费者购买行为的因素，对于企业正确把握消费者行为，从而有针对性地开展市场营销活动，具有极其重要的意义。

一、影响网络消费者购买的外在因素

（一）人口因素

1. 年龄

不同年龄段的人具有不同的特点，如年轻消费者思想活跃、受教育程度更高；而年长消费者稳重、思维缜密、考虑事情比较周全；而且不同年龄段的人对于新兴事物的接受能力不同，并且其关注点也不一样。研究表明，对娱乐类服务最感兴趣的消费者年龄在 18~25 岁，而 26~35 岁的消费者则对商务类、定位类以及信息资讯类服务较感兴趣。

2. 性别

在网络环境中，性别被认为会影响或者调整网络活动的参与模式和程度。有研究发现，男性对于网上购物的态度比女性更加积极，男性网民上网的购物目的比女性网民强。男性相对于女性来说对于网上购物更加信任，感到的风险比较低；同时相对于女性来说，男性认为网上购物更方便、快捷。

在消费过程中，女性感情丰富，容易受非理性心理的影响。这一突出的心理特点仍将在网络消费中产生巨大效应。其主要表现为：容易受折扣、广告等易诱发感性冲动的外在市场氛围的影响；容易受人为气氛的影响，女性的情绪型或"非必需"消费行为往往是在人为因素影响下发生的。再加上女性消费者往往有着把自己的消费经验（积极的或消极的）传递给她所处群体的欲望，因此容易产生群体内的交互从众心理。

另外，为了显示独特的个性，女性购物时往往会尽力使自己的服装、饰物等的样式、风格与众不同。为了达到表现这种自我意识的目的，女性消费者宁愿付出较为高昂的费用来单独定做或批量定制消费品，信息丰富的电子商务能够满足其个性化的市场需求。

3. 职业和受教育程度

不同职业的消费者所受的教育程度是有较大差别的，因而他们喜欢的网站也有很大的差异。有人喜爱娱乐网站，有人喜爱专业性突出的网站；有人上网是为了学习和搜索信息，有人上网是为了游戏和娱乐等。

4. 个性

不同个性的消费者的消费习惯和偏好也不同。不同性格的消费者具有不同的购买行为。性格果断的消费者在购买中往往表现得大胆自信，而性格犹豫的消费者在挑选商品时往往缩手缩脚。

（二）文化因素

网络文化是以互联网为平台发展起来的，其对网络消费者有很大的影响。

网络消费体现了超强的跨时空性，任何人（Whoever）可以在任何时候（Whenever）、任何地方（Wherever）、以任何方式（Whatever）与其他任何人（Whoever）进行各种信息传递，进行相关消费。网络消费导致消费价值观念转化，网络消费者通过网络对消费对象的把握更直观、更形象；同时网络的快捷性、及时性、无边界传输和庞大的信息量使得消费者更容易获得有关消费的信息，这些极大提高了消费者消费的准确性和有效性。通过网络消费，网民不仅可以获得物质上的满足，还可以得到精神上的满足。数字化网络所产生的知识经济合力，缩短了生产和消费之间的距离，并且使网上消费变得更加直接、买卖双方也更容易在一种近乎面对面的、休闲的气氛中达成交换的目的。

（三）市场环境因素

1. 产品和价格

相对于传统的消费模式，网络消费模式提供的产品更为丰富、价格更为诱人；又由于网上购物省时、便捷，消费者足不出户就可实现"货比三家"、进行价格比较，从而进一步降低交易成本。

2. 网站设计

购物网站的界面网页是消费者与商家沟通的平台和基础。界面友好、能够提供方便、快捷服务的网站设计能够促使消费者产生消费欲望并引发其相应的购买行为。网页极强的针对性和互动性能够提高交易成功的概率。

3. 客户服务质量

在所有的商业活动中，客户服务质量直接影响企业利润的上涨，同时也是保证企业运营成功的必要条件，因此，所有的企业都强调"顾客至上"，互联网企业也不例外。中国消费者对于客户服务的看法和需求的变化，特别是对于服务质量的期待，对他们作出最终选择发挥着很大的影响作用。

举例来说，为了尊重用户、满足用户的体验，在听取用户意见的基础上，凡客诚品（VANCL）推出了"免运费"政策，将购物免运费的门槛由原来的每单200元降至几十元（如图2-6所示）。

4. 支付和配送

企业提供的网上支付手段是否多样、是否方便、是否安全，直接影响着消费者最终购买与否。另外，配送服务体系的跟进也会影响网络消费者的购买。

二、影响网络消费者购买的内在因素

（一）消费者的感知

消费者的感知主要体现在感知产品的有用性、感知产品的风险等方面。例如，很多消费者会因为产品存在安全隐患而改变消费习惯。

（二）网络购物经验

良好的购物经历会对网络购物行为起到促进作用。例如，丰富而生动的网站页

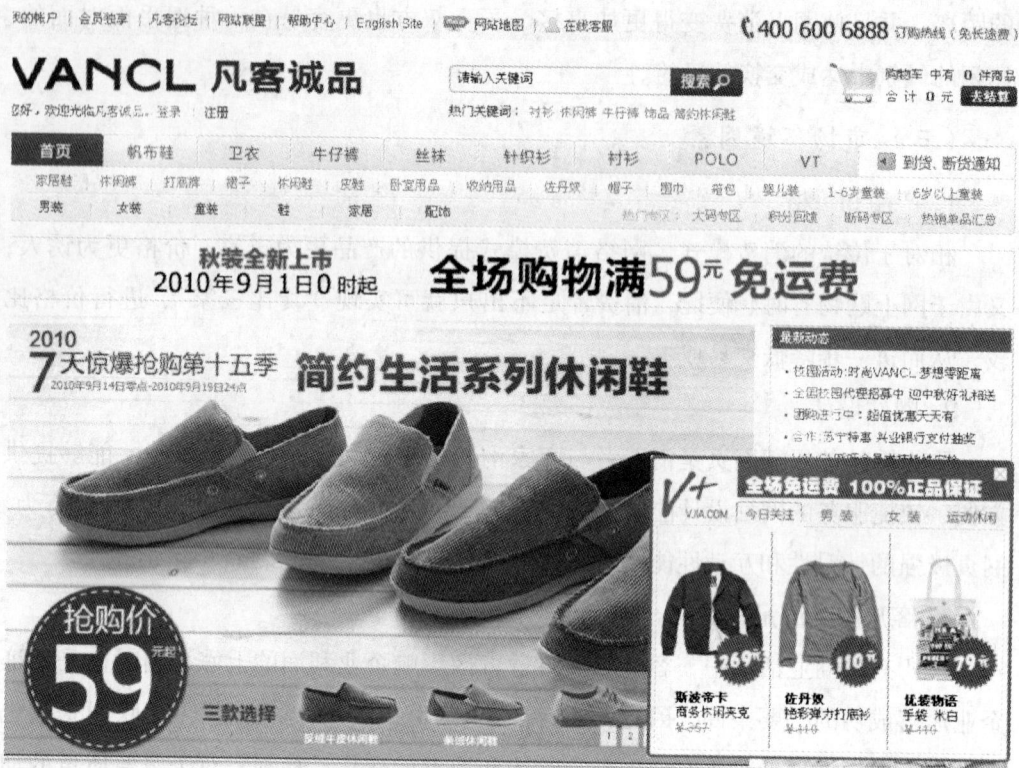

图2-6　凡客诚品首页

面设计、安全的个人隐私保密措施、简易的操作程序、便捷的搜索系统、良好的售后服务等，这些良好的购物经历不仅可以提高消费者的满意度，而且还可以增强消费者的网站忠诚度。反之，不满意的购物经历不仅会使网络消费者拒绝再次购物，还可能使网站的信誉度、美誉度受到损失，从而失去更多的网络消费者。

（三）消费者对于网络消费的态度

在电子商务条件下，消费者对于网络消费的态度会直接影响到他们在网上的购买决策，对于网络消费持积极态度的消费者更容易作出购买决策。

总之，网络市场中消费者的行为发生了极大的改变，既有文化变迁的因素，也有消费者个人方面的因素。分析影响消费者购买行为的因素，对于企业正确把握消费者行为、有针对性地开展市场营销活动，具有极其重要的意义。

第四节 网络消费者购买决策过程及相应的企业行为

网络消费者的购买过程也就是网络消费者购买行为形成和实现的过程。一个网络消费者完整的购买决策过程如图 2-7 所示。

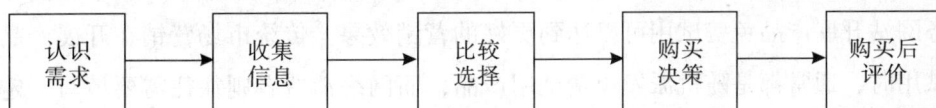

图 2-7 消费者购买过程的五个阶段

图 2-7 表示的只是消费者购买过程中所经历的一般步骤，但消费者往往可能会越过或颠倒其中某些阶段，尤其在低度介入产品购买的过程中更是这样。例如，一位购买固定品牌牙膏的消费者会越过信息收集和方案评估阶段，直接进入对牙膏的购买决策阶段。

一、认识需求

网络购买过程的起点是诱发需求。从理论上讲，消费者需求的激发有两个方面的原因：一方面是内在的，另一方面是外在的。消费者需求的内在原因一般来自于生理需要，例如肚子饿了要买食物吃，冷了要买衣服穿。这种需求往往由消费者自身所决定，比较难改变。消费者需求的外在原因则主要来自于企业的营销刺激。当消费者意识到对某种商品有需要时，购买过程就开始了。

在这一阶段，企业或中间商要注意了解与自己产品有关的实际需求和潜在需求，掌握这些需求在不同时间内的不同程度以及刺激诱发的因素，以便设计相应的促销手段吸引更多的消费者浏览网页、诱发他们的需求欲望。对于网络营销而言，企业对于产品的展示主要依赖于对产品的文字描述，以及图片、声音等多媒体技术手段。在选择产品展示的技术手段时要注意与企业网站建设实际情况相符，不能一味地追求最新的技术手段。例如，如果由于采用多媒体技术而造成网页打开速度过慢，不但不能吸引消费者，还会使消费者在等待的过程中变得不耐烦，从而失去潜在消费者。商品的图片处理要做到精美、细致，力求真实、完美地展现商品；对于商品的文字说明要尽可能地做到详细、客观，不能失实地夸大商品的功能，使消费者在购买商品之前对商品有超出商品实际情况的预期；在页面的排版方面也要做到版面整洁、美观，颜色搭配协调，文字与图片位置适当。

除了通过商品展示的方式刺激消费者的需求以外，企业还可以在网络上开展降价促销、免费试用、产品体验等营销活动。较低的价格是价格折扣型消费者选择网上购物的主要因素，企业可以通过部分产品价格折扣、会员购买优惠等营销方式激发消费者的需求。相对于传统市场营销中产品免费试用的促销方式，企业利用电子商务网站开展产品免费试用可以达到更好的营销效果。传统市场营销在开展产品免费试用时，通常都是随机派发免费试用产品，而网络消费者则往往需要填写一定的个人资料才能获得企业的免费试用产品。这部分主动索要免费试用产品的消费者通常是企业的目标消费者，如果他们对产品试用结果满意，就很容易成为企业的现实消费者。企业还可以通过与网下产品体验相结合的网络营销方式来刺激消费者需求。例如，汽车生产厂家通过网络召集汽车爱好者参与新车试驾活动，鼓励参与试驾的消费者在网上发表自己参与试驾活动的心得体会。通过产品体验活动，参与者之间的交流与讨论会对潜在消费者的产品需求起到一定的诱导作用。

二、收集信息

在多数情况下，消费者还要考虑买什么牌号的商品，花多少钱到哪里去买等问题，也就是说，消费者还需要收集信息，进一步了解商品。收集信息的渠道主要有两个——内部渠道和外部渠道。内部渠道是指消费者个人所储存、保留的市场信息，包括购买商品的实际经验、对市场的观察以及个人购买活动的记忆等。外部渠道则是指消费者可以从外界收集信息的渠道，包括个人渠道、商业渠道和公共渠道等。消费者首先在自己的记忆中搜寻可能与所需商品相关的知识和经验，如果没有足够的信息用于决策，他便要到外部环境中去寻找与此相关的信息。当然，不是所有的购买决策都要求同样的信息和信息搜寻。根据消费者对信息需求的范围和程度的不同，可以将收集信息的过程分为以下三种模式。

1. 广泛的问题解决模式

这种模式是指消费者尚未建立评判特定商品或特定品牌的标准，也不存在对特定商品或品牌的购买倾向，而是很广泛地收集某种商品的信息。处于这个层次的消费者，可能是出于好奇、消遣或其他原因而关注自己感兴趣的商品。这个过程收集的信息会为以后的购买决策提供经验。

2. 有限问题的解决模式

在这种模式下，消费者已建立了对特定商品的评判标准，但尚未建立对特定品牌的倾向，此时，消费者有针对性地收集信息。这个层次的信息收集能真正而直接地影响消费者的购买决策。

3. 常规问题的解决模式

在这种模式下，消费者对将来要购买的商品或品牌已有足够的经验和特定的购买倾向，作出购买决策所需要的信息较少。

三、比较选择

消费者进行比较选择的目的是识别出哪一种牌号、类型的商品最切合自己的需要。消费者为了使消费需求与自己的购买能力相匹配，需要对通过各种渠道汇集而来的信息进行比较、分析、研究，根据产品的功能、可靠性、性能、模式、价格和售后服务，从中选择一种自认为"足够好"或"满意"的产品。

消费者对商品属性的评价因人、因时、因地而异，有的注重价格，有的注重质量，有的注重牌号或式样等。一般而言，消费者倾向于相信的信息渠道包括：专家提供的信息、其他消费者提供的信息以及知名度高的网站提供的信息。因此，企业在进行网上商品信息发布的时候，除了对商品本身进行展示以外，还需要提供行业专家的意见和建议，或权威机构对产品质量的认定信息。同时，与传统市场一样，网络消费者通常认为其他消费者对于产品的评价具有一定的真实性和客观性，因此，其他消费者对于商品的评价也会在很大程度上影响消费者的购买意愿。电子商务网站可以通过消费者对已购商品或已获得服务进行评价的功能为其他消费者提供信息参考。消费者也很注重信息来源，对于在不知名网站上发布的信息，消费者往往持怀疑态度。因此，一方面，企业应该采取各种营销手段提高企业自身电子商务网站的知名度、建立良好的网络品牌形象；另一方面，企业在发布企业信息、商品信息时应该选择在网民中具有较高知名度的门户网站或行业网站。

四、购买决策

网络消费者在完成对商品的比较选择之后，便进入到购买决策阶段。与传统的购买方式相比，网络购买者在进行购买决策时主要有以下三个方面的特点：第一，网络购买者理智动机所占比重较大，而情感动机的比重较小；第二，网络购物受外界影响小；第三，网上购物决策行为与传统购买决策行为相比速度更快。

　　网络消费者在对购买某种商品进行决策时，一般要具备以下三个条件：第一，对厂商有信任感；第二，对支付有安全感；第三，对产品有好感。因此，企业需要树立良好的网络企业形象，并通过良好的服务、优质的产品培养消费者对企业的依赖感和惠顾动机。在支付方式上，企业应尽量采取多种支付方式，让消费者自主地选择其认为安全、方便的方式进行付款。例如，为那些对网上支付安全性持怀疑态度而又追求便利性的消费者提供银行转账的付款方式；对于那些担心先付款再送货不安全的消费者提供货到付款的方式等。此外，企业必须通过建立配送中心或利用第三方物流提供及时送物的保障。为了更进一步地消除网络消费者的疑虑，企业还应该提供良好的售后服务保障，让消费者不但买得放心而且用得安心。例如，为消费者提供无条件退换货及保修等售后服务。

五、购买后评价

　　消费者购买商品后，购买的决策过程还在继续，他要评价已购买的商品。企业营销须给予充分的重视，因为这种购后评价往往会影响其他消费者的购买意愿，关系到产品的形象和企业的信誉。如果消费者在这一次网络购物过程中有什么不满意的地方，而又没有一个方便、快捷、有效的沟通渠道，那么消费者就会对企业产生不满，下一次不再购买这个企业的产品并对该商品和企业作出不好的评价。但是如果消费者在这一次购物过程中虽然有不满意之处，却能及时地通过有效途径将问题向企业反馈，企业也能及时作出反应，并采取相应的补救措施，那么消费者会认为，即使在网络购物过程中可能会有风险存在，或者有不愉快的事发生，但这种风险不需要自己来承担，企业最终会为其解决问题。也就是说，有效的沟通能够使消费者将最初的不满意转化为后来的满意。因此，为了提高客户满意度、培养忠诚客户、提高企业的竞争力，企业必须重视顾客的意见，创造条件让消费者说出他们的不满，并加以改进，力求将消费者的不满降到最低。对于企业来说，"满意的顾客就是最好的广告"。

　　网络为消费者和商家提供了一个崭新的营销渠道和交易平台，尽管在网络市场中消费者可能获取某种利益（如更低的价格和搜索成本），但由于选择权增多，消费行为过程的复杂性也相应增加了。同样，网络市场为在线企业提供销售渠道，为在线企业带来许多好处，包括进入更大的市场以及缩减某些方面的成本，但是也由于这一新的改变他们交易方式的销售渠道，企业运作的复杂性也增加了。因此，清楚地了解网络消费者的购买行为以及他们的购买过程，将有助于在线企业有针对性地开展营销、将消费者吸引到自己的企业中来，从而实现企业及网络消费者之间的"双赢"。

本章小结

网络市场是企业开展网络营销活动的空间，网络消费者是通过互联网在电子商务市场中进行消费和购物等活动的消费人群。对网络市场和网络消费者的研究具有重要的现实意义。本章首先介绍了网络市场的概况以及网络市场中网民的相关信息，然后介绍了网络消费者的特征、分类、购买动机以及影响网络消费者购买的主要因素，最后阐述了网络消费者购买决策的过程及相应的企业行为。通过对本章节的学习，学生应清楚网络市场和传统市场的区别，并对网络市场和网络消费者有一个宏观的把握。

思考题

1. 哪些产品适合在网上销售以及销售过程中需注意什么？
2. 如何进行网络消费者购买动机和购买过程分析？

实践技能训练

1. 收集我国网络市场的相关信息，评价不同行业的网络市场发展情况。

2. 注册一个淘宝账号，进行一次具体的购买行为，体会作为消费者的购买决策过程。

3. 收集不同人群的特征资料和购买资料，总结具有不同特点的人群在购买行为方面有哪些异同？

第三章　网络市场调研

1. 了解网上市场调研的含义。
2. 掌握网上直接调研的方式和方法。
3. 掌握网上间接调研的方式和方法。

1. 能够根据具体情况选择合适的网上调研方法。
2. 能够设计网络调查问卷。
3. 能够从不同的渠道来源搜集相关信息。
4. 能够撰写网络市场调研报告。

思科公司的网络调研

思科公司是全球领先的互联网解决方案供应商，是美国最成功的公司之一。思科公司 1984 年由斯坦福的一对教授夫妇创办，1986 年生产出第一台路由器，使不同类型的网络可以可靠地互相连接，掀起了一场通信革命。

借助于互联网，思科公司曾进行了一次成功的网络调研，如图 3-1 所示。

由此我们可以看到，思科公司对于网络调研十分重视，在首页最引人注目的位置邀请访问者参与问卷调查。

在思科的问卷中，思科公司主要向访问者询问以下几个问题。

➤ 多长时间访问一次思科官网？

➤ 您是如何得知思科的？（例如通过搜索引擎、思科的合作伙伴、在线广告、报纸、社交网站等）

➤ 今天访问思科的主要目的是什么？（例如了解思科的产品和服务、购买思科

图3-1 思科公司的网络调研

的产品和服务、查找思科合作伙伴、寻求客户支持、了解培训或活动、管理我的思科的个人资料等)

➢ 客户如何描述其在思科上查找具体信息的体验?

➢ 评价思科网站的设计和外观、内容的质量、信息的覆盖面、信息的条理性、导航的便利性、良好的访问者支持、内容的时效性等。

➢ 同时思科还通过调查问卷向访客询问了访客通常通过哪种途径访问思科网站、访问社交网站是出于休闲目的还是工作目的、访问的频率、访客经常访问的其他高科技网站以及喜欢那些网站的原因等。

通过对网站访问者回馈的问卷内容进行分析,思科可以更好地把握信息的传播途径、网站的接受程度、网站内容是否有待提高或者是否需要整理,以及社交网站的影响和访问者爱好的其他科技网站。这些信息对于思科公司了解访问者的信息以及改善网站的质量有着积极的作用。

随着互联网的普及,网络已经深入到商业经营的方方面面。传统的市场调研借助于网络也发生了深刻的变化。到底什么是网络市场调研?网络市场调研的方式都有哪些?网络市场调研和传统市场调研又有什么区别?带着这些问题,我们进入第三章的学习。

第一节　网络市场调研概述

一、网络市场调研的内涵

市场调研是指以科学的方法，系统、有目的地收集、整理、分析和研究所有与市场有关的信息，特别是有关消费者的需求、购买动机和购买行为等方面的市场信息，从而提出解决问题的建议，以作为营销决策的基础。

网络市场调研是指基于互联网系统地进行营销信息的收集、整理、分析和研究的活动，它以各种基于互联网的技术手段为研究工具，利用网络问卷、电子邮件问卷、网上聊天室、电子公告板等网络多媒体通信手段来收集、调查与企业市场营销相关的数据和访谈资料。

二、网络市场调研的特点

（一）网络调研的及时性和共享性

传统的营销调研需要耗费大量的人力，周期也比较长。网络的交互机制使得调研的范围更广、速度更快、周期更短。网络上的信息传输速度快，而且能及时传送给网络用户，保证了网络信息的及时性和共享性，使得市场营销策划人员能及时地根据实际情况制定出相应的营销方案。

（二）网络调研的便捷性和经济性

在传统的调研方式下，参加调研的人员比较多，而网络调研不需要印刷问卷，繁重的信息采集和录入工作分布到众多网络用户的终端完成，省去了调研实施过程中访问员的费用等人工介入成本。而且网络调研能够 24 小时运行，样本数量更为充足，样本分布也更为广泛。

（三）网络调研的交互性和充分性

开展网络调研时，被调查者可以自由地发表填写自己的意见，同时还可以及时地就调查问题提出自己更多的看法和建议，从而减少因问卷设计不合理而导致的调查结果偏差。同时，被调查者还可以自由地在网上发表自己的看法，不会遇到类似时间限制的问题。

（四）网络调研的可靠性和客观性

由于公司站点的访问者一般都对公司产品有一定的兴趣，所以这种基于顾客和潜在顾客的市场调研结果是客观和真实的，它在很大程度上反映了消费者的消费心态和市场发展的趋势。首先，被调查者是在完全自愿的原则下参与调查的，调查的针对性更强；其次，调查问卷的填写是自愿的，而不是传统调查中"强迫式"的，填写者一般都对调查内容有一定兴趣，回答问题相对认真些，所以问卷的可靠性高；最后，网上调查可以避免传统调查中的人为因素（如访问员缺乏技巧或是诱导被调查者回答问卷问题）所导致的调查结论的偏差。此外，被调查者是在完全独立思考的环境下接受调查的，不会受到调查员及其他外在因素的误导和干预，能最大限度地保证调查结果的客观性。

（五）网络调研的可检验性和可控制性

利用网络进行网上问卷调查时，可以有效地对采集信息的质量实施系统的检验和控制。其原因如下：一是网上调查问卷可以附加全面规范的指标解释，有利于消除因对指标理解不清或调查员解释不一致而造成的调查偏差；二是问卷的复核检验由计算机依据设定的检验条件和控制措施自动实施，可以有效地保证对调查问卷的复核检验；三是被调查者身份验证技术可以有效地防止信息采集过程中的舞弊行为。

（六）被调查者的主动性和隐匿性

网络调研中，如果被调查者对调查主题感兴趣，或迫切想了解调查的结果，他会主动、认真地给予回答和配合；如果被调查者对调查主题不感兴趣，他可以选择不予回答。由于被调查者的参与意愿和参与程度会对调研的效果产生较大的影响，因而网络调研需要充分调动被访者的主动性，获得其配合。由于网络上用户身份的虚拟性使得网络调研的隐匿性较传统调研要高，被访者在填答调查问卷时的心理防御机制会有所降低，从而提高了填答内容的真实性和客观性。

三、网络市场调研的策略

（一）识别网站访问者并获取访问者信息

传统市场调研中，调查者对被调查对象的分布情况往往都有一定的预期和控制，例如在样本的区域、职业、民族、年龄分布等方面有所限制。网络市场调研则不同，它没有空间和地域的限制，一切都是不确定的，调研人员无法准确预期谁是网站的访问者，也无法确定调研对象的具体情况，即使是那些在网上购买企业产品的消费者，要想确定其身份、职业、性别、年龄等信息也是很难的。因此，网络市场调研的关键之一就是如何识别访问者，并获取访问者的信息。

互联网能在厂商和客户之间搭起一座友谊的桥梁，而电子邮件和来客登记簿就在其中发挥着重要作用。这两种方式是互联网上企业与顾客交流的重要工具与手段。邮件可以附有 HTML 表单，访问者能在表单界面上点击相关主题并且填写附有收件人电子邮件地址的有关信息，然后发回给企业。来客登记簿（guest book）是让访问者填写并发回给企业的表单。如果公司愿意，通过电子邮件和来客登记簿，访问者可以读到并了解企业的情况，同时，市场营销调研人员也可获得相关的市场信息。例如，在确定了访问者的邮编后，就可以知道访问者所在的国家、地区、省市等地域分布范围；对访问者回复的信息进行分类统计，就可以进一步对市场进行细分。

（二）提供物质奖励以激发其参与调研的积极性

互联网上有些站点可以给访问者购买商品提供折扣或给予奖金，但需要访问者填写一份包括个人习惯、兴趣、假期、特长、收入等个人情况的调查问卷。这样一来，企业就可以获得比较真实的访问者的姓名、住址和电子邮件地址。同时，当访问者按要求回复了调查问卷时，企业应对其进行公告，访问者会在个人计算机上收到证实企业收到问卷的公告牌，被公告的访问者在一定期间内还可参与抽奖等。

（三）在网络上建立情感纽带

在企业站点上不仅展示产品的图片、文字等，而且要有针对性地提供公众感兴趣的内容，如时装、音乐、电影、家庭乃至幽默等有关话题。以大量有价值的、与企业产品相辅相成的信息和免费软件吸引大量的访问者，促使访问者乐于告诉你有关个人的真实情况。这样，调研人员可以逐步在网上与其建立友谊和加深感情，从而达到网上市场调研的目的。

（四）公布保护个人信息的声明

在电子商务活动中，为了研究用户的上网、购买习惯或者提供个性化的服务，企业往往要求用户注册，填写姓名、电话、电子邮件等联系信息，甚至还会要求用户提供个人兴趣、性别、职业、收入、爱好等详细内容。但是无论在哪个国家，消费者对个人信息都有不同程度的自我保护意识，所以调研人员要想获得这些信息，一定要让用户了解调研目的，并确信个人信息不会被公开或者用于其他任何用途。

（五）与访问量大的网站合作以增加参与者数量

为了吸引更多的人访问企业站点，可以采取与其他网站合作的方式，以吸引更多的访问者。除了现在流行的友情链接这一最简单的合作方式外，还有其他一些方式，如栏目内容合作，即创造一些很多网站都需要的、有价值的内容，主动与可能会感兴趣的网站联系；同类型的公司互联，即与主题相似而又非竞争对手的网站建立联盟，例如与客户进行联盟，站点联盟中相互链接的宣传效果更好。

四、网络市场调研的步骤

网络市场调研与传统市场调研一样，应遵循一定的方法和步骤，以保证调研过程的质量。网络市场调研一般包括以下几个步骤。

（一）确定调研的问题与目标

确定调研的问题与目标是网络调研的起点。企业首先需要明确此次调研的主要问题是什么，调研内容侧重在哪个方面，是关于消费者、竞争者、自身营运，还是市场环境，例如，是要进行新产品开发、上市，还是了解消费者的满意度、分析消费者的消费特征，或者是调查企业的知名度等。

市场调研总的目的是要提供三种类型的信息：①描述性信息（如消费者目前在哪里购买同类产品）；②诊断性信息（如消费者为什么在这些地方购买）；③预测性信息（如有多少消费者会到我们这里来购买）。企业需要明确此次调研所要得到的是哪种类型的信息。

（二）制订市场调研计划

制订市场调研计划，具体来说，就是要确定资料来源、调查方法、调查手段、抽样方案和联系方法。

（1）资料来源。即确定收集的资料是二手资料还是一手资料。

（2）调查方法。网上市场调查常用方法有专题讨论法、问卷调查法和实验法。专题讨论法借用新闻组、邮件列表讨论组和网上论坛的形式进行。问卷调查法可以采用电子邮件分送（主动）和在网站上刊登（被动）等形式进行。实验法则是选择多个可比的主体组，对其分别赋予不同的实验方案，控制外部变量，并检查所观察到的差异是否具有统计上的显著性。

（3）调查手段。网上市场调查主要采用在线问卷、在线访谈、软件系统等调研支持工具和方法。在线问卷的特点是制作简单、分发迅速、回收方便，但要注意问卷的设计水平。交互式计算机辅助电话访谈系统利用一种软件程序在计算机辅助电话访谈系统上设计问卷并在网上传输。网络调研软件系统是专门为网络调研设计的问卷链接及传输软件。它包括整体问卷设计、网络服务器、数据库和数据传输程序。

4. 抽样方案。要确定抽样单位、样本规模和抽样程序。

5. 联系方式。采取网上交流的形式，如 E-mail 传输问卷、参加网上论坛等。

（三）收集信息

网络通信技术的突飞猛进使得资料收集方法迅速发展。互联网没有时空和地域的限制，因此网络营销调研可以在全国甚至全球范围内进行。同时，收集信息的方法也很简单，直接在网上递交或下载即可。例如，某公司想要了解各国对某一国际品牌的看法，只需在一些著名的全球性广告站点发布广告，把链接指向公司的调查表就行了，而无需像传统的市场调研那样，在各国找不同的代理分别实施。

在问卷调查中，访问者经常会有意无意地漏掉一些信息，这可通过设定一定的程序进行实时监控。如果访问者遗漏了问卷上的一些内容，程序会拒绝其提交调查表或者要求其填补内容。最终，访问者会收到证实问卷已完成的公告。

（四）分析信息

作为一种交流工具，互联网使得调查人员可以把多种渠道获取的资料（包括从网络上获取的和通过非网络途径获取的）综合起来，应用统计软件、分析模型系统地对前一阶段收集到的信息进行分析，将其中潜在的信息内容和关系找出来。这个阶段具有较强的技术性，要选择适用的数据统计方法，应用统计分析工具，将分析结果以文字、图表、图示等方式予以反映。

（五）撰写调研报告

这是网络市场调研活动的最后一个阶段，根据数据分析的结果得出调查结论。该阶段要求调研人员在数据分析的基础上，对资料的正确性和精确性进行评估，尽量减少被不正确资料误导的可能性，并归纳提炼出与营销活动有关的结果，提交给营销决策者供其参考。同时，互联网还提供了一个及时发布和共享调查结果的平台。

第二节 网络市场调研的方法

利用网络进行市场营销调研有两种方式，一种是利用网络以直接进行问卷调查等方式收集一手资料，称为网络直接调查法；另一种是利用网络的媒体功能收集网络信息源上的二手资料，称为网络间接调查法。

一、网上直接调查法

网上直接调查法包括网上问卷法、网上实验法、网上观察法以及在线专题讨论等。

（一）网上问卷法

1. 网上问卷法的含义

网上问卷调查法是指将问卷在网上发布，被调查对象通过网络完成问卷调查。问卷的放置方式可以分为两种，一种是将问卷放置在站点上，等待访问者访问时填写，我们称之为站点法；另一种是通过 E-mail 寄送问卷，受访者回答完毕后通过 E-mail 回复给调查方，我们称之为 E-mail 法。

（1）站点法。这是一种将问卷放置在 web 站点上，由浏览这些站点的网上用户在此回答调查问题的方法。站点法属于被动调查法，这种方法的好处是填写者一般是自愿的，但缺点是无法核对问卷填写者的真实情况。为了达到一定的问卷数量，站点还必须进行适当宣传，以吸引大量访问者，例如在调查期间可与一些著名的网络服务提供商和网络媒体提供商设置调查问卷的链接。图 3-2 是网上调查问卷示例。

（2）E-mail 法。这种调查法以较为完整的 E-mail 地址清单为样本框，使用随机抽样的方法通过电子邮件发放问卷，并请调查对象以电子邮件反馈答卷，且有专门的程序进行问卷准备、排列 E-mail 地址和收集数据。电子邮件法属于主动调查法。这种方法的好处是具有定量价值，在样本框较为全面的情况下，可以用调查结果推论研究总体，可以有选择地控制被调查者，而其缺点是容易使被访问者反感，有侵犯个人隐私之嫌。因此，使用该方法时首先应征得被访问者的同意，或者估计被访问者不会反感，并向被访问者提供一定的报酬，如设有奖问答或赠送小件礼物等，以减轻被访问者的抵触情绪。

图 3-2　网上调查问卷示例

2. 如何设计网上问卷

调查问卷通常由卷首语、指导语和主体等部分组成。

（1）卷首语包括以下内容。

① 自我介绍（让调查对象明白你的身份或者调查主办的单位）。

② 调查目的（让调查对象了解你想调查什么）。

③ 回收问卷的时间、方式及其他事项（例如告诉对方本次调查的匿名性和保密性原则、调查不会对被调查者产生不利的影响、真诚地感谢受调查者的合作、答卷的注意事项等）。

（2）指导语旨在告诉被调查者如何填写问卷，包括对某种定义、标题的限定以及示范举例等。

（3）问卷的主体，即问题，一般有开放式和封闭式两种。

① 开放式问题是指调查者不提供任何可供选择的答案，而由被调查者自由答题。这类问题能自然地充分反映调查对象的观点、态度，因而所获得的材料比较丰富、生动，但统计和处理所获得信息的难度较大。开放式问题又可分为填空式和回答式两种。

② 封闭式问题的后面同时提供调查者设计的几种不同的答案，这些答案既可能互相排斥，也可能彼此共存，让调查对象根据自己的实际情况在答案中选择。这是一种快速有效的调查问卷，便于统计分析，但提供选择答案本身限制了问题回答的

范围和方式，这类问卷所获得信息的价值很大程度上取决于问卷设计本身的科学性和全面性。

·小· 资料

网络调查问卷设计中的"应该"	网络调查问卷设计中的"不应该"
1. 用一个有趣的问题开始问卷。网络调研中，有很大比例的受访者连一个问题都没有回答就放弃了问卷，所以首先用一个有趣的问题来表达问卷的主题比较好	1. 不要用一些敏感性的统计问题来开始答卷。即使调研人员只想调查某一收入水平、某一种族或某一宗教信仰的受访者，把这类问题置于问卷的开始也会使某些目标受访者回避问题
2. 需要对复杂的调查任务进行说明。实际上，有人认为应该对各项任务都加以说明，因为受访者当中可能包括了那些第一次填写网络问卷的人。调查说明越贴近调查任务越好，不要期望人们由以前的经验明白网络调研	2. 调查问卷中不要有多余的东西。在网络速度很快的情况下，声音、动画和其他"酷"的元素出现在问卷中可能十分合理，但当受访者的网速很慢时，这种调查就会慢得令人难以忍受
3. 让受访者了解他们在问卷调查中的进度。最好能让受访者在开始回答问题之前就知道调查需要花费多少时间	3. 问卷中不要有不必要的问题。问题过多会导致受访者中途放弃调查
4. 将类似的问题放在同一页上。统计显示，问卷的未完成率是与问卷的页数和问卷的总体长度有关的。每页只有一道题会使受访者感到厌烦，而当受访者不得不翻阅一长页问卷时他们也会感到害怕，调查人员在设计问卷时应尽量在这两个极端之间寻找平衡	4. 不要在问卷中设置太多"开放式问题"，虽然很多受访者会为"开放式问题"写很长的答案，但"开放式问题"太多会使调查时间太长，增加了问卷的未完成率
5. 让受访者组织他们自己的"开放式问题"答案。整理"开放式问题"的答案会花费调研人员大量的时间，让受访者回答完"开放式问题"后自己将答案进行分类可以大大减少调查者的工作时间	5. 不要让调查过于简单。调研人员不能无休止地占用受访者的时间，但也不能过于啰嗦地重复问题，这样会使得受访者一目十行，对调查漫不经心
6. 列出联系人信息，这样被调查者遇到问题时可以求助，这将有助于鼓励受访者完成调查	6. 不要把缺省的回答放入下拉框。作为替代，可以使用"点击这里回答"等方式。如果调查中包含了缺省回答，则很可能导致测量误差

（续表）

网络调查问卷设计中的"应该"	网络调查问卷设计中的"不应该"
7. 设立一定的奖励可以提高问卷的应答率。这种奖励可以是物质的，也可以是非物质的，而且确实能够提高受访者的参与程度与完成问卷的积极性	7. 问题不要超过被调查者的知识和能力范围。例如对小学生发放的问卷不要出现"你认为哪家商场的营销比较疲软"等类似问题
8. 为使调查结果更为客观、真实，问卷最好采用匿名回答的方式	8. 问卷中所提及的问题，应围绕研究目的来编制，力求简单、明了、含义准确。不要出现双关语，避免片面和暗示性的语言，例如"太阳底下最光辉的职业是老师，你喜欢教师职业吗？"

（二）网上实验法

网上实验法是一种调研人员积极控制一个或多个实验变量的研究方法（如产品特征、价格水平、广告水平或广告吸引力），然后衡量这些控制对一个或多个有关的因变量（如销售和产品偏好情况）产生的效度。网上实验法的整个目的是分离开受控变量的影响，实验仅在其他变量被控制或去除的情况下有用。然而，在真正的市场情形下，这是很难做到的。为了改善控制效果以使控制具有可行性，实验法通常作为实验室研究而不是现场研究来做。

网上实验法是以网络作为实验环境的，根据实验目的和内容设定相关变量和控制机制，受访者在一定受控变量约束条件下通过网络完成相应任务。调研者对实验过程和结果数据进行收集、整理和分析，得出结论。例如，某项实验的目的是对相同一则广告在电子杂志和门户网站表现的效果进行测量，分析其中的差异，并在此基础上探求电子杂志广告的效果。该实验选择了在校大学三年级到研究生二年级的160名女生作为样本，分为A、B两组，首先请她们自行浏览电子杂志和门户网站10分钟。之后采用结构式网络问卷调查形式询问被调查者对于广告记忆的相关问题，测量广告记忆效果，并在线填写广告态度和行为倾向测量表，考察被调查者的广告态度和产品购买倾向。该实验中的受控条件设定是，考虑到电子杂志和门户网站内容的相似性，需要剔除阅读内容对广告效果的影响，因而选择了一份同为女性主题的阅读量较大的电子杂志，以及一家知名的女性门户网站；同时，选取了电子杂志和门户网站都具备的丰富的媒体广告形式。

除了实验室性质的实验方法之外，市场实验也是一种简单的实验形式，即将新产品或改进产品投放到预先选定的市场当中，测试它们实际的市场行为。网络软件、游戏等产品就比较适合于这种实验方式。在软件和游戏产品正式推向市场之前，先在小范围内进行测试版商品的试用，征集测试用户的使用体验和意见，作为商品版本改进的参考。这类测试也称为 Beta 测试。

（三）网上观察法

网上观察法是指通过观察正在进行的某一特定网上营销过程来解决某一营销问题，如通过监控在线用户的消费行为，分析其消费对象、消费时间、消费区域等，从而进一步掌握用户的消费信息。与传统市场环境下的观察法相似，这种方法是在被调查者无察觉的情况下进行的。例如，现在许多 Web 站点要求访问者在线注册后才能成为该网站的合法用户，因此这些注册信息，如用户姓名、地址、电话号码以及兴趣爱好等，就成为挖掘客户需求的有意义的信息。

运用观察法时，除要注意注册信息这类显式信息外，还要注意发掘有意义的隐式信息。有意义的隐式信息是用户在 Web 站点上表述需求的信息，可通过以下两种方法获取。

1. 设置计数器

几乎所有的网站都设置了流量计数器（如图3-3所示），记录网页的访问流量。流量的多少意味着访问网站客户的数量有多少。通过对流量进行分析不仅可以掌握真正消费者的数量，而且可以了解市场趋势。例如，对某类或某种产品信息的访问流量进行分析可以得出访问者（即潜在消费者）的需求和兴趣；对同行业网页的访问

图3-3　网站流量计数器示例

流量进行分析可以了解本企业在市场中的地位和所占比例；对主页访问流量和各主题访问流量分布规律进行分析可以了解企业网络营销的效果等。

统计访问流量是次要的，目的是为了进行分析，使经营者了解真正的顾客来自哪里。例如，位于美国纽约州的"RichMark International"是一家专门生产一种名为"Re Juveness"的治疗疤痕的药物的公司。1996 年 7 月开业后的一段时期，这种药物的经销范围仅限于美国国内的各家药店。后来公司老板通过访问流量的统计注意到公司网站的很多访问来自网址为".au"的浏览者（".au"是澳大利亚的国别代

码），而且许多 E-mail 也来自此地址下，这表明那里可能存在着一个新的市场。于是该公司立即与当地的有关部门取得联系，原来那里流行一种皮肤病，正是"Re Juveness"药力所及的，于是 RichMark 公司很快将这种药物销到了澳大利亚。

2. 利用 Cookie 技术

作为一种可以跟踪来访者的程序，许多网站利用 Cookie 来识别老顾客并发现新顾客。当某用户第一次访问某站点时，被访问者的 Web 服务器就产生了唯一能标识该用户的数字记号 ID，并通过 Cookie 安置到该用户的计算机中，当这位用户再次访问该站点时，服务器就通过 Cookie 从这位用户的个人电脑中获取他的 ID 号，于是该站点就能记录下某人访问的时间、次数等信息。例如，某企业网站运用含有 Cookie 技术的监测软件来跟踪浏览者，当用户访问与该企业签约的商业网站时，同时就会被赋予一个私人账号，属于该账号的个人资料也将被记录保存，并作今后营销之用。而当这位用户在网上活动时，他的行为，包括访问了什么站点、停留了多少时间等，就被完全追踪和记录下来。该公司就可以精确地掌握其广告目标。例如曾经同时到过歌剧与音响站点的人，就很可能会是 CD 唱片的潜在客户。

跟踪软件的应用也产生了一些问题，例如在用户不知情的情况下对用户进行跟踪是否侵犯了用户的隐私；如何保证网站所获取的用户个人信息等资料能够得到合理使用，而不被用于其他商业用途等。针对这些问题，企业网站也采取了相应措施，越来越多的网站对用户个人隐私的保护条例予以重视，并在网站中加以标示，如图 3-4 所示。

（四）在线专题讨论

1. 在线专题讨论的含义

在线专题讨论法是一种典型的定性市场调研方法。专题小组主要是通过访谈来收集定性数据，参加活动的人员包括一个受过训练的主持人和一些自愿报名的参与者。活动的内容通常是围绕一个大家都感兴趣的话题而展开讨论。随着网络的普及，越来越多的公司开始在网上组织专题小组讨论。专题小组的许多特征都适用于网络环境。通过即时聊天室、Usenet 新闻组、BBS 讨论组、邮件列表等方式，参与者之间可以进行交流。

2. 在线专题讨论的类型

专题讨论访谈的常见类型包括结构化访谈、半结构化访谈、非结构化访谈等。在结构化访谈中，调查者以一种标准的方式，按照一定顺序和事先拟好的问题，向

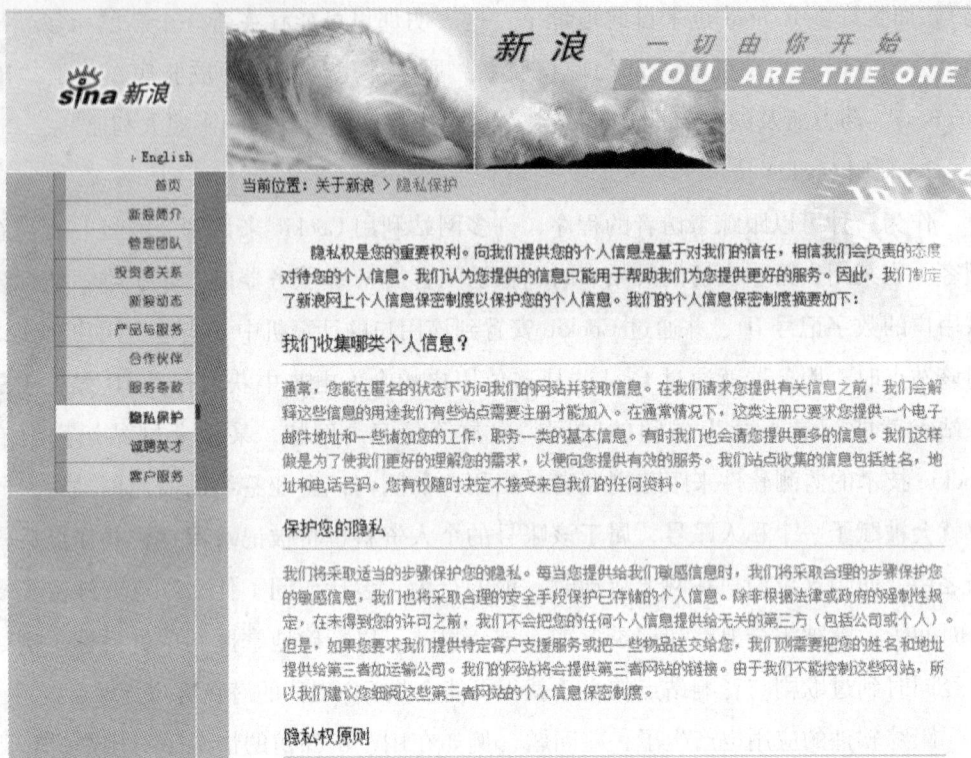

图3-4 新浪网的隐私保护条例

多名参与者进行询问。半结构化访谈中,调查者事先已经准备好了具体的主题,制定了一个包含一系列预先设计的、有一定理论框架基础的提问时间表,在这些问题之后,也可以接着提出一些随意性或开放式的问题。非结构化访谈为调查者提供了最大潜能以达到数据收集深度和广度的要求,在提问之前,没有事先设计好针对参与者的问题,也没有精确的提问顺序,通常是一些开放式的、宽松的问题,为被访者提供了很多机会,使其能以一种有意义的方式表述自己的观点。

3. 在线专题讨论的步骤

组织一个典型的在线专题小组讨论可分为以下几个步骤。

(1)通过电子邮件或网站招募受访者;

(2)筛选,如发现合适人选,则通过电子邮件或直接到指定个人主页与受访者进行联系;

(3)在网上对参与者进行培训和指导;

(4)每个参与者打开一个聊天窗口,发表看法,并回答主持人的提问;

（5）可以通过弹出窗口展示一个广告片，请每个参与者对其发表意见；

（6）客户公司可以从自己的屏幕上看到整个讨论的过程。

4. 在线专题讨论的优点和局限

在线专题讨论的优点表现在以下几个方面。第一，节约成本。在线专题小组减少了一些不必要的费用，不存在设备和饮食成本，调查者在几分钟之内就可以得到讨论过程的副本，还节省了调研者和参与者的时间。第二，提高效率。整个在线专题小组的讨论，从人员招募到数据输出，可以在极短的时间内完成。通过电子邮件进行样本筛选和日程安排大大缩短了活动的时间，从而数据分析的效率也相应有所提高。第三，小组成员多元化。调查人员不仅可以从各地招募参与者，还可以从不同的社会和人口群体里进行招募。

在线专题讨论的局限表现在以下几个方面。第一，样本筛选问题。在网络上进行市场调研的一个缺点就是无法确定受访者提供的信息是否真实。第二，技术和环境的局限。首先，由于在线讨论缺乏面对面的情境，主持人很难把握整个小组成员的情绪，同时也很难确定讨论是否偏离了主题；其次，参与者能否集中注意力也是个潜在的问题。第三，产品限制。虽然参与者能够在网上看到关于产品的图像和文字，但他们不能直接感受产品本身，而对于大多数消费者来说，这种感受是非常重要的。产品直接体验的缺乏会影响到受访者反馈信息的客观性和准确性。

二、网上间接调查法

网上间接调查法是指企业通过搜索引擎、相关站点、公告栏、新闻组、电子邮件等途径对网上的二手信息进行收集。

（一）网上间接调查法的方式

1. 利用搜索引擎搜集资料

企业可以通过输入相关资料和信息的关键词、基本参数，借助网上搜索引擎收集有关产品、消费者、竞争对手的间接信息。在网上查找商务信息，可以利用综合类的通用搜索引擎，也可以利用各种专题类的垂直搜索引擎。

通用搜索引擎基本上都具有两种检索功能，即主题分类检索和关键词检索。通用搜索引擎的分类目录中收录有与市场营销调研相关的类目，如工商经济、公司企业等，可以通过浏览这些类目获取相应的资料信息。关键词检索主要用于具有明确信息需求的检索活动。

与通用搜索引擎相比，商贸搜索引擎更具有专业性，它为经销采购商、进出口采购供应商等提供即时的商贸供求信息。在专业搜索引擎当中，近几年兴起了一种专门用于搜索商品信息及其价格信息的价格搜索引擎。利用这些引擎，能够快速查找特定商品的信息、价格情况、卖家资质评定，并能对不同的报价进行排序和比较，使用非常方便。

2. 利用公告栏收集信息

利用公告栏（BBS）收集资料主要是到主题相关的 BBS 网站上了解情况，例如，某企业要了解其竞争对手产品的发展情况，就可以大量访问有关该竞争产品的 BBS 网站。

3. 利用新闻组收集信息

在网络上，公告板被称为新闻组。新闻组使用方便、内容广泛，可以精确地对使用者进行分类（按兴趣爱好及类别分类），并且其信息量大，其中包含的各种不同类别的主题几乎涵盖了社会所能涉及的所有内容，如科学技术、人文社会、地理历史、休闲娱乐等，这使得利用新闻组收集信息越来越受到重视。但需要注意的是，在利用新闻组收集资料时要遵守新闻组中的网络礼仪，必须尽可能地了解它的使用规则，避免一切可能引起别人反感的行为。

4. 利用 E-mail 收集信息

收集信息可以有两种形式：一种是收集公众给企业发送的 E-mail；另一种是到有关网站进行注册，订阅大量免费或收费的新闻、专题邮件，以后等着接收 E-mail 就可以了。正是由于电子邮件使用简易、投递迅速、收费低廉、易于保存、全球畅通，使得借助电子邮件收集信息得以广泛地应用。但采取这种方式时，要注意的是避免受到侵扰。因为注册后很容易收到一些垃圾信件，所以在注册前一定要注意是否可以取消订阅、是否有其他的商业要求等。

（二）网上间接调查法的信息来源

网上间接信息来源包括企业内部信息源和企业外部信息源。与市场有关的企业内部信息源，主要是企业自己搜集、整理的市场信息，企业产品在市场销售的各种记录、档案材料和历史资料，如客户名称、购销记录、推销员报告、客户中间商记录等。企业外部市场信息源包括：政府有关部门、国际贸易研究机构以及设在各国的办事机构，它们通常能较全面地搜集世界或所在国的市场信息资料。此外，还有外国政府网站、图书馆、国际组织、银行、商情调研机构以及相关企业的网站。

1. 本国政府机构网站

政府有关部门、国际贸易研究机构以及设在各国的办事机构通常会较全面地收集世界或所在国的市场信息资料。本国的对外贸易公司、外贸咨询公司等也可以提供较为详细、系统、专门化的国际市场信息资料。

2. 外国政府网站

世界各国政府都有相应的部门搜集国际市场资料，很多发达国家专设贸易资料服务机构，向发展中国家的出口企业提供部分或全部的市场营销信息资料。此外，每个国家的统计机关都定期发布各种系统的统计数字，一些国家的海关甚至可以提供比公布的数字更为详尽的市场贸易和营销方面的资料。

3. 图书馆

公共图书馆和大学图书馆大多可以提供市场背景资料的文件和研究报告。最有价值的信息往往来自附属于对外贸易部门的图书馆，这种图书馆大多能提供各种贸易统计数字，有关市场的产品、价格情况，以及国际市场分销渠道和中间商的基本市场信息资料。

4. 国际组织

能够提供国际市场信息的组织有：联合国（http：//www.un.org/），出版有关国际的和国别的贸易、工业和其他经济方面的统计资料，以及与市场发展问题有关的资料；国际贸易中心（www.itc.org），提供特种产品的研究、各国市场介绍资料，还设有答复咨询的服务机构，专门提供由电子计算机处理的国际市场贸易方面的资料；国际货币基金组织（www.imf.org），出版有关各国和国际市场的外汇管理、贸易关系、贸易壁垒、各国对外贸易和财政经济发展情况等资料；还有世界银行（www.worldbank.org）、世界贸易组织（www.wto.org）等。此外，一些国际性和地方性组织提供的信息资料，对于了解特定地区或国际经济集团以及经济贸易、市场发展、国际市场营销环境也是非常有用的。

5. 银行

许多国际性大银行都发行期刊，而且通常是一经索取就可以免费得到。这些期刊上一般有全国性的经济调查、商品评论以及上面提及的有关资料。这些资料有利于把握市场和各细分市场的营销环境。

6. 商情调研机构

这些机构除为委托人完成研究和咨询工作外，还定期发表市场报告和专题研究论文，例如艾瑞市场咨询（http：//www.iresearch.com.cn/）。

7. 相关企业

参与市场经营的各类企业是市场信息的重要来源之一。市场信息人员只要写信给这些企业的外联部门索取商品目录、产品资料、价目表、经销商、代理商、批发商和经纪人一览表、年度报告等，就可以得到有关竞争者的大量资料，了解竞争的全貌和竞争环境。

8. 商情数据库

商情数据库是指那些能提供与国际、国内商务活动有密切联系的各类信息的数据库，即指有关公司、产品、市场行情、商业动态、金融活动、专利、技术标准、税法、国家政策等方面的信息数据库。例如，国外的 DIALOG 系统（www.dialog.com）、ORBIT 系统（www.questel.com）、道·琼斯金融咨询、美国商务信息数据库、盖尔商业资源数据库等；国内的中国财经报刊数据库、中国经济信息网、中国资讯行业数据库、国务院发展研究中心信息网等。

第三节　网络市场调研报告

网络市场调研是一个系统而完整的工作程序，通过确立调研目的、确定调研主题，进而利用各种网络调研方式执行调研，最终对收集到的所有数据进行统计整理，把诸多问题总结成一份清晰简洁的市场调研报告，最终的网络市场调研报告将是营销决策的依据。

一、网络市场调研报告的内容

（一）网络调研报告的内容

网络调研报告应对已完成的市场调研项目做完整而准确的描述，一般要详细描述以下内容：调研的目标、调研的目的、调研的方法、调研的结果以及调研的结论及建议。

网络调研报告的结构一般有以下几个方面。

（1）基本情况说明，包括调研目标、调研方法、调研结果的简要陈述等；

（2）正文，包括详细的分析调研结果及结论；

（3）附件，用以辅助说明调研报告的内容、与正文的关系。这一部分是对正文的补充与说明，例如原始调查问卷、统计图表等。

（二）网络调研报告的正文

整个网络调研报告的核心内容还是在正文中详细的描述，正文的撰写关系到整个网络调研报告的质量。

正文由开头、主体、结尾三部分组成。

（1）开头部分，即基本情况说明，包括调查的目的和依据，调查的时间、地点、对象、范围、方法和效果等。

（2）主体部分，即调研的核心部分，可分为两块，一是详细调研的分析，对调研的每一部分内容进行客观的说明与分析；二是综合调研分析，对调研的结果进行归类，分析由这些调研结果所反映出的是什么信息。综合调研分析要对调查的数据资料进行客观的说明，遵循提出问题、分析问题、解决问题的思路撰写，由点到面，循序渐进，最后引出结论。

（3）结尾部分。结尾起到画龙点睛的作用，应当采用简明扼要的语言，加深人们对调研结果的认识。结尾的撰写一般有以下几种方法：概括全文、自然形成结论、提出看法和结论以及展望未来等。

二、网络调研报告的撰写技巧及注意事项

（一）网络调研报告的撰写技巧

1. 表达技巧

要写成一篇流畅的网络调研报告，在写作的过程中，一般会用到叙述、说明、议论、语言的运用四种技巧。几种表达方式相互配合、相辅相成，使文章更富有可读性和感染力。

（1）叙述。在调查报告的开头，可运用叙述的方法，对调查的来龙去脉进行叙述，表明调查的目的、对象、根据等。对于调查的过程和结果还可按时间顺序进行叙述。

（2）说明。市场调查报告中常用数字说明、分类说明、对比说明、举例说明等方法进行表述。

（3）议论。调研过程中得到的调研信息就是论据。根据对调研信息的分析得出结论的过程就是议论。

（4）语言的运用。在整个调研报告中，调研的结果很多是用数字表示的，因此，数字在调研报告中运用得较多。同时，陈述句、肯定句等都能使报告更具有说服力。

2. 表格及图形的表现法

表格作为描述性统计方法，被广泛应用于网络市场调查报告中，它可使报告更为清楚、形象、直观和吸引人。

网络调研报告中常用的图形有直方图或条形图、饼形图等，这些图表能够清楚、形象、直观地表达所要说明的问题。因此，网络调研报告中这些图表不可缺少。

（二）网络调研报告撰写中的注意事项

（1）撰写网络调研报告必须掌握符合实际的丰富确凿的材料。

（2）网络调研报告切忌面面俱到。在第一手材料中，筛选出最典型、最能说明问题的材料，对其进行分析，从中揭示出事物的本质或找出事物的内在规律，得出正确的结论，总结出有价值的东西，这是撰写网络调研报告时应该特别注意的。

（3）在网络调研报告撰写的过程中，要考虑报告的针对性。要明白报告的目的和呈送人，撰写时要做到目的明确、有的放矢，围绕主题展开论述。同时，要观点明确、内容安排有序、富有逻辑性。

（4）用词力求准确、文风朴实。网络调研报告的特点是实事求是，用事实说话，应以客观的态度来撰写报告，原则是：有什么就写什么（如需要用资料，就要加以说明）。最终在形成报告后，要做到排版有序、字体比例适中、整体美观大方。当然，网络调查报告的撰写过程，也是对调研责任人的一个信息梳理过程。用客观的态度去撰写，做到调研报告的真实性和准确性，争取能够为企业的决策者提供一份有价值的调研结果。

（5）网络调研报告要做到逻辑严谨、条理清晰。网络调研报告要做到观点鲜明、立论有据。论据和观点要有严密的逻辑关系，条理清晰。

总之，网络市场调研的目的是为市场销售提供信息，为决策者提供决策依据。网络调研报告的目的是更清楚地反映市场、消费者或者竞争对手的真实情况，做到客观即可。

本章小结

本章介绍了网络市场调研的相关理论，包括网络市场调研的含义、直接网络调查法、间接网络调查法以及如何撰写网络调查报告等，并对这些理论在实际当中的应用给出了很好的实例及解释，意在使学生对于网络市场调研的实际应用有深刻的了解，从而为实践工作奠定良好的基础。

思考题

1. 网络直接调查法都包括哪些方式？
2. 网络间接调查法的信息来源都有哪些？
3. 撰写网络调研报告应包括那些内容？注意事项是什么？

实践技能训练

1. 在线调研问卷制作与发布实训。
2. 网络间接调研收集信息实训。

第四章 网络营销工具

┌─────────────┐
│ 知识目标 │
└─────────────┘

了解并掌握各种网络营销工具的内容及使用环境。

┌─────────────┐
│ 能力目标 │
└─────────────┘

1. 能够根据产品的特点选择合适的网络营销工具。
2. 能够熟练使用各种网络营销工具。

┌─────────────┐
│ 案例引入 │
└─────────────┘

优衣库的 E-mail 营销

优衣库（UNIQLO）是日本著名的休闲品牌，在世界服装零售业中名列前茅。至 2009 年 6 月，优衣库在全球拥有近 850 家连锁门店。2002 年优衣库进驻中国，截至 2009 年，优衣库中国门店已经迅速扩展至 34 家。

随着国内网民规模急剧扩大，网络购物正逐步成为年轻一代的购物主流。为了加强对国内二、三线城市的覆盖，2009 年 4 月 23 日，优衣库淘宝旗舰店正式上线（见图 4-1）。

图 4-1　优衣库淘宝旗舰店

优衣库的网络销售额持续增长，原因除了其令人信服的品质和适宜的价格外，更是由于其采用了高效的网络营销方式——EDM营销。

EDM（E-mail direct marketing）营销，即电子邮件营销。这是一种精准高效、低成本的市场推广手段，是互联网最重要的营销方式之一。电子邮件营销最大的优势在于：有助于刺激无明确需求的消费，且较搜索引擎和在线广告而言成本更低、目标更精准。

优衣库通过发送电子邮件邀请函，将对优衣库感兴趣的淘宝会员转化为优衣库的活跃用户。定期向新老会员发送电邮杂志，开展EDM营销，定期向客户推荐新产品，提高客户的品牌忠诚度。经过半年的EDM运营，优衣库的活跃用户增长近70%，电子邮件营销渠道产生了约20%的销售额，电子邮件已成为优衣库重要的网络营销渠道。

网络购物已经成为一种越来越主流的购物方式，而企业也必须重新审视网络虚拟市场，进行网络营销。电子邮件是一种重要的网络营销工具，但除了电子邮件营销以外，网络营销中还存在着其他许多种营销工具，下面将为大家详细介绍。

第一节　搜索引擎营销

一、搜索引擎营销概述

（一）搜索引擎营销的概念

在网络营销中，搜索引擎营销是一种常用也是最重要的网络营销方法。所谓搜索引擎营销（Search engine marketing，SEM），就是根据用户使用搜索引擎的方式，利用用户检索信息的机会，尽可能地将有用的营销信息传递给目标客户。用户检索所使用的关键词能反映出用户对产品或服务相关问题的关注，这种关注正是搜索引擎被应用于网络营销的根本原因。

用户在互联网中检索信息的方式和方法很多，使用最多的就是搜索引擎。2010年6月，中国互联网络信息中心在第26次《中国互联网络发展状况统计报告》中对用户获取信息的方式进行了调查，结果表明，通过搜索引擎查找网站是用户获取网上信息的最主要的方式，搜索引擎用户规模达到3.2亿人，占76.3%，半年内增长3912万人，增幅达13.9%。从2009年开始，搜索引擎进入了新一轮的快速发展时期。2010 年上半年，一方面，搜索引擎用户规模和渗透率持续增长；另一方面，用户使用搜索引擎的频率增加，生活中各种信息的获取更多地诉求于搜索引擎。在搜索引擎用户规模快速增长、搜索服务能力不断提升的基础上，搜索引擎在网络营销的精准性和营销效果评估方面的挖掘大大提升了网络媒体的营销价值。

（二）搜索引擎营销的基本原理

搜索引擎营销的基本原理并不复杂，只要对用户利用搜索引擎进行检索的过程做简单的分析即可发现一般规律。例如，若一个用户通过关键词"液压泵"在某个搜索引擎进行过检索，那么可以初步断定该用户对液压泵有兴趣，他可能是自己想购买液压泵，也可能是经营液压泵的销售商，或者是某个生产商在对这个领域做市场调研。作为液压泵厂商，如果自己的企业信息出现在搜索结果中，就可以利用这个机会让这个潜在用户发现自己企业的信息。简单地说，企业通过这种被用户检索的机会实现信息传递的目的，这就是搜索引擎营销。

搜索引擎得以实现的基本过程是：企业将信息发布在网站上成为以网页形式存在的信息源；搜索引擎将网站/网页信息收录到索引数据库；用户利用关键词进行检索（对于分类目录则是逐级目录查询）；检索结果中罗列相关的索引信息及其网页地址（也称统一资源定位符，Uniform/Universal Resource Locater，URL）；根据用户的检索结果进行判断，选择有兴趣的信息，并点击网址进入信息源所在网页。这样便完成了企业从发布信息到用户获取信息的整个过程，这个过程也说明了搜索引擎营销的基本原理，如图 4-2 所示。

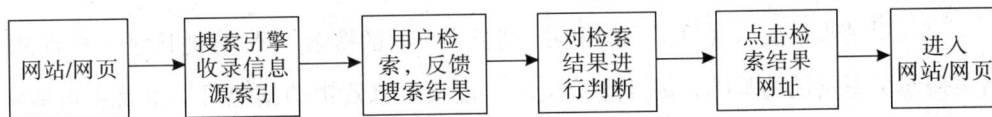

图 4-2　搜索引擎营销的信息传递过程

上述搜索引擎营销过程包含了五个基本要素：信息源（网页）、搜索引擎信息索引数据库、用户的检索行为和检索结果、用户对检索结果的分析判断、对选中检索结果的点击。所以我们实现搜索引擎营销的任务就有：构造适合搜索引擎检索的信息源、创造网站/网页被搜索引擎收录的机会、让网站信息出现在搜索结果中靠前的位置、以搜索结果中有限的信息获得用户关注以及为用户获取信息提供方便等。

（三）搜索引擎营销的目标层次

在搜索引擎营销的信息传递过程中，我们可以看到搜索引擎营销在不同的阶段有不同的目标，而搜索引擎营销的最终目标在于将浏览者转化为真正的顾客，从而实现销售收入的增加。图4-3描述了搜索引擎营销的目标层次，由下而上目标层次依次提高。

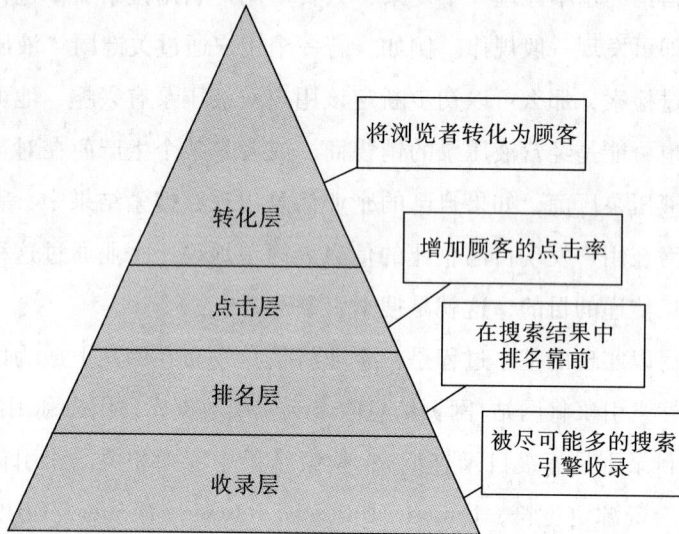

图4-3　搜索引擎营销的目标层次

从图4-3中可以看出，我们将搜索引擎的营销目标分为四个层次，分别为收录层、排名层、点击层和转化层。

第一层是收录层，其目标是使网站/网页在主要的搜索引擎/分类目录中被收录，这是搜索引擎营销的基础，离开这个层次，搜索引擎营销的其他目标也就不可能实现。搜索引擎登录包括免费登录、付费登录、搜索引擎关键词广告等形式。收录层的含义就是让网站中尽可能多的网页被搜索引擎/分类目录收录，这里需要注意的是，被收录的网页不仅仅是指网站的首页。

第二层是排名层，即使网页在被搜索引擎收录的基础上尽可能获得好的排名。通常状态下，用户在搜索引擎中输入关键字可以得到大量的目标链接，而用户一般情况下只会访问排名靠前的几个网页。因此搜索引擎营销目标的一项重要内容就是让自己的网页在搜索结果中有良好的表现。如果在实际应用中利用主要的关键词进行检索时，网站在搜索结果中的排名靠后，那么还有必要利用关键词广告、竞价广告等形式作为补充手段来实现这一目标。

第三层是点击层，即指网站访问量。其目的是通过搜索引擎点击率的增加来提高网站的访问量。从搜索引擎的实际情况来看，仅仅做到被搜索引擎收录并且在搜索结果中排名靠前是远远不够的，这样不一定能增加用户的点击率，也不能保证将访问者转化为顾客。要通过搜索引擎营销实现访问量增加的目标，还需要从整体上进行网站优化设计，并充分利用关键词广告等有价值的搜索引擎营销专业服务。

第四层是转化层，即通过访问量的增加最终实现企业收益的提高。转化层是前面三个目标层次的进一步提升，是各种搜索引擎方法所实现效果的集中体现，但并不是搜索引擎营销的直接效果。从各种搜索引擎策略到产生收益，期间的效果表现为网站访问量的增加，网站访问量增加转化为网站的收益，而从访问量转化为收益则是由网站的功能、服务、产品等多种因素共同作用决定的。实现这些基本目标是搜索引擎的主要任务。

二、搜索引擎营销的基本方式

(一) 免费登录分类目录

这是最传统的网站推广手段。目前，多数重要的搜索引擎都已开始收费，只有少数搜索引擎可以免费登录。但网站访问量主要来源于少数几个重要的搜索引擎，即使登录大量低质量的搜索引擎，对提高网络营销的效果也没有太大的意义。搜索引擎的发展趋势表明，免费搜索引擎登录的方式将逐步退出网络营销舞台。

下面以百度为例说明企业网站免费搜索引擎登录的方法和步骤。

(1) 登录百度帮助中心 (http：//www. baidu. com/search/url_ submit. html)，如图 4-4 所示。

(2) 在文本框中输入企业网站的域名，输入验证码，单击"提交网站"按钮，就完成了企业网站搜索引擎登录的过程。如果是免费搜索引擎登录，则百度规定一个免费登录网站只需提交一页，百度搜索引擎将自动收录页面。由于互联网中某种同类网站数目的海量增加，这种搜索引擎登录的方法已越来越不能适应企业的要求。

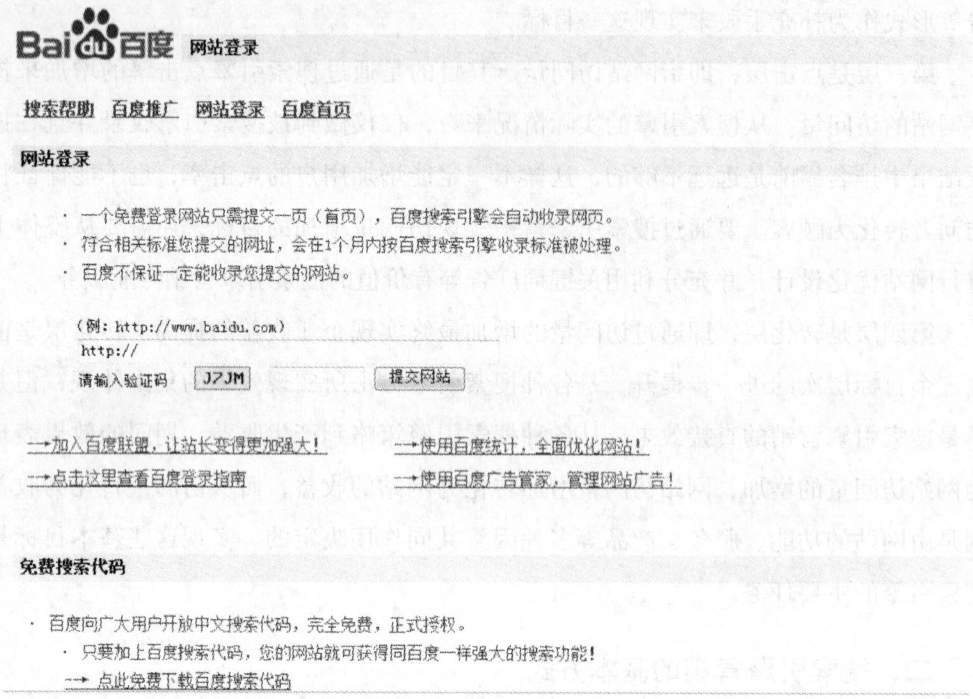

网络营销理论与实务

图4-4　百度帮助中心

（二）搜索引擎优化

搜索引擎优化（Search Engine Optimization，SEO），即通过对网站栏目结构和网站内容等基本要素的优化设计，提高网站对搜索引擎的友好性，使得网站中尽可能多的网页被搜索引擎收录，并且在搜索结果中获得较好的排名，从而通过搜索引擎的自然检索获得尽可能多的潜在用户。实现搜索引擎优化的基本原则就是真正了解各个搜索引擎的搜索原理和规律，努力使网站符合这些原理和规律，以使网站得到最大限度的曝光，从而使搜索者能较容易、迅速地发现网站的内容。常见的搜索引擎优化方式有以下几种。

1. 对重复内容实用 iframe 框架

如果站点内容有很多重复内容，或者各种产品介绍并不是单一的，但这些内容又不得不放在多个页面上，这时候最好的办法就是单独制作一个页面存放内容，然后在其他页面上用 iframe 进行调用。

2. 在产品描述中添加内链

网站的内链在搜索引擎排名中具有重要的作用，合理的内链会对网站的排名起

72

到促进的作用。可以试着在产品描述中添加一些链接到其他产品，使内部链接严密和丰富，这对站点获得长尾关键词的排名很有帮助。

3. 避免在 URL 里出现会话工作阶段识别码（Session ID）

目前很多电子商务程序都使用信息记录程序（COOKIES）功能，在 URL 保留了 Session ID，这样做虽然有它的好处，但是因为 Session ID 的存在，会造成同一个产品有大量重复的网址出现，从而容易受到搜索引擎的惩罚。对此可以使用技术手段对 URL 进行处理，确保独立产品 URL 的唯一性。

4. 每个产品都有独一无二的 Meta 属性

这里说的 Meta 属性包括关键字、产品描述等。独一无二的 Meta 属性可以帮助你逃脱重复内容的惩罚，但是千万不要试图堆砌关键字，这样做只能被搜索引擎惩罚。

5. 不要使用 "view" 或 "查看更多" 等字眼

在产品栏目尽量使用关键字链接直接连到你的产品内容页。

6. 合理的网页级别传递

整个站点里各页面的优化侧重不同，很多页面，例如 "关于我们"、"使用条款" 等，我们称之为次要页面，一般不会有较高的转化率，也不会有多少搜索引擎流量的导入。我们要关注的只是产品栏目页及内容页，所以对次要页面，我们可以采用 JS 链接、NOFOLLOW 属性等方式进行链接，而将网页级别值尽量传递到我们认为重要的页面。

（三）付费登录分类目录

付费登录分类目录类似于原有的免费登录，区别是当网站缴纳费用之后才可以获得被收录的资格。此类搜索引擎营销与网站设计本身没有太大关系，主要取决于费用，只要缴费一般情况下就可以被收录。但正如一般分类目录下的网站一样，这种付费登录搜索引擎也存在效果日益降低的问题。

（四）付费关键词广告

关键词广告是付费搜索引擎营销的主要模式之一，也是目前搜索引擎营销方法中发展最快的模式。不同的搜索引擎有不同的关键词广告显示，有的将付费关键词检索结果放在搜索结果列表的最前面，也有的将其放在搜索结果页面的专用位置。当用户利用某一关键词进行检索时，在检索结果页面会出现与该关键词相关的广告内容。

（五）关键词竞价排名

关键词竞价排名是一种按效果付费的网络推广方式。企业在购买该项服务后，通过注册一定数量的关键词，其推广信息就会率先出现在相应的搜索结果中。每吸引一个潜在客户，企业需要为此支付一定的费用。竞价排名属于许可式营销，它让客户主动找上门来，只有需要的用户才会看到竞价排名的推广信息，因此竞价排名的推广效果具有很强的针对性；另外，竞价排名按照效果付费，根据给企业带来的潜在客户访问数量计费，没有客户访问不计费，企业可以灵活控制推广力度和资金投入，投资回报率高。但在实际应用中，这种方式也出现了很多问题，例如，可能出现人工干涉搜索结果等问题。

（六）网页内容定位广告

基于网页内容定位的网络广告（Content-targeted advertising）是关键词广告搜索引擎营销模式的进一步延伸，广告载体不仅仅是搜索引擎搜索结果的网页，也延伸到了这种服务的合作伙伴的网页。尽管目前国内的网页内容定位搜索引擎营销还没有进入实用阶段，但从国外搜索引擎的发展趋势来看，这种模式的应用只是时间问题。

第二节　电子邮件营销

在所有常用的网络营销手段中，E-mail营销是信息传递最直接、最完整的方式，可以在很短的时间内将信息发送到列表中的所有用户，这种独特功能在风云变幻的市场竞争中显得尤为重要，而且成本相对比较低廉。E-mail营销在产品推广、顾客关系和顾客服务、市场调研等方面都具有重要作用。

一、电子邮件营销概述

（一）电子邮件营销的概念

企业在推广产品和服务的时候，事先征得顾客的许可并得到潜在顾客的许可之后，通过E-mail的方式向顾客发送产品或服务信息。其主要方法是通过邮件列表、新闻邮件、电子刊物等形式，在向用户提供有价值信息的同时附带一定数量的商业广告。例如一些公司在要求你注册为会员或者申请某项网络服务时，会询问你"是否希望收到本公司不定期发送的最新产品信息"，或者给出一个列表让你选择自己希望收到的信息。所以，电子邮件营销是在用户事先许可的前提下，通过电子邮件的方式向目标用户传递有价值信息的一种网络营销手段。这里强调了三个基本因素：基于用户许可、通过电子邮件传递信息、信息对用户是有价值的。三个因素缺少任何一个，都不能称之为有效的电子邮件营销。

（二）电子邮件营销的分类

1. 按照是否经用户许可分类

按照发送信息是否需事先经用户许可，可以将 E-mail 营销分为许可 E-mail 营销（Permission E-mail Marketing，PEM）和未经许可的 E-mail 营销（Unsolicited Commercial E-mail，UCE）。未经许可的 E-mail 营销也就是通常所说的垃圾邮件（Spam），正规的 E-mail 营销都是基于用户许可的。

2. 按照 E-mail 地址的所有权分类

潜在用户的 E-mail 地址是企业重要的营销资源，根据对用户 E-mail 地址资源的所有形式，可将 E-mail 营销分为内部 E-mail 营销和外部 E-mail 营销，或者叫内部列表和外部列表。内部列表是企业/网站利用一定方式获得用户自愿注册的资料来开展的 E-mail 营销，而外部列表是指由专业服务商或者同专业服务商一样可以提供专业服务的机构提供 E-mail 营销服务，自己并不拥有用户的 E-mail 地址资料，也无需管理和维护这些用户资料。

3. Opt-in，Opt-out 和 Double Opt-in

"Opt-in"直译为"选择性加入"，这是一种最简单的用户许可方式，即用户主动输入自己的 E-mail 地址，加入到一个邮件列表中。"Opt-out"直译为"选择性退出"，我们形象地称之为"自愿退出邮件列表"。其基本方法是这样的：网站将自行收集来的用户 E-mail 地址加入某个邮件列表，然后在未经用户许可的情况下向列表中的用户发送邮件内容，邮件中有退订方式，用户如果不喜欢，可以自己退出。"Double Opt-in"直译为"双重选择性加入"，与"Opt-in"不同，在"Double Opt-in"方式下，用户输入自己的 E-mail 地址，单击"确认"按钮后，加入邮件列表的程序并没有完成，系统将向用户的邮箱中发送一封确认邮件，只有用户按照邮件中的指示如点击某链接，或者回复邮件，才能最终完成加入列表程序。

二、电子邮件营销的基本方式

内部 E-mail 营销和外部 E-mail 营销是电子邮件营销的常用方式，下面对其相关内容做简要介绍。

（一）内部 E-mail 营销

内部列表的用户主要为现有客户、注册会员和邮件列表注册用户等，其主要职能在于增进顾客关系、提供顾客服务、提升企业品牌形象等。内部列表营销的任务重在邮件列表系统建设、邮件内容建设和用户资源积累。

1. 建立/选择邮件列表发行平台

无论哪种形式的邮件列表，首先要解决的问题是，如何用技术手段来实现用户加入、退出以及发送邮件、管理用户地址等基本功能。经营自己的邮件列表，可以自己建立邮件列表发行系统，也可以根据需要选择专业服务商提供邮件列表发行平台。下面以"希网"的免费邮件列表资源为例，向大家演示一下邮件列表发行平台的建立。

（1）首先，我们在地址栏输入 www. cn99. com，进入希网网络，如图 4-5 所示。

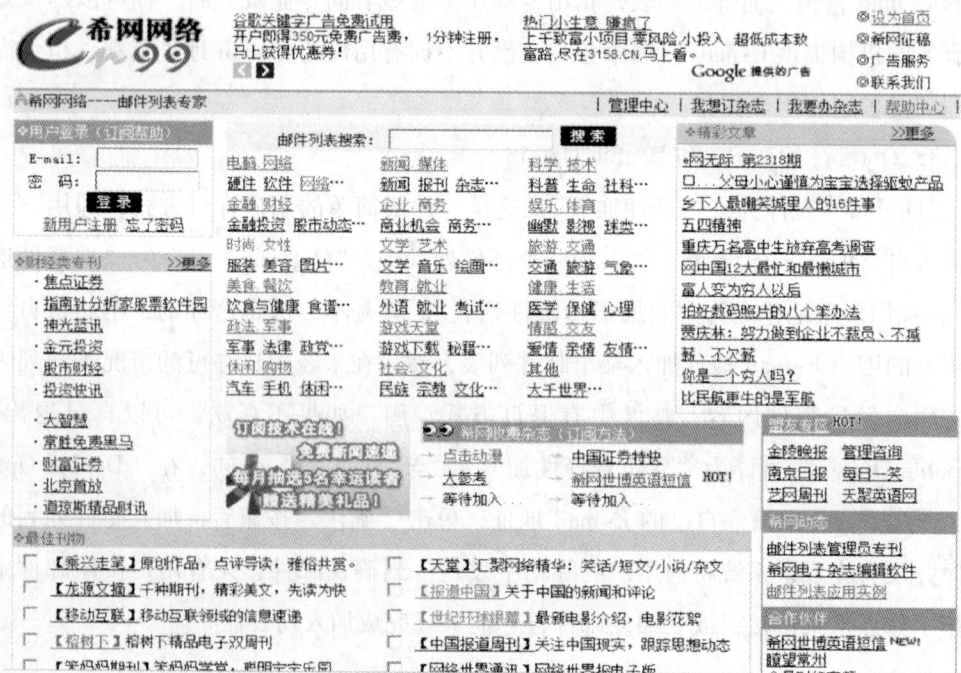

图 4-5　希网网络主页

（2）用事先注册好的账号和密码登录，然后进入用户管理中心，如图4-6所示。我们可以看到，基本用户可以实现用户管理、查询及退订、更换订阅 E-mail 及分类订阅等功能；高级用户除以上功能外，还可以实现创办新列表和管理列表的功能。基本用户只需要填写简单的注册信息，然后在自己的邮箱中确认即可；而高级用户需要提交一个非免费的电信、政府网或者教育网的 E-mail，并填写一些更隐私的信息，例如真实姓名、联系地址等。

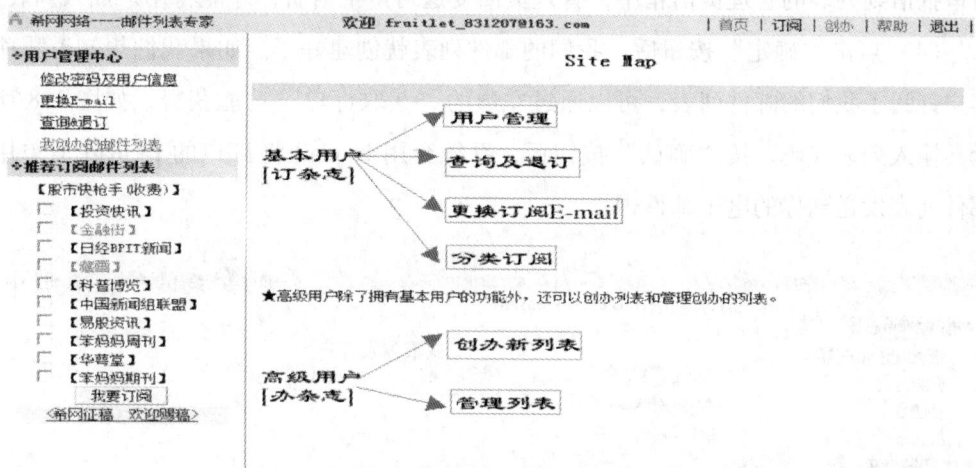

图4-6 希网用户管理中心

（3）点击图4-6右上角的"创办"按钮，我们可以打开创建邮件列表的页面，如图4-7所示。

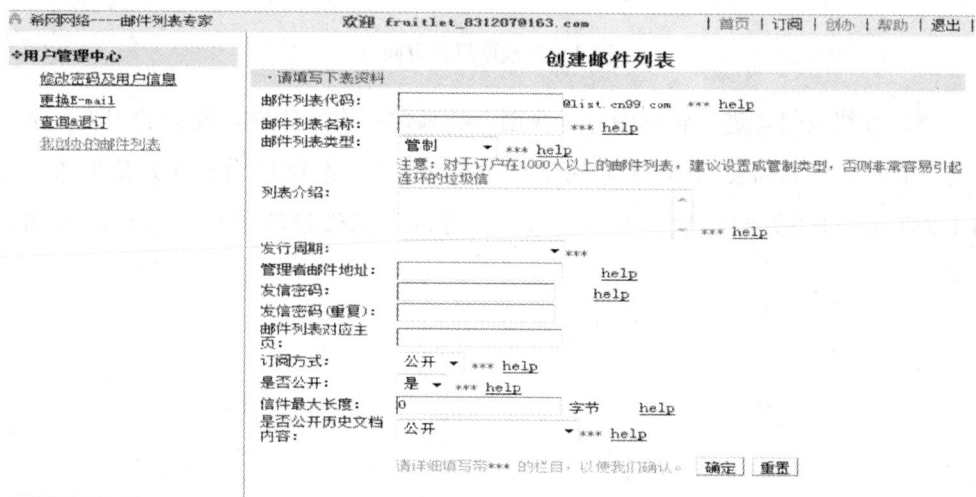

图4-7 创办邮件列表页面

其中，邮件列表代码是一个邮件列表的标识符，在整个系统中是唯一的。邮件列表类型里的"公开"选项是指任何人都可以在列表里发表信件，如公开的讨论组；"封闭"选项是指只有邮件列表里的成员才能发表，如技术讨论等；"管制"选项是指只有经过邮件列表管理者批准的信件才能发送，如营销中产品信息发布等。订阅方式中的"公开"是指用户可以直接在希网的网站上订阅该列表，无需管理员干预；审批是指用户在希网上订阅了列表后，并没有真正将其加入列表，而是发一封审批信到列表的管理员信箱中，管理员回复这封审批信后，才能将用户加入列表。

（4）点击"确定"按钮后，我们的邮件列表就创建好了。如果我们想知道哪些客户订阅了我们的邮件列表，可以通过左边的"获取订户"功能获得，如图 4-8 所示，输入列表代码，按"确认"按钮后，系统会用 E-mail 将订户的 E-mail 清单用邮件列表发送到你的电子邮件中。

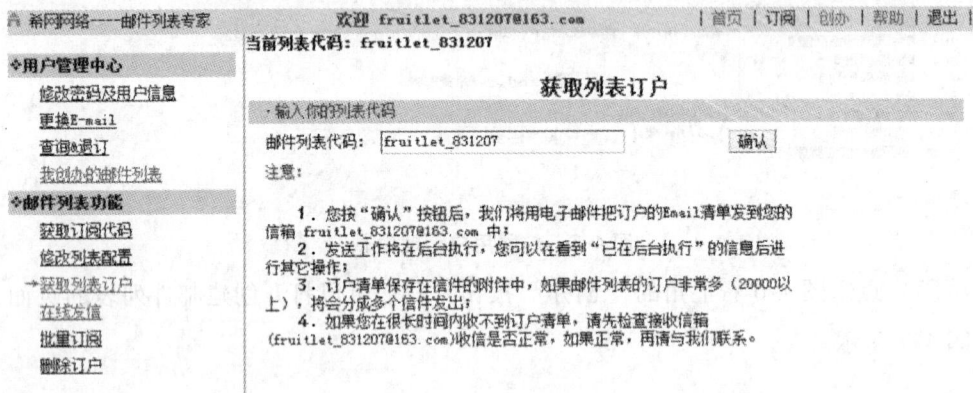

图 4-8　获取订户页面

（5）在线发信。进入管理中心—我创办的邮件列表，选择要发信的列表，然后点击"管理选中的列表"，点击左边的"在线发信"，系统列出在线发信清单，如图 4-9所示。处理好邮件后，点击发送，就可以将邮件发给邮件列表里的全部订户了。

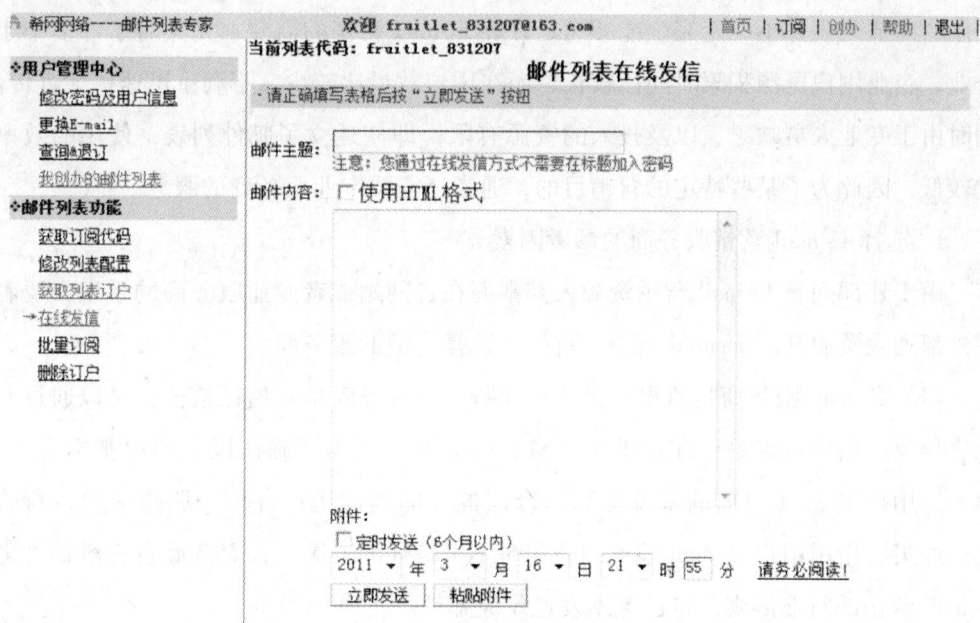

图 4-9　在线发信页面

2. E-mail 营销资源的获取

尽可能引导用户加入，获得尽可能多的 E-mail 地址是 E-mail 营销最重要的方式之一。一份邮件列表真正能够获得用户的认可，靠的是自身独特的价值，为用户提供有价值的内容是根本所在，是邮件列表取得成功的基本条件。网站的访问者是邮件列表用户的主要来源，因此网站的推广效果和邮件列表的订户数量有密切关系。通常情况下，用户加入邮件列表的主要渠道是通过网站上的"订阅"框自愿加入，只有用户首先来到网站，才有可能成为邮件列表用户。所以，网站可以采取一些推广措施吸引用户的注意和加入。

3. 内部列表 E-mail 营销的内容策略

对于已经加入列表的用户来说，E-mail 营销是否对他产生影响是从其接收邮件开始的。用户最关注的是邮件内容是否有价值，所以要对邮件内容进行认真的规划。尽管每一期邮件的内容都不同，但要在统一的指导思想下规划内容，做到内容连贯、针对性强，而不是每期邮件的内容完全相互独立，甚至没有任何相关性。更重要的是，邮件内容应与企业总体营销策略密切结合，让会员通信发挥其应有的作用。

（二）外部 E-mail 营销

尽管很多网站都希望建立自己的邮件列表，但由于受用户资源、管理等方面的限制，内部列表并不一定完全能够满足开展 E-mail 营销的需要。尤其对于许多中小企业，企业用户资源积累时间比较长，潜在用户数量比较少，不利于迅速扩大宣传。同时由于专业人员缺乏，以及投入的资源有限，即使建立了邮件列表，使用的效率比较低，因此为了某些特定的营销目的，通常还需要专业服务商的服务。

1. 选择 E-mail 营销服务商的参考因素

由于外部列表 E-mail 营销资源大都掌握在各网站或者专业服务商的手里，要利用外部列表资源开展 E-mail 营销，首先要选择合适的服务商。

（1）E-mail 服务商是值得信赖的。判断一个服务商是否值得信任，可以通过其品牌形象和用户口碑等外在标准来评价，同时至少还需要确认以下两项基本要素。第一，用户 E-mail 地址的来源必须是合法的，即经过用户许可。那些采用自行收集、购买、租用用户 E-mail 地址的公司是不可信任的。第二，服务商自觉维护许可E-mail 营销的行业准则，自己绝不发送垃圾邮件。

（2）服务商提供的用户数量和质量是可靠的。为了吸引广告用户的注意，有些服务商可能会夸大邮件列表资源的用户数量和质量，这也正是很多企业对 E-mail 营销不信任的主要原因，这种状况已经制约了 E-mail 营销行业的正常发展。即使服务商所提供的邮件列表用户是真实的，仍然可能存在质量不高的情况，这主要是由于一些邮件列表的用户比较分散，同时，由于部分邮件服务商终止服务、用户电子邮箱废弃、用户更换邮件地址而没有退出列表等原因，列表中的部分用户实际上已经没有了意义，而广告客户却要为这些无效的用户地址付费，这显然是不合理的。

（3）准确的用户定位。定位准确是 E-mail 营销成功的基础，因为没有人愿意阅读和自己毫无关系的电子邮件，尤其是大量的商业广告内容。准确的定位建立在用户提供信息真实的基础之上。有些邮件列表，用户为了获得某种信息或服务，所填写的信息不一定是真实的，以这些信息作为用户定位的依据，显然没有足够的说服力。而用户在一个电子商务网站注册时，由于需要填写真实姓名、邮政地址、电话等多种信息才能最终得到其需要的商品和服务，因此这些用户资料的真实性更高一些。一个服务商可能拥有多种列表资源，应从其中挑选最适合的列表作为 E-mail 广告的载体。

（4）专业化的 E-mail 营销服务。专业化包含多方面的内容，如提供专业的 E-mail 营销建议、专业的邮件发行和管理系统、专业的广告效果检测手段。一个经验丰富的服务商往往有大量的成功案例，并且有相关的统计分析资料，如用户的组成成分、用户接收和阅读行为、用户所使用的邮件接收程序、不同行业 E-mail 广告的反应率等。根据这些资料，企业可以更好地制定自己的 E-mail 营销策略。

（5）合理的费用和收费模式。由于 E-mail 广告可以准确统计发送邮件的数量，因此可采用按照邮件发送数量来计费的模式。在选择邮件列表的同时，知道了列表中用户的数量，也就相当于知道了 E-mail 营销的费用。这样的定价模式简单易行，为许多服务商所采用。不过，有调查表明，将近一半的用户希望采用按点击付费的定价模式（Cost per click，CPC）。至于某个服务商收费水平的高低，通过对比同行的状况可以方便地作出评价。一般来说，服务商的知名度越高、用户定位程度和许可程度越高，E-mail 营销的效果越好，费用也会相应越高。

2. 外部列表 E-mail 营销内容

在选择了合适的 E-mail 服务商之后，主要的任务就是 E-mail 内容的设计。与内部列表 E-mail 营销不同，由于利用外部列表开展 E-mail 营销活动通常是临时性或者一次性的，因此不需要对 E-mail 内容进行长期的规划，一般只需针对活动当时的营销目的进行内容设计。

与一般的邮件列表内容一样，专业服务商投放的 E-mail 广告也需要具备电子邮件的基本要素，即发件人、邮件主题、邮件正文、附加信息等，其中邮件主题和正文内容是 E-mail 营销的核心，但发件人和附加信息对用户是否信任广告内容发挥了重要的辅助作用，因为正是通过这些信息，收件人才知道该广告邮件来自何处，是垃圾邮件还是正规的 E-mail 营销。

E-mail 广告并没有固定的形式，可以是电子刊物中的赞助商、专家或者其他用户的推荐信，也可以是专门的广告内容。在表现形式上，也有多种可选择的方式，如文本格式、图片格式、HTML 格式、Banner 或者其他规格的网络广告、流媒体广告等，只要邮件内容设计合理，用户可以正常接收，都可以作为 E-mail 广告。

·小· 资料

中国特奥世纪行的 E-mail 营销

特奥会为在身体和心智上有障碍的人带来了参赛的机会。2000 年，在来中国时，阿诺德·施瓦辛格为特奥会做了线下宣传，他离开后，进一步的宣传活动需要开展，"现在网"（www.xianzai.cn）利用其近七年的电子邮件市场经验为特奥会的中国市场做了很多工作。特奥会希望建立自己的邮件数据库。其最初只有300个赞助商和志愿者的E-mail地址，这对于他们将来的工作来说，作用是微乎其微的。特奥会有两方面的需求：一是需要中国当地的志愿者帮助其扩大规模，二是需要来自各大企业和政府的赞助，以在中国发展这个非营利组织。"现在网"根据这两个需求设计了两个不同的E-mail活动。

对于第一类人群，"现在网"选择了opt-in（可选性电子邮件）数据库里运动、保健和体育栏目中的284 458名用户，在特奥会的帮助下，设计了六个问答题并链接到了特奥会及其相关的网站里。然而，特奥会并不希望人们只是加入他们的行列，他们希望吸引到那些真正关注这项活动的人们并为这项事业做出贡献。因此，他们限制只有问题回答正确半数以上的参与者才可以进入他们的数据库。"现在网"以国际知名网球明星休伊特亲笔签名的网球拍、T恤衫和帽子作为优胜者的礼品来提高参与者的积极性。为了能够时刻了解活动的进展，"现在网"为特奥会创立了他们自己的基于网络的跟踪系统，这个在线的跟踪系统可以让特奥会了解每个参与者问题回答的正确性，同时还可以了解到他们打开邮件的时间以及相关联的正确答案，甚至可以了解有多少用户把E-mail转发给了朋友以及他们的朋友是否参与了活动。

对于第二组人群，"现在网"创立了一个无声拍卖活动并以电子邮件的形式发送给了107 191名在华各大国际企业的外国人士和职业人士。此次拍卖目标为在上海举行的2002网球大师杯赛的门票，回复邮件者可以参与此门票的竞标并选择是否进入特奥会的数据库参加以后的活动。

对于中文用户，"现在网"采用了等级递进的方式进行提问测试。首先，对10 000名收到信息的用户进行记录。记录显示，其中4 377个邮件被打开，2 852个邮件回复了其中至少四个问题。接着，"现在网"改变标题和邮件内容，把其中比较难的三个问题改成容易一些的。记录显示，这次的10 000名用户收到信息后有6 370名打开了邮件，4 229名回答了四个或四个以上的问题，并有379名用户把信息转给了朋友，这其中又有77%的人（294名）打开了邮件，268名回答了四个或四个以上的问题。而后，"现在网"在保持此标题的基础上变换了其中一个问题，把邮件发送给了其余的264 458名用户。记录显示，这其中58%的用户打开了邮件，开启邮件的用户中又有61%的用户回答了四个或四个以上的问题。

对于英文版的无声拍卖，首先，"现在网"设计了一个很好的标题——"住在中国，帮助中国"（Since we're in China now, we might as well help!），这些英文邮件使用者可以使用邮件里的 HTML 格式参与竞标。记录显示，78% 的用户打开了邮件，其中 21% 参与了竞标。总之，最终有 18 395 个竞标者参与活动，最后门票以 3 500 元的价格定标。

一些幸运优胜者获得了休伊特的亲笔签名服装，特奥会获得了一笔资金，重要的是，特奥会的数据库从 300 多个增至 75 000 个以上。通过 E-mail 进行工作的迅速性和低成本是很多人都知道的，然而有节奏而又富有创造性地成功运用一个数据库并非人们想象中那么容易。这是"现在网"成功运作中的一例，而且重要的是，它让更多的人了解了为那些特殊人群准备的"特奥会"。

第三节　互联网营销

一、网络社区营销

(一) 网络社区的相关概念

网络社区是网上特有的一种虚拟社会，它通过把具有共同兴趣的访问者集中到一个虚拟空间，而达到成员间相互沟通的目的。网络社区是用户常用的服务之一，由于有众多用户的参与，因而已不仅仅具备交流的功能，实际上也成为一种网络营销的场所。

网络社区主要包括电子公告板（BBS）、聊天室（Chat Room）以及新闻组（News Group）等。电子公告板是虚拟网络社区的主要形式，大量的信息交流都是通过 BBS 完成的，会员通过张贴信息或者回复信息达到互相沟通的目的。聊天室是可以实时交流的场所，对某些话题有共同兴趣的网友可以利用聊天室进行深入交流。新闻组则是个人向新闻服务器所投递邮件的集合，不同的用户通过一些软件可以连接到新闻服务器上，阅读其他人传递的信息并可参与讨论。

(二) 网络社区营销的分类

网络社区营销按照功能不同大致可以分为两类：市场型和服务型。

1. 市场型

在市场型社区营销的产品主要是 B2C（是英文 Business to Customer 的缩写，意为"商对客"）的产品，尤其是面向年轻消费者群体的企业更适合建立市场型网络社区（如索尼和可口可乐），因为大多数年轻消费受众更加注重追求生活和文化，而不是某一个产品。目前来说，这类企业的使命是文化传播和市场推广。

2. 服务型

建立服务型社区的主要目的是提供专业售后服务和技术支持。例如西门子的社区，其拥有本地化工程师的专业支持，社区不仅仅能够回答顾客提出的问题，更重要的作用是作为信息源：顾客常问什么问题、具体如何解决等，并将这类问题及回答进行多次筛选和精炼后定期发给在线用户。偏技术性和专业性的企业比较适合建设此类社区。这样可以很大程度地降低服务成本、提高效率和顾客满意度。

（三）社区网络营销的作用

（1）可以与访问者直接沟通，容易得到访问者的信任。如果社区是商业性质的，则可以了解到客户对产品或服务的意见，访问者很可能通过和你的交流而成为真正的客户，因为人们更愿意从了解的商店或公司购买产品；如果社区是服务性质的，则可以方便地了解顾客的观点、收集有用的信息，并得到有益的启发。

（2）可以吸引顾客的重复访问。为了参加讨论或聊天，人们愿意重复访问你的网站，因为那里是他和志趣相投者聚会的场所，除了相互介绍各自的观点之外，一些有争议的问题也可以在此进行讨论。

（3）作为顾客服务的工具使用。利用社区的形式在线回答顾客的问题，从而得到用户的认可。

（4）方便进行在线调查。充分利用社区的互动特点，主动、热情地邀请访问者或者会员参与调查，参与者的比例一定会大幅增加。同时，收集社区顾客的留言也可以了解到一些关于产品和服务的反馈意见。

.小资料

社区网络营销小策略

网络社区宣传，虽然花费精力，但是效果非常好。网络营销，细节制胜。在进行社区网络营销时应注意以下问题。

（1）不要直接发广告。在网络社区中直接发广告很容易被当做广告贴而删除。

（2）用好头像和签名。头像可以专门设计一个，宣传自己的品牌，签名可以加入自己网站的介绍和链接。

（3）发帖要求质量第一。发帖不在乎数量多少、发的地方多少，而关键在于帖子的质量。因为发的多，总体流量并不一定多，我们发帖的目的是让更多的人看，从而宣传自己的网站，所以追求的是最终流量。发高质量的帖子，可以花费较小的精力，获得较好的效果。

（4）适当"托"一把。在网络社区，有时候为了活跃帖子的气氛和增加人气，可以适当找个"托"。

（四）社区网络营销的应用——新闻组

下面以在 Outlook Express 上注册使用新闻组为例，为大家介绍社区网络营销的应用。

1. 建立新闻组账户

打开 Outlook Express，点击"工具"—"账户"，在出现的对话框中，点击右侧的"添加"按钮，点击"新闻组"，将您的姓名、电子邮件地址和新闻组服务器名称填写完整。其中，姓名将出现在你所发出的新闻帖子中；对于新闻组服务器名称，我们选择新帆新闻组（news. newsfan. net）（见图 4-10），然后点击"完成"。

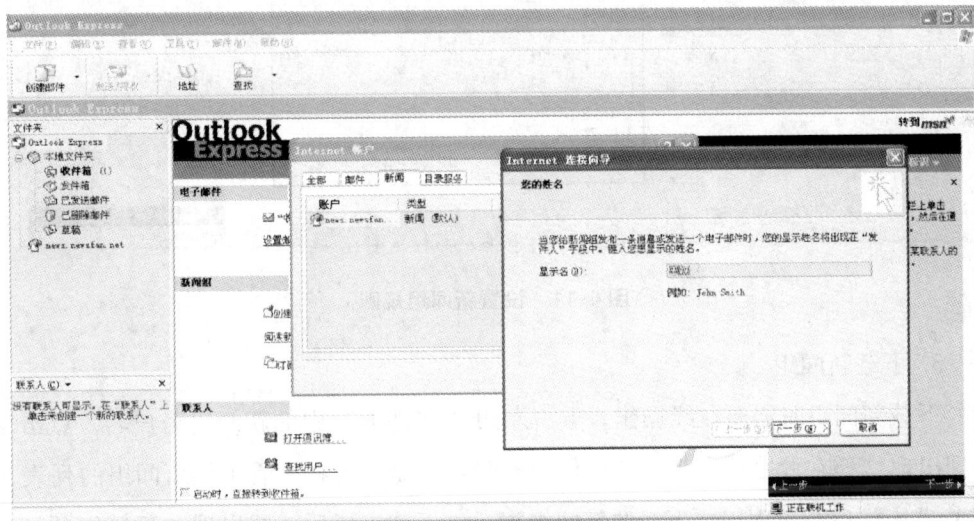

图 4-10　建立新闻组账户

2. 设置新闻组规则

设置新闻组规则是为了更加有效率地使用新闻组。

第一条规则：跟踪别人对自己帖子的回复。点击"工具"—"邮件规则"—"新闻组"，在对话框的"新闻规则"中点击"新建"，来建立第一条新闻规则（见

图4-11）。在"选择规则条件"中选中"若'发件人'行中包含用户"、"将邮件标记为跟踪或忽略"两项；在"规则说明"中选择"包含用户"，并将自己的昵称（即之前的您的姓名）填入，然后添加完成；最后选中"规则说明"中的"被跟踪或忽略"，在对话框中选中"跟踪邮件"。

第二条规则：避免下载容量过大的新闻帖子。在"选择规则条件"中选择"若邮件中的行数超过行"，在"选择规则操作"中选择"将邮件标记为跟踪或忽略"；然后在"规则说明"中选择"行"，在对话框中将行数设为"500"；最后在"被跟踪或忽略"中选择"忽略邮件"即可。

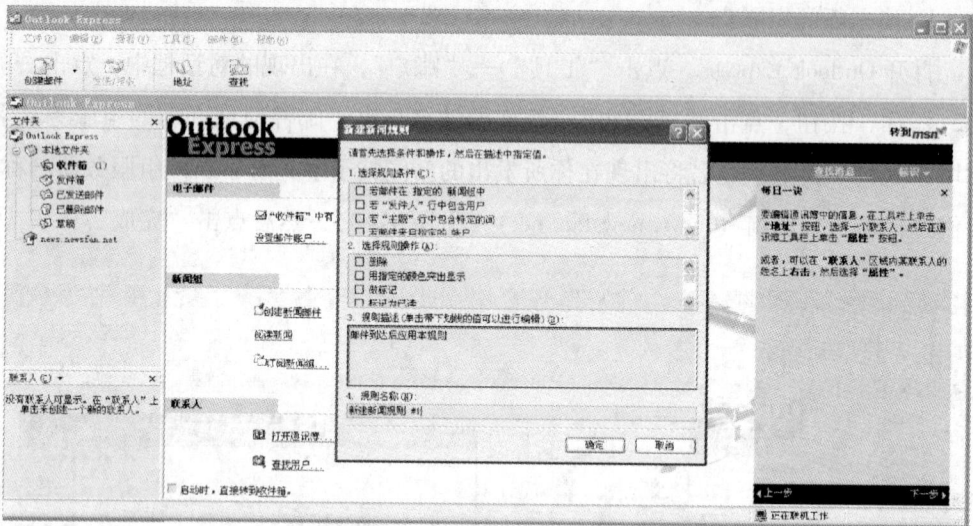

图4-11 设置新闻组规则

3. 下载新闻组

下载新闻组时需要在线操作。点击左边"文件夹"中的新闻组账户名，点击之后即出现"您在此账户上尚未预订任何新闻组。是否现在查看可用新闻组的列表"，点击"是"后会出现正在下载的新闻组提示，下载完毕后，即出现"新闻组预订对话框"（图4-12）。在"全部"新闻组表中选中一个你喜欢的组，再点击"预定"，此时，"文件夹"中的新闻组文件夹下面应该出现之前预订的组。以点击"计算机·软件"为例，点击后，会在预订的新闻组右边窗口中出现新闻组标题。

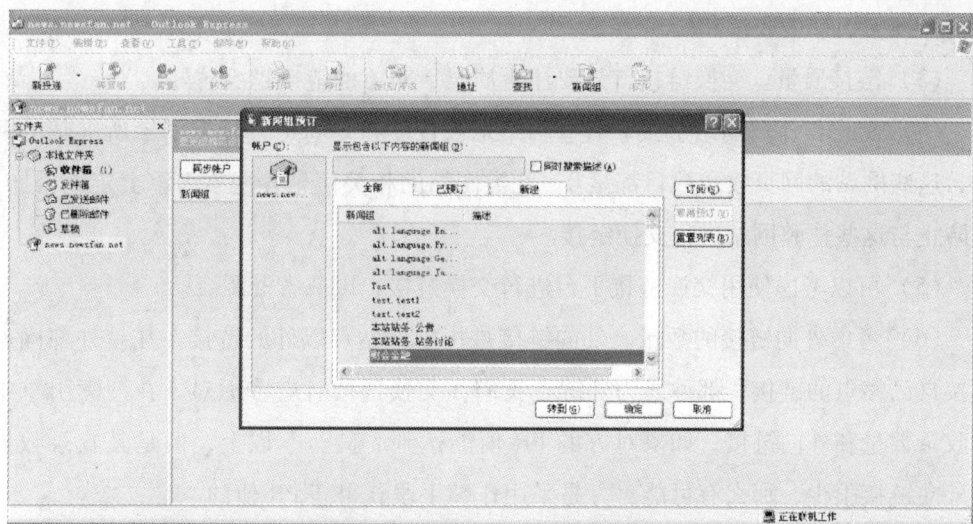

图 4-12　下载、订阅新闻组

以后要做的是在每次上网后,点击"工具"—"全部同步",Outlook Express 就会自动、一次性地完成收邮件、收新闻组帖子的全部过程。至此,我们就可以在新帆新闻组上发布回复信息,进行社区网络营销了。

二、网站互助推广——交换链接

网站交换链接,也称为友情链接、互惠链接、互换链接等,是具有一定资源互补优势的网站之间的简单合作形式,即分别在自己的网站上放置对方网站的 LOGO 或网站名称,并设置对方网站的超级链接,使得用户可以从合作网站中发现自己的网站,从而达到互相推广的目的。

交换链接的好处不仅在于可以给网站带来更多的直接访问量,更在于它让搜索引擎更多地收录网页。链接流行度是指与站点进行链接的网站的数量,是搜索引擎排名要考虑的一个很重要的因素。

我们在做交换链接时,要注意以下几点。

(1) PR 值。PR 值的全称是 PageRank,即网页的级别技术,是 Google 评测网页"重要性"的一种方法。级别从 1 级到 10 级,10 级为满分。PR 值越高,说明该网页越受欢迎,在搜索引擎中的排名越靠前。在做交换链接时,要多找 PR 值高的站点做链接。

(2) 链接类别。在做交换链接时,要注意寻找与自己网站同类别的网站,从而有利于搜索引擎的收录和排名。

（3）链接质量。交换链接首先要注重质量，对方的链接越少越好。

（4）防止与作弊网站链接。有些网站是被百度和 Google 等搜索引擎所屏蔽的网站，这些网站的网页收录数目都是 0。此类网站的相关信息各搜索引擎会定期公布，应防止与这些作弊网站进行交换链接。

（5）可以考虑使用交换链接平台进行交换链接，以节省资源。

（6）考虑外向链接的数量。外向链接是指本地站点以外的链接，凡是外部网站链接自己站点的链接，都称之为外链。我们在交换链接时应考虑对方在搜索引擎中的收录数量和外向链接，如果对方的 PR 值能达到 5 甚至 5 以上，但是其收录数量和外向链接很少，那么有可能对方是采用作弊手段获得高 PR 值的。

从以上的讲述我们可以看到，在做交换链接时，有很多工作需要做，例如，需要查询对方的收录数量和外向链接数量，需要查询对方的 PR 值等。在这里提醒大家，我们可以借助某些友情链接工具（举例如图 4-13 所示）减少工作量。

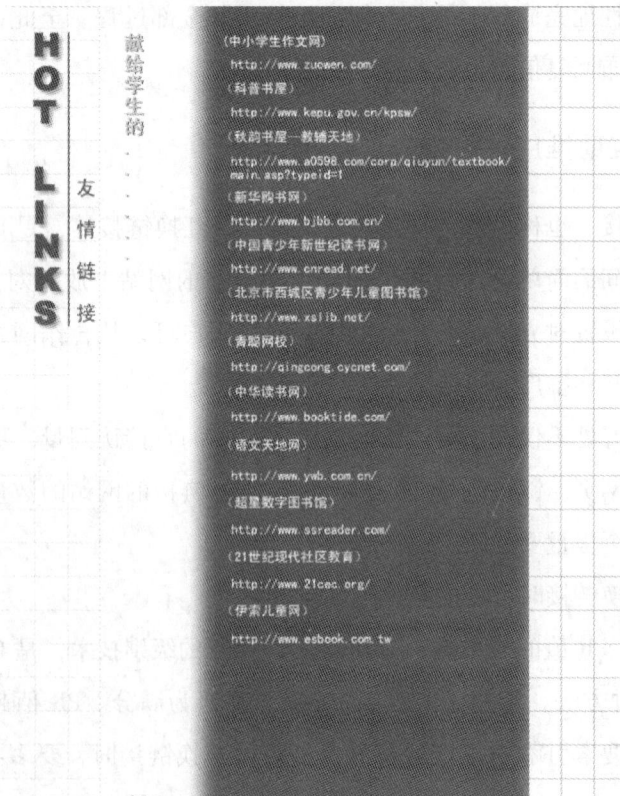

图 4-13　友情链接示意图

三、博客营销

（一）博客营销的相关概念

Blog（博客）是英文单词 Web log 的缩写，中文意思是"网络日志"。博客营销是指利用博客的方式，通过向用户传递有价值的信息而最终实现营销信息的传播。

博客营销对于网络营销来说具有极其重要的价值。

（1）博客可以直接带来潜在用户。博客内容发布在博客托管网站上，这些网站往往拥有大量的用户群体，有价值的博客内容会吸引大量潜在用户浏览，从而达到向潜在用户传递营销信息的目的。

（2）博客营销可以降低网站推广费用。通过博客的方式，在博客内容中适当加入企业网站的信息（如某项热门产品的链接、在线优惠券下载网址链接等），达到网站推广的目的，可以降低一般付费推广的费用、提升网站的访问量。

（3）博客文章内容为用户通过搜索引擎获取信息提供了机会。通过博客文章进行营销，可以增加用户通过搜索引擎发现企业信息的机会。访问量较大的博客网站比一般企业网站的搜索引擎友好性要好，用户可以比较方便地通过搜索引擎发现这些企业的博客内容。

（4）博客可以更低的成本对用户行为进行研究。当博客内容比较受欢迎时，博客网站也成为与用户交流的场所。有什么问题可以在博客文章中提出，读者可以发表评论，从而了解读者对博客文章内容的看法，作者也可以回复读者的评论。

（5）博客让市场人员从被动的媒体依赖转向自主发布信息。博客的出现给市场人员的营销观念和营销方式带来了重大转变，博客使每个企业、每个人都拥有自由发布信息的权利，营销人员不应仅局限于传统媒体，还可以应用自己的知识背景和对博客营销的应用能力来为企业的营销战略服务。

（二）博客营销的主要模式

1. 企业网站自建博客频道

许多大型网站都开始陆续推出自己的博客频道，这种模式已经成为大型企业博客营销的主流方式。通过博客频道的建设，鼓励公司内部有写作能力的人员发布博客文章，这样可以达到多方面的效果：从企业外部而言，可以增加网站访问量，获得更多的潜在用户，并在企业品牌推广、增进顾客认知、听取用户意见等方面发挥积极作用；从企业内部而言，可以提高员工对企业品牌和市场活动的参与意识，增进员工之间以及员工与企业领导之间的相互交流，丰富企业的知识资源。但是企业自建博客频道需要进行相应的资源投入和管理，增加了网站运营管理的复杂性，并且需要对员工进行信息保密、博客文章写作方法、个人博客维护等方面的培训。

早在 2002 年 9 月，国际著名的咨询顾问公司 Jupiter Research 就在公司网站上建立了博客频道。该博客聚集了诸多分析家的大量专业博文，成为了 Jupiter Research 公司展现自身实力、宣传公司品牌的公共平台。时至今日，这个博客频道一直都在不断的更新中，已经成了 Jupiter Research 公司推广服务、吸引客户的一条重要渠道（如图 4-14 所示）。

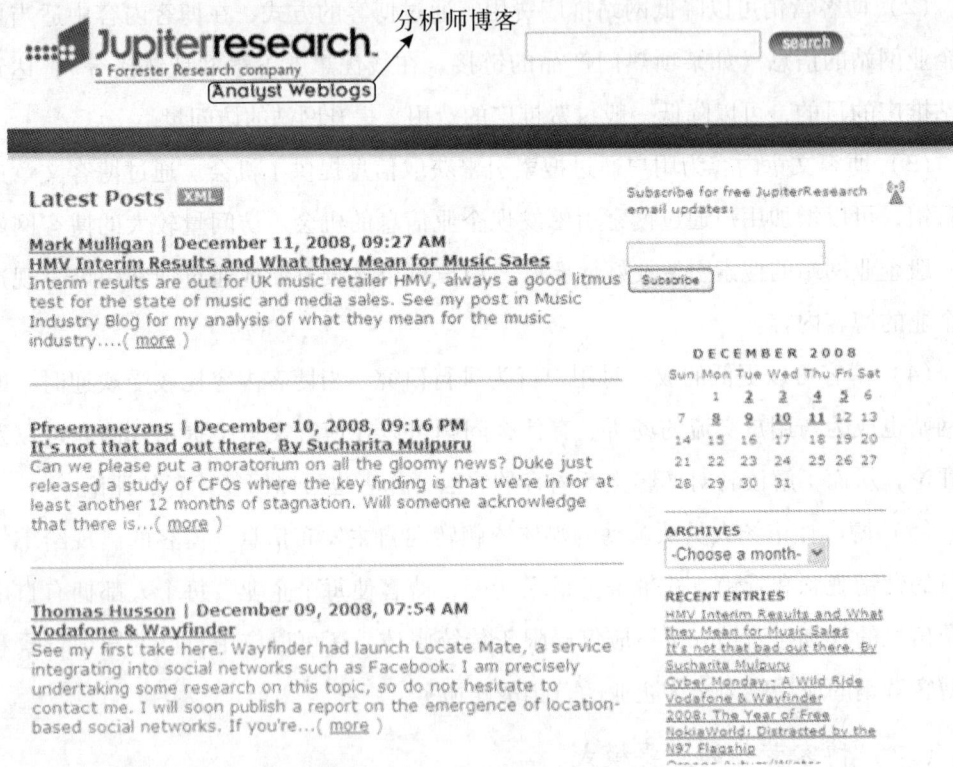

图 4-14　Jupiter Research 博客首页

2. 第三方 BSP 公共平台模式

利用博客托管服务商（BSP）提供的第三方博客平台发布博客文章，是最简单的博客营销方式之一，在体验博客营销的初期常被采用。第三方公共平台博客营销的好处在于操作简单，不需要维护成本。但由于用户群体成分比较复杂，如果在博客文章中过多介绍本企业的信息往往难以受到用户的关注。因此，第三方 BSP 公共平台模式提供的博客服务通常作为个人交流的工具，对企业博客的应用有一定的限制。但是下面的案例说明只要找准用户群体，利用 BSP 平台的博客营销还是大有所为的。

耐克公司为了塑造其"追求速度艺术的专家"的品牌形象，撰写了十几篇文章，在一个探讨文化现象和政治理念的专业博客网站上做了一个推广专题，主题就是"速度的艺术"。相对于传统网站，博客网站的访问量并不算大，每个月大约有万人访问。耐克公司的执行官却说："关键不是数量，而是质量。我们选择了一个适当的群体去做宣传，因为这一部分看的人不仅有创造性，并且有着良好的社会关系，也许他们的人数并不太多，但关键在于他们是一个非常有影响力的群体。"所以，耐克公司的营销目的是先把追求"速度艺术"的理念传播给"意见领袖"人群，然后再通过这些人形成口口传播，如图 4-15 所示。

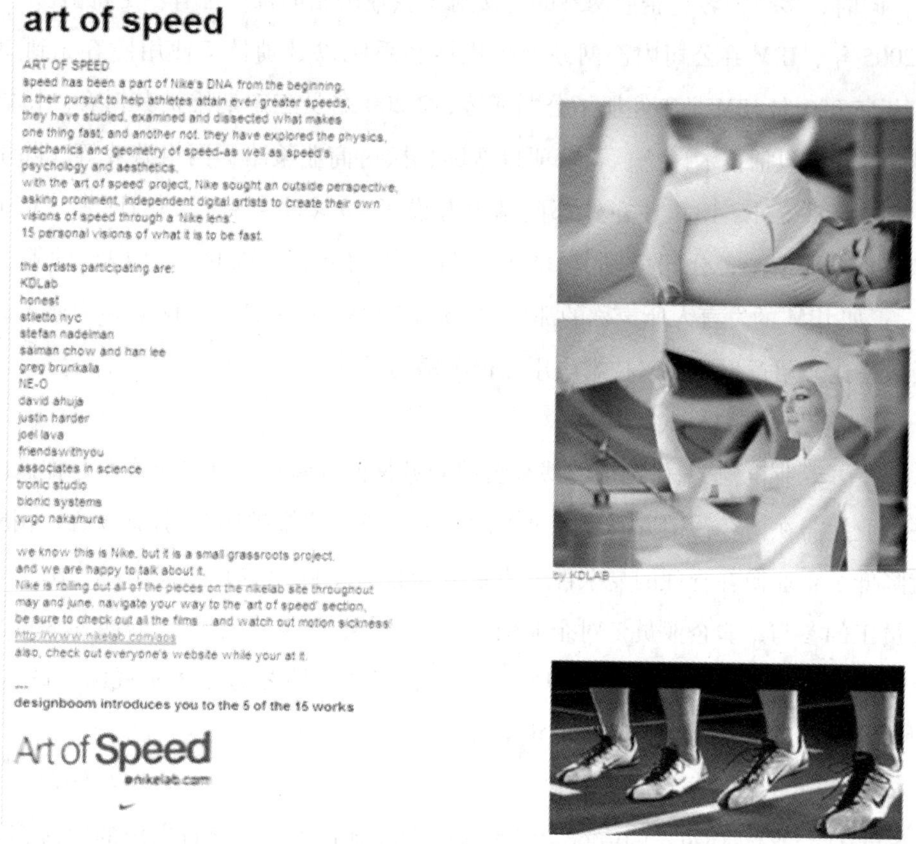

图 4-15　耐克的博客营销

3. 第三方企业博客平台

这种形式的博客营销是建立在第三方企业博客平台上，专门针对企业博客需求特点提供的专业化的博客托管服务。每个企业都可以拥有自己独立的管理权限，可以管理企业员工的博客，使得各个员工的博客之间形成一个相互关联的博客群，从而有利于互相推广以及发挥群体优势。但是这种模式的博客营销对提供服务的平台依赖性较高，企业网站与企业博客之间的关系不够紧密，员工博客的访问量难以与企业网站相整合。

4. 个人独立博客网站模式

除了以企业网站博客频道、第三方博客平台等方式发布博客文章之外，以个人名义用独立博客网站的方式发布博客文章也很普遍。由于个人拥有对博客网站完整的自主管理维护权力，因此个人可以更加充分地发挥积极性，在博客中展示更多个性化的内容，并且同一企业员工个人博客之间的互相链接也有助于每个个人博客的推广，同时，多个博客与企业网站的链接对于企业网站的推广也有一定价值。

2005年，IBM在公司内部网站上提供博客系统以鼓励员工使用博客。到2006年，约15 000名IBM员工注册了公司博客，2 200名员工定期维护其博客。博客主题应有尽有，包括技术讨论、寻求项目帮助、探讨商业策略、网络游戏等。除了员工内部博客系统外，IBM还在外部网站上开设了20多个各种话题的博客。在IBM的官方博客网站上，公司鼓励其32万名员工使用博客，以此"为IBM的业务增值"。正如IBM的发言人所声称的那样："员工对博客这种社会化网络和沟通方式的活跃状态让公司意识到新兴技术应用的极大潜力。"

5. 博客营销外包模式

第三方专业机构/人员提供的博客营销服务是博客营销的外包模式。这样做的优点是企业无需在博客营销方面投入过多的人力，不需要维护博客网站/频道，相应地也就降低了企业博客管理的复杂性。不过外包模式的缺点也是很突出的：由于没有企业员工的参与，非企业员工对企业信息的了解毕竟有限，第三方的博客文章难以全面反映优秀的企业文化和经营思想，也不利于通过博客与顾客实现深入的沟通；同时，企业员工对博客的关注程度也会降低。

6. 微博营销

随着社交媒体Twitter的流行，把每条信息限制在140个字符以内的微博客服务日渐得到企业营销人员的青睐，从而催生了微博营销。由于微博对字数有限制，企业微博上的信息必须是提炼的、有价值的信息，以强化目标用户对品牌的记忆。除了经营品牌，微博营销更重要的作用在于通过互动交流来经营围绕企业形象的舆论，以提高企业形象获得公众正面认可的可能性。因此，企业在微博上要倾听用户的评论意见，了解他们的态度，然后利用这类反馈信息更好地为企业提供开发产品、设计广告语、维护客户关系等服务。

四、电子商务网站营销

在所有网络营销工具中，企业网站是最基本、最重要的一个。没有企业网站，许多网络营销方法将无用武之地，企业的网络营销整体效果也将大打折扣。

电子商务网站的网络营销功能主要表现在以下几个方面。

1. 品牌形象

网站的形象代表着企业的网上品牌形象。人们在网上了解一个企业的主要方式就是访问该公司的网站，网站建设的专业化与否直接影响企业的网络品牌形象，同时也对网站的其他功能产生直接影响。尤其对于以网上经营为主要方式的企业，网站的形象是访问者对企业的第一印象。这种印象对于建立品牌形象、产生用户信任具有至关重要的作用。

例如可口可乐的官方网站，主页用了充满激情与活力的红色，并将自己的形象代言人放在醒目位置，使大家一打开网页即使不看文字，也知道是可口可乐的网站，如图 4-16 所示。

图 4-16　可口可乐官方网站

2. 产品/服务展示

顾客访问网站的主要目的是对企业的产品和服务进行深入的了解，企业网站的主要价值也就在于灵活地运用说明文字、图片甚至多媒体信息等多种方式向用户展示产品。一个网站的功能再简单至少也相当于一本可以随时更新的产品宣传资料，并且这种宣传资料是用户主动来获取的，对信息内容有较高的关注度，比一般的印刷宣传资料具有更好的宣传效果。

例如，海尔集团官网的产品中心就涵盖了企业生产的各种类型、各种型号的产品，人性化的搜索条件选择，详细的产品介绍等，使顾客足不出户就可以了解企业的产品，进而作出购买决定，如图 4-17 所示。

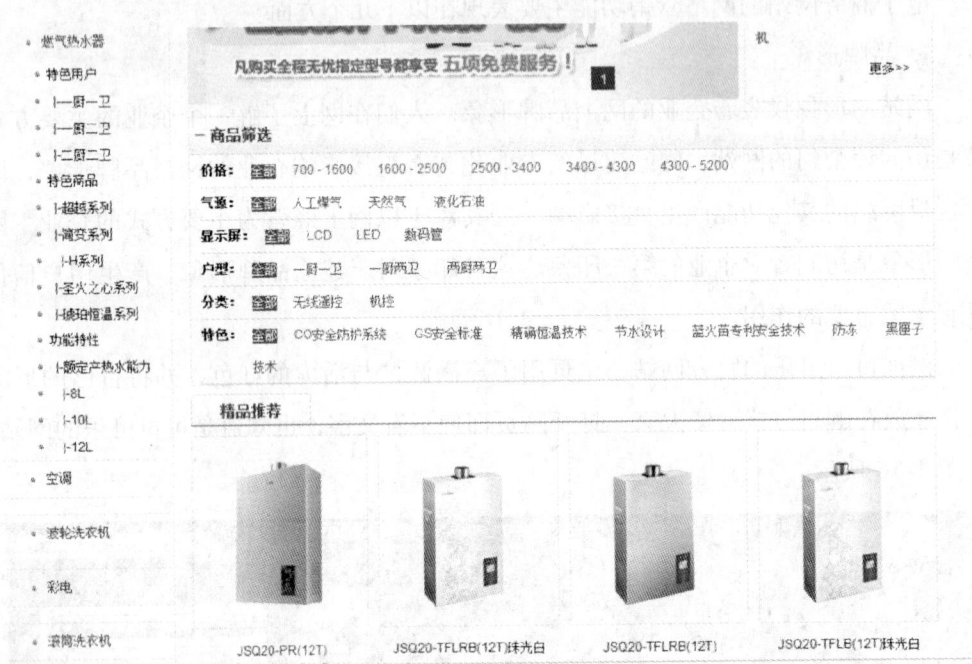

图 4-17 海尔集团官网的产品中心

3. 信息发布

网站是一个信息载体，在法律许可的范围内，可以发布一切有利于企业形象、顾客服务以及促进销售的企业新闻、产品信息、各种促销信息、招标信息、合作信息、人员招聘信息等。拥有一个网站就相当于拥有一个强有力的宣传工具。当企业有新产品上市、开展阶段性促销活动时，也应充分发挥网站的信息发布功能，将有关信息首先发布在自己的网站上。

4. 顾客服务

通过网站可以为顾客提供各种在线服务和帮助信息，例如常见问题解答（frequently asked questions，FAQ）、电子邮件咨询、在线表单、通过即时信息实时回答顾客的咨询等。最典型的例子是联邦快递公司的站点，该公司在其营销网站上向用户提供包裹运输服务和包裹跟踪查询服务。在联邦快递公司的全部业务中，已有2/3的用户联系是通过电子手段解决的，除了电话预约安排货物，更多的用户是通过联邦快递公司的网站来跟踪包裹、安排货物和确定传递的，如图4-18所示。

图4-18 联邦快递公司网站货物查询页面

5. 网上调查

市场调研是营销工作不可或缺的内容，企业网站为网上调查提供了方便而又廉价的途径。通过网站上的在线调查表，或者通过电子邮件、论坛、实时信息等方式征求顾客意见等，可以获得有价值的用户反馈信息。无论作为产品调查、消费者行为调查，还是品牌形象等方面的调查，企业网站都可以在获得第一手市场资料方面发挥积极的作用。

6. 网上销售

建立网站及开展网络营销活动的目的之一是增加销售。一个功能完善的网站本身就可以完成订单确认、网上支付等电子商务功能，即企业网站本身就是一个销售渠道。随着电子商务价值越来越多地被证实，更多的企业将官方网站作为拓宽网上销售渠道、增加网上销售的手段。实现在线销售的方式有许多种，利用企业网站本身的资源来开展在线销售是一种有效的形式。

现在许多企业都开展了自己网站的网上销售功能，例如海信集团就开办了海信商城模块，在网络上销售自己的产品，如图 4-19 所示。

图 4-19　海信商城页面

五、网络病毒营销

（一）网络病毒营销的概念和特点

病毒营销（Viral marketing）并不是以传播病毒来达到营销目的，而是通过引导人们发送信息给他人或吸收朋友加入某个程序来增加企业知名度或销售产品与服务。这种方式可以通过电子邮件、聊天室交谈、在网络新闻组或者消费者论坛发布消息等手段实现。

网络病毒营销通过利用公众的积极性和人际网络，让营销信息像病毒一样传播和扩散，营销信息被快速复制传向数以万计甚至百万计的受众。这种营销方式具有以下几个特点。

1. 有吸引力的病原体

我们知道，营销使用的任何渠道都是需要费用的，病毒营销之所以无成本是因为它利用了消费者的参与热情，目标消费者受商家信息刺激自愿参与到后续的传播过程中。目标消费者并不能从中获利，为什么他们自愿提供传播渠道呢？原因在于第一传播者传递给目标消费者的不是广告信息，而是经过加工的、具有很大吸引力的产品和品牌信息。

必胜客在中国台湾地区曾采用了一份题目为"吃垮必胜客"的邮件进行营销，里面介绍了盛取自助色拉的好办法，即巧妙地利用胡萝卜条、黄瓜片和菠萝块搭建更宽的碗边，可一次盛到七盘色拉，同时还配有真实照片，如图4-20所示。

一位网友说道："我当时立即将邮件转发给我爱人，并约好了去一试身手。"

图4-20 必胜客自助色拉

2. 几何倍数的传播速度

病毒式营销是自发的、扩张性的信息推广，它并非均衡地、同时地、无分别地传给社会上的每一个人，而是通过类似于人际传播和群体传播的渠道，由消费者将产品和品牌信息传递给那些与他们有着某种联系的个体。例如，目标受众读到一则有趣的信息，他的第一反应或许就是将这则信息转发给好友、同事。这样一来，无数个参与信息转发的消费者就构成了呈几何倍数传播的主力。

3. 高效率的接收

网络病毒营销中的"病毒"是受众从熟悉的人那里获得或是主动搜索而得来的。因此，受众在接受过程中自然持有积极的心态，并且接收的渠道也比较私人化，如手机短信、电子邮件、封闭论坛等。这些优势使病毒营销尽可能地克服了信息传播中的不利影响，增强了传播效果。

4. 更新速度快

病毒式营销的传播过程通常是呈 S 形曲线的，即在开始时很慢，当其扩大至受众的一半时速度加快，而接近最大饱和点时又慢下来。针对病毒式营销传播力的衰减特点，应在受众对信息产生免疫力之前将传播力转化为购买力，或者及时更新"病毒"。

举例来说，腾讯的 QQ 软件推出后，最开始 QQ 族们因为新奇而疯狂追逐，但很快，他们就感到厌倦了。于是，腾讯在各大主流网站上建立了链接和 QQ 软件下载，并号召网友们"别 call 我，请 Q 我"。正是腾讯及时地进行版本更新，并适时推出相关娱乐服务，使得其自身的营销得以成功。

（二）网络病毒营销的模式

1. 意外传播

在这种模式下，消费者参与营销的程度最低。在许多情况下，作为信息传播者的消费者甚至对此一无所知。传播者由于不承担任何促销责任，因而不会得到任何回报，仅仅是在消费者使用相关产品和服务时，将营销信息"顺便"传播给了其他人。

Hotmail 电子邮箱的营销方式就是这种模式的一个典范。Hotmail 电子邮箱的营销方案是将带有 HTML 超文本链接的营销信息——"获取您个人免费的 Hotmail 电子邮箱"放置到每一封由 Hotmail 发出的信件下面，使得信息随着邮件的传递而广泛传播开来。当邮件的接收者点击该链接时，就可以进入 Hotmail 电子邮箱的申请页面，而其在成为 Hotmail 新用户的同时，也成为了新营销信息的传播者。通过这种方式，Hotmail 取得了重大的营销成果：在建立后短短一年的时间里，吸引了超过1 200万名注册用户，并以每天超过 15 000 人的速度继续增长，而 Hotmail 花费的营销费用却仅仅相当于竞争对手的3%。

2. 主动传播

在这种模式下，消费者作为信息的传播者参与营销活动的程度较深，由被动的信息传播者变为主动的信息传播者。为了实现某种产品的功能或服务，消费者必须要请其他人共同利用相关产品或服务，例如QQ的营销方式。

当一个消费者使用QQ时，为了能够和别人聊天、通信和共享文件，必须要求其他人一起使用QQ。这样，这个消费者会尽力劝说他人使用这个工具。新加入者为了同样的目的，也会不断地加入到营销的行列中。在这种模式下，消费者主动传递信息不会得到任何奖励和回报，他们得到的是产品或服务使用的便利，而企业也因此得到了丰厚的回报。

3. 积极传播

在这种模式下，消费者往往被鼓励作为专业的营销人员向其他人传播信息。为了得到某种利益和奖励，消费者会积极向其他人推销某种产品或服务。在病毒营销的三种模式中，该模式传播者介入营销活动最深，他们往往作为专业营销人员出现。

网易免费电子邮箱的营销活动就采用了这种方式。网易以免费网盘作为奖励，鼓励消费者推销其免费电子邮箱。当消费者成功地吸引其他人成为网易电子邮箱的注册用户后，就会得到网易提供的虚拟网上存储空间，吸引的人越多，消费者得到的虚拟存储空间就越多。

📖 本章小结

本章介绍了网络营销工具的相关理论，包括网站营销、搜索引擎营销、电子邮件营销等，并对这些网络营销工具的概念和具体使用情境做了详细介绍，列举了大量的实例。本章旨在使学生对各种网络营销工具的使用有较深刻的理解，从而为实践工作奠定良好的基础。

📖 思考题

1. 什么是搜索引擎营销？搜索引擎的营销方式有哪几种？

2. 什么是电子邮件营销？电子邮件营销的方式有哪几种？

3. 简述互联网营销的几种工具。

实践技能训练

1. 邮件列表的申请和使用实训。

2. 新闻组的申请和使用实训。

第五章 产品及服务策略

1. 了解并掌握网上产品的整体概念。
2. 了解网上新产品开发的要点。
3. 了解并掌握网络营销的品牌建设。

能力目标

1. 能够对网络产品进行分类。
2. 能够制定出网络产品的整体品牌建设方案。

案例引入

招商银行从"一卡通"到"一网通"品牌与产品的创新

招商银行是一家经中国人民银行批准、由招商局出资成立、法人持股的全国性股份制商业银行。成立后,其业务取得重大突破得益于个人业务上的核心产品"一卡通"银行卡的成功发行。1995 年 7 月招商银行推出"一卡通"银行卡,到 2010 年上半年,已累计发卡 5 457 万张,当年新增发卡 120 万张,一卡通存款总额 5 111.34 亿元,占零售存款总额的 81.72%,卡均存款为 9 367 元,比年初增加 576 元。招商银行依靠其自身实力保持着国内信用卡市场上的领先地位,"一卡通"也成为"最受欢迎的国内银行卡"之一。

20 世纪 90 年代,招商银行经过科学论证后果断决定,以统一的银行业务电子化处理系统为基础,向社会大众推出基于客户号的银行账户管理体系,即以真实的客户姓名开户,将外币、定活期,甚至信用卡业务全部归类为同一个号,而原来意义上的账号则由这同一个客户号派生出来,类似于建立起了完全的个人理财基本账户。

很快"一卡通"在国内银行之间实现了全国通存通兑。招商银行又及时地推出了网上个人银行业务,为使用"一卡通"银行卡在全国范围内消费扫除了障碍,进而带来了储蓄额数以百万计的增长以及发卡量几何倍数的增长。运用信息技术创新金融产品使招商银行的业务获得了巨大的经济效益和产品及商业模式的成功。

"一卡通"产品的走红使得招商银行基本在消费者中树立了品牌形象。为了更好地满足市场需求，使"一卡通"银行卡具有网络服务功能，招商银行与 VISA 国际组织合作，使"一卡通"成为中国首张"INTRERLINK"卡。招商银行经过多年的持续开发，"一卡通"已具备了一卡多户、通存通兑、约定转存、自动转存、电话银行、手机银行、查询服务、商户消费、ATM 取款、CDM 取款、自动转账、代理业务、证券转账、证券买卖、质押贷款、酒店预订、网上支付、长话服务、IP 电话服务、外汇买卖等多项功能。

在创建"一卡通"品牌后，招商银行加快了金融产品创新的步伐，在老百姓对金融产品意识还模糊、普遍习惯于使用现金和银行存折，且各商业银行还在竞相向公众提供同质化金融工具的情况下，又快速开通了"一卡通 POS"和"一网通"业务，即客户只要持有"一卡通"银行卡，就可在全国主要中心城市的招商银行特约商户处直接刷卡消费结账，也可利用"一网通"网上银行业务进行电子支付。该功能的开通标志着招商银行个人金融服务的柜台、自动柜员机和消费终端三大系统已经实现了网络化经营，从而不仅使"一卡通"成为老百姓"口袋中的银行"，而且使其直接走进网络消费时代——"一网通"（见图5-1）。

图 5-1　招商银行"一网通"主页

"一网通"完善了"一卡通"银行卡的服务功能。为了推广"一卡通"全国消费联网的新功能，招商银行统一组织、统一形象、统一宣传、统一营销方式，将传统媒体和网络媒体整合营销集中宣传，并开展服务推广和业务巡回展示活动。通过与客户面对面的交流、沟通以及现场演示、现场咨询、现场开卡、现场存款、现场消费等便民服务，不仅使公众对"一卡通"和"一网通"品牌及其商户消费全国联网功能有了直观的了解，而且有效地促进了市民持卡购物消费的发展。

网络购物的盛行极大程度地改变了营销的策略。营销的核心因素——产品，也延伸出了宽广的外延和丰富的内涵。网络的出现对传统产品策略产生了多大的影响？又有哪些新的网络产品出现？对于依托网络营销的新产品该如何开发？网络品牌又该如何建设？带着这些问题，我们来学习网络营销的产品策略。

第一节 网络营销产品概述

一、网络营销产品的概念

产品是指提供给市场的能够满足人们某种欲望和需求的商品和服务。在网络营销中，产品是一个整体概念，由五个层次组成（如图5-2）。

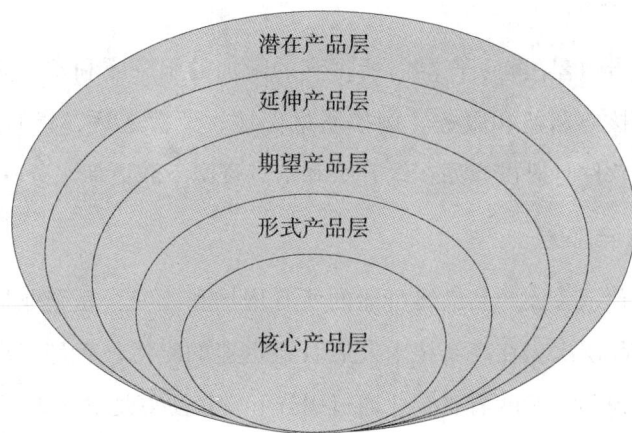

图5-2 网络产品的整体概念层次

（一）核心产品层

核心产品是指产品能够提供给消费者的基本效用或益处，是顾客真正想要购买的基本效用或益处，是产品的最基本层次。例如，消费者为上互联网，要首先购买"宽带接入"服务；为使计算机正常工作，要购买"杀毒"软件清除病毒。网络营销与传统营销一样，是一种以客户为中心的营销策略，所以，企业要善于发现隐藏在产品背后的真正需要，把顾客所需要的核心利益和服务提供给顾客。

（二）形式产品层

这个层次是产品在市场上出现时的具体物质形态，包括产品的质量、式样、特征、品牌和包装五种基本形式，由企业的设计和生产人员将核心产品通过一定的载体，即有形的物体，表现出来。形式产品层次确定了产品的差异性。

（三）期望产品层

期望产品是指顾客在购买产品时期望得到的与产品密切相关的一整套属性和条件。在网络营销中，消费需求呈现出个性化的特征，不同的消费者可以根据自己的爱好对产品提出不同的要求。顾客在购买产品前对可购产品的质量、使用方便程度、特点等方面的期望值，就是期望产品。例如，中国建设银行推出的"My Love"个性信用卡以"我的最爱，我的卡"为主题，持卡人可自行选择最值得纪念、最值得展示的形象和场景作为信用卡卡面，并通过互联网等渠道自行编辑设计信用卡卡面，充分体现了自我个性。

（四）延伸产品层

这个层次是指顾客在购买产品时所得到的附加的服务或利益，其主要是帮助消费者更好地使用核心利益和服务。例如质量保证、免费送货、售后服务等。例如，软件公司在销售软件时提供产品在线升级和信息资源下载更新服务。

（五）潜在产品层

潜在产品层预示着该产品最终可能的所有增加和改变，是企业提供的能满足顾客潜在需求的产品层次。在高新技术发展日益迅速的时代，有许多潜在需求和利益还没有被顾客认识到，这就需要企业通过引导和支持更好地满足顾客的潜在需求。

二、网络营销产品的分类与特点

（一）网络营销产品的分类

在网络营销中，根据产品本身的存在形态和性质，可以把网络产品分为有形产品和无形产品。

1. 有形产品

有形产品是指具有一定物理形状的物质产品，这类产品的销售类似于传统销售产品的在线零售、分销或者是传统销售中的中介角色。在网络上销售这类产品与传统的购物方式有所不同，网络销售不存在传统的面对面的买卖方式，网络上的交流沟通成为买卖双方交流的主要形式。顾客通过卖方的网页考察其产品，通过填写表格对品种、质量、价格、数量进行选择；而卖方将面对面的交货改为邮寄产品或送货上门。这种网络有形产品的销售突破了以前时间和地域的限制，能够聚集尽可能大范围的需求，并且有助于使企业的库存量维持在一个较低的水平。具体的例子有网上购书、网上购票、网上拍卖等。

2. 无形产品

无形产品是指以数字化的形式在网上销售的信息载体和服务内容。由于无形产品没有具体的物质形态，其性能和功能只能通过其他载体表现出来。在网上销售的无形产品可以分为在线数字化产品、在线服务和在线咨询。

（1）在线数字化产品

在线数字化产品的销售是指在线提供作为核心利益的、以数字化形式存在的实物产品。实物产品为了能在线交付，它就必须是数字化的。数字化产品是指可以一系列离散的比特（由 0 和 1 表示）的形式在网络上传输的数字化数据。这意味着任何可以变换成数字化信息的产品都能够通过网络直接交付给客户。例如，软件、音乐、视频和新闻等无形产品就是通过网络分发给顾客的。

与有形产品相比，在线数字化产品具有以下一些独特的性质。

● 极易被复制。在线数字化产品不像实物产品那样会被用完或磨损，而是极易被复制。

● 无消费次数的限制。在线数字化产品没有消费次数的限制，基本可以无限制地使用。

● 所有权难控制。复制和分销的便利通常使公司难以控制在线数字化产品的所有权并捕获其价值。例如，网络免费音乐的分发服务证实了防止非法复制和分发的难度。

（2）在线服务

在线服务包括普通在线服务和在线产品增值服务两种。

普通在线服务包括电子缴费、远程医疗、法律救援、票务预定、饭店预约、旅游服务、求诊预约、网络交友、电脑游戏等，简单说就是在线完成作为核心利益的服务产品。普通在线服务是类似于标准化的服务，允许生产商和消费者在时空上的分离。例如，阿里巴巴公司为中小企业提供了电子商务交易平台系统，中小企业在购买阿里巴巴的服务后，阿里巴巴公司网站会替用户安装终端前台软件，并在后台服务器上开放一个交易席位，使得企业可以进行在线电子商务，实现产品展示、订单处理、客户管理、财务管理、物流管理等一系列在线商务运作。

在线产品增值服务是指网络为一项服务或产品增加额外的服务或利益，即以较低的增量成本提高产品的差异化程度。例如，在申通物流的网站上将包裹跟踪号码输入相应的位置，客户便能够监视其货物的发运状况。在产品增值服务方面，如售前支持和售后支持，网络显得特别有效。

● 售前支持。网站能够为促进购买过程提供许多增强的功能，这些功能包括比较购物、产品选择指南以及产品演示等。例如，在线购物者对于在网络上购置服装感到为难，因为他们不能试穿。为了弥补这个缺陷，淘宝网推出了试衣间服务，购物者能够做一个反映其身材比例的虚拟模型，然后利用这个模型"试穿"自己想要购置的衣服（如图5-3所示）。

图5-3　淘宝网的试衣间

● 售后支持。售后支持主要有两个作用。第一，它可以在公司和客户之间开启一个持续的对话，从而产生一个有价值的关系。第二，售后支持可以带来相当可观的现金收入。例如，通过向客户提醒例行的产品维修要求、在线注册、归档并使担保信息可用，或者通过网络提供小诀窍以及发现并修理故障的建议等，公司能增加向客户交付的产品的价值。

（3）在线咨询

在线咨询主要包括各类信息咨询，如行情信息、检索与查新、媒体新闻等。对于在线咨询服务来说，信息门户网站是在线咨询服务的平台，它能使消费者快速找到有价值的信息或提供信息的咨询机构。例如，留学咨询、考试辅导、就业咨询、法律咨询、健康咨询、美容咨询、投资融资、理财咨询以及资料检索与查新服务等。

（二）网络营销产品的特点

在网络销售中，通过网络进行交易的消费者在作购买决策时，无法对产品进行尝试和直接观察，所以，为减少购买决策失误的风险，消费者会倾向于选购那些产品质量、特性都可预知的标准化均质产品，即网络产品的特征表现为以标准化的均质产品为主。

1. 产品性质

CNNIC 的调查显示，网上消费群体以年轻人为主，他们对网络接入、信息浏览、软件下载、在线游戏、软件和硬件产品以及相关的新技术和新方法开发出来的电子产品的关注度极高。因此，网上销售的产品最好是与高新技术或与计算机及网络有高度关联的产品或服务。一些无形产品也可以通过有形化在网上销售，如音乐等，还有一些无形产品也可以借助网络的作用实现远程销售，如远程医疗等。

2. 产品质量

互联网的跨时空特性是消费者便利购物的优势所在，但也存在一些问题。在网上选购商品时，消费者不能像在传统环境下买商品那样，可以品尝、试用和体验，也没有人给予临场指导和关怀，只能通过商家网站了解产品和服务的情况。对产品服务的质量以及商家的诚信缺乏信心、对消费者购买行为的保障不足是制约消费者作出购买决策的主要障碍。因此，如何保证网上销售的产品或服务的质量，以及建立诚信消费的保障机制是实施网络营销产品策略的重要内容。

3. 产品式样

由于网上消费者的个性化需求，网络营销产品的式样必须满足购买者的个性化需求。另外，产品通过互联网对全世界的国家和地区进行销售，而不同国家或地区有着不同的风俗习惯、宗教信仰和教育水平等，因此产品必须具有针对性。

4. 产品品牌

在网络营销中，生产商与经营商的品牌同样重要，一方面要在浩如烟海的网络信息中获得浏览者的注意，必须拥有明确、醒目的品牌；另一方面，由于网上购买者面对的选择很多，而且网上销售又无法进行购物体验，因此，品牌魅力对于消费者极为重要。

5. 产品包装

在网上销售产品，由于要面向不同的消费市场，其包装必须适合不同物理位置和不同文化环境下的营销对象的需要，以满足消费者对产品包装的需要。

6. 目标市场

互联网形成虚拟市场，客户由潜在消费者成为实际购买者，经历了由过客到看客再到顾客这三个阶段。事实上，目标客户群究竟在哪里并不是确定的。潜在顾客的分布范围广泛、地理位置跨度大，难以准确把握，需要企业在产品的适应性和特殊性之间实现平衡。如果产品目标市场被限制在一个狭窄的范围内，就不适合在网上经营，还是以传统方式营销更好。

7. 产品价格

网上用户比较认同网上产品价格低廉的特性。由于通过互联网进行销售的成本低于其他渠道，因而在网上销售产品可以采用低价位定价。

第二节　网络营销的产品及服务策略

一、网络营销的产品策略

（一）网络营销的产品策略

对于网上的虚拟市场，企业可以有两种产品策略：一种是将现有的传统产品延伸到网上市场；一种是开发专门定位于网上的产品。

1. 延伸到网上市场的传统产品

互联网的出现对传统的销售环境产生了深远的影响。作为有效的通信媒介，互联网可以用来实现商业团体的营销、广告、订货和顾客服务等功能，从而使企业在各个方面都减少了对传统媒介的依赖。另外，数字货币的发展使得付款结算程序也发生了大大的改变，尤其是单位交易费用和交易速度。这些营销、支付和客户服务等方面的改变，以及新的结算程序的产生，都极大地影响了传统产品市场。于是，许多传统产品纷纷延伸到网上市场。

2. 专门定位于网上的产品

除了传统商品延伸到网上销售以外，互联网的出现也促进了专门定位于网上产品的产生。专门定位于网上的产品通常不以实物的形式存在，在其进行交易时，整个商业循环包括发价谈判、订购、交货以及付款等都可以通过网络进行，而且消费也能在网络上进行。这类产品包括各种在线报刊、杂志、音乐、教育、软件、可检索数据库、咨询及专门的知识和意见以及各种虚拟社区的虚拟商品等。

（二）网上销售产品的市场选择

评价一个企业的产品是否适合开拓网络市场，一般可以从以下几个方面考虑。

1. 网上市场能否节约交易成本

通过更有效率的处理降低交易成本是当前企业参与电子商务活动的首要原因。一个企业从生产经营到产品销售的过程中有许多环节是可以精简的，企业应详细分析整个业务处理过程，特别是销售过程，以便发现网上市场节约成本的环节。

2. 该产品的电子商务市场是否发展迅速

虽然从总体来说，电子商务市场的潜在利润越大，企业建立它的热情就越高，但是，还需要考虑另外一些因素。当某种产品的电子商务市场发展得很快时，生产该产品的企业和它的竞争对手就有动力迅速建立起一个电子商务市场，以便获得先行优势或建立进入壁垒，这对买方、卖方和中介商都适用。

通常，一种产品的电子商务市场的发展速度取决于两个方面的因素，即当前交易的无效率程度和买方的成熟度。交易的无效率是由信息不对称、产品分销层次过多、分销体制过于复杂、供求双方太分散等原因造成的。消费者的成熟度通常与消费者确定具体产品的能力、对产品差别化的正确理解等因素有关。

交易无效率程度高和消费者成熟度高的产品类型，如维修服务、个人电脑、旅行服务、网络产品等最有可能进入电子商务市场。戴尔公司正是看到个人电脑网上销售的市场前景，才迅速建立起了自己的销售网站，开拓了新的市场。

对于那些快速变化的产品，购买者的战略应该是尽量多地利用电子商务市场，以便节约成本；而供应者的战略则应是利用电子市场以获得更多的消费者，并阻止或推迟买方控制型市场的形成；中介商的战略则是集中精力吸引市场买卖双方中的关键群体参与到它的电子市场中来。

3. 企业是否具有较高的市场份额和市场优势

为了确定什么样的市场战略对于卖方最有效，需要考虑卖方的市场优势和产品的品牌知名度两个因素。如果某企业是这个行业的主导厂商，且其产品具有明显的品牌知名度，那么它就应该考虑建立自己的网站来销售产品。而那些缺乏足够的市场优势和品牌知名度的厂商，则可借助其他网站同时进入多个电子商务市场，以扩大自己的销售范围。

二、个性化服务策略

个性化服务是指企业根据客户个人的偏好、兴趣和以往购买行为的特征变化特点和需要，提供"量体裁衣、度身定做"式的服务，以满足客户特定需求的定制服务方式。

随着互联网和信息技术的广泛应用，个性化服务成为一种大规模的定制服务。其表现为：企业在一定的时间内，按照消费者个人的意愿，通过订单而设计生产出产品；或商家根据顾客的年龄、身份、职业、品味、爱好等个人特征以及购买行为、购买偏好等因素，为顾客提供独特的产品和特殊化的服务。个性化服务是以满足顾客个性化需求为目的的活动，源于顾客的需要。企业为每位顾客提供差异化的服务，以最大限度地满足客户的需求为核心内容。

（一）产品大规模定制策略

大规模定制生产模式旨在以大批量生产的成本和速度优势，向客户提供个性化的产品，以满足其个性化的需求。该策略能够使企业直接、互动、迅速地响应客户需要，通过客户在网上的产品看样和信息浏览，自行进行产品互动设计等，并最终决定下单订货。厂商通过在线订单履约系统自动进行订货处理，通知生产部门安排计划，通知其他业务单元安排交货、支付和后续售后服务等，由此实现完全的个性化服务。企业开展个性化服务，需要聆听客户的声音，获悉顾客的所思所想，以制定详细周全的方案满足客户的需求。互联网及信息技术是提高个性化服务敏捷性和准确性的重要手段。

戴尔计算机公司率先推行网络直销战略，通过在线个性化定制服务系统与顾客进行在线设计和定制互动，如图5-4所示。顾客在戴尔公司的系统上，可以自由地选择产品及产品的组合，包括对产品的性能、功能、送货和付款方式进行安排。系统在获悉和确认客户的订单有效后，自动向供货商制造系统发出相关指令，制造系统启动采购、装配和送货的程序过程。顾客可以对显示器、内存、外存和其他适配器等任意裁剪和灵活组合以获得新的产品。当个性化定制确定后，需要支付的款额立即呈现在顾客眼前，一目了然。顾客对此十分满意，认为戴尔的产品体现了自己的个性化意愿，系统能使个性化意愿与对产品性能的要求保持一致。戴尔公司也很满意，因为采取以销定产不需要处理积压未售的产品，库存周期仅为六天，这使其在产品不断因技术升级而价值下跌的计算机行业获得了明显的竞争优势。

图5-4　戴尔在线商店的产品个性化定制页面

（二）信息个性化服务策略

个性化服务中最典型的是信息服务。网上提供的信息定制服务，一般是网站经营者根据受众在需求上存在的差异，将信息或服务化整为零或提供定时定量服务，让受众根据自己的喜好去选择和组配，使网上信息服务在为大多数受众服务的同时，变成了一对一地满足受众的特殊需求。个性化服务改变了信息服务"我提供什么，用户接受什么"的传统方式，变成了"用户需要什么，我提供什么"的个性化方式。个性化信息服务的策略主要有以下几种。

1. 页面定制服务策略

页面定制使预订者可以获得自己选择的多媒体信息，其只需标准的网络浏览器。许多网站都推出了个性化页面服务，如"雅虎"推出了"我的雅虎"，让用户可以定制个性化主页。用户根据自己的喜好定制显示结构和显示内容，定制的内容包括新闻、政治、财经、体育等多个栏目，还提供了搜索引擎、股市行情、天气预报、常去的网址导航等。用户定制以后，个人信息被服务器保存下来，以后访问"我的雅虎"时，用户看到的就是自己定制的内容。2008年，雅虎对主页进行了大刀阔斧的改版，加强了个性化定制功能。改版后的雅虎主页左栏有一个标签，提供最受欢迎的10个或20个网站的链接。雅虎通过改版把由人工编辑的Yahoo.com与用户定制的MyYahoo融合在一起。在登录雅虎账号后，网民可以在任何网页（如eBay或者Gmail）查看雅虎的邮件或新闻，而无需返回雅虎页面。

2. 电子邮件定制策略

电子邮件定制服务策略使用户可以利用电子邮件选择新闻组中可供定制的项目，完成对新闻组阅读内容的定制（见图5-5），该步骤可在Outlook下或在专用的客户机软件上完成，如股票软件、天气预报、歌曲点播软件等，客户机不必与互联网保持热链接。

3. 需要客户端软件支持的定制服务

该服务需要在客户端计算机上安装定制软件，才能完成客户所需信息的定制。现在有很多"电子书"或"电纸书"阅读屏都具有在线下载和更新阅读内容的功能。只要读者购买了阅读权，就可以在计算机终端上选择和定制阅读内容。读者通过运行在计算机上的特制软件包来接收新闻信息，这种软件以类似屏幕保护的形式出现在计算机上，而接收哪些信息是需要读者事先选择和定制的。这种方式表明，信息不是驻留在服务器端的，而是通过网络实时推送到客户端的，传输速度更快。

（三）网站个性化服务策略

企业网站的个性化服务策略由个性化网站设计策略实现，网站个性化服务能使每位访问者都觉得该企业的网站是为自己服务的。个性化网站设计包括网站风格个

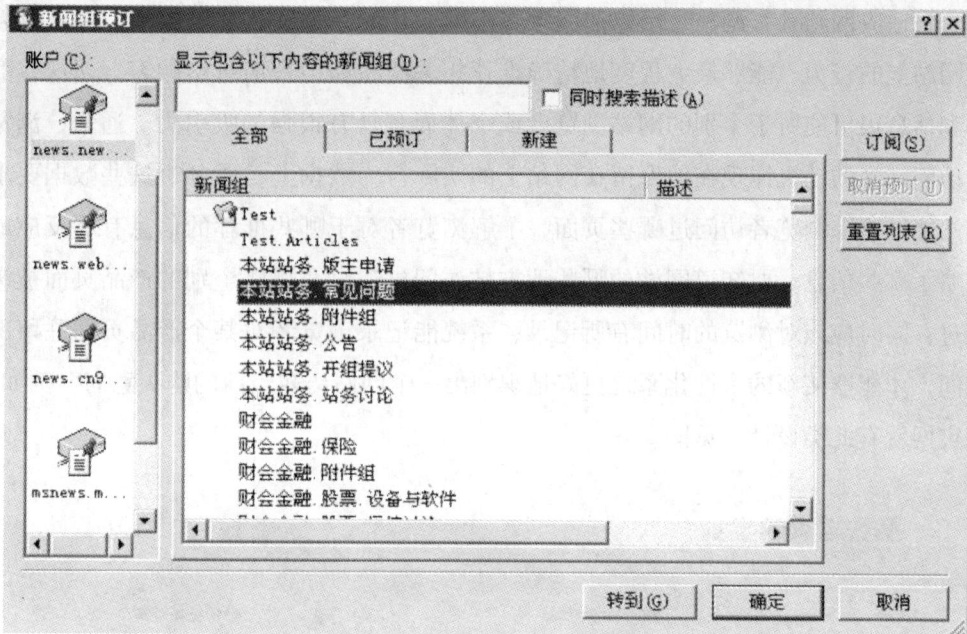

图5-5　新闻组电子邮件定制页面

性化、Banner 图片个性化、Flash 个性化、网站功能个性化等。个性化服务涉及许多
技术问题，用户需要在任何时间、地点都能接收到信息，而且对这些信息可以进行
过滤和自由选择。

1. 个性化网站设计

网站风格个性化是指针对网站受众群体的喜好，提供多种可供选择的排版和布
局，以适应人们对网站风格个性化的需要。这种个性化的网站设计较适合娱乐网站、
时尚品牌网站、服装品牌网站等。Banner 图片个性化是以图文并茂的形式展示企业
的最新产品和服务内容的，设计师以一些用户能够理解的个性化图片表达和传递产
品和服务的内涵。Flash 个性化是指以独特的 Flash 动画形象塑造企业品牌和形象，
是网站常用的个性化表现形式。网站功能个性化是指通过网站功能设计实现企业网
站与竞争者不一样的功能，包括访问流程和后台管理等面向前台和后台的功能差异。

2. 自适应网站设计

网站系统要能够跟踪顾客的网上行为，并能自动地根据客户行为判断其对内容
的喜好，以自适应方式调整网站内容，符合顾客的信息需求模式和获取要求。为了
尽快将浏览者转变为现实的购买者，企业要防止浏览者在短时间内放弃对网站内容
的阅读，因此，核心任务是提高客户对网站的忠诚度。

自适应网站具有调整自己以适应顾客不断变化的兴趣和欲望的能力。考虑顾客在网站上的行为，能够最大程度地精确推荐相关商品和销售信息给顾客，而这些商品和信息很可能对于个别的网站浏览者或个体而言具有很强的吸引力。通常，浏览者访问网站的动机体现在他保留在网站上的实际行为数据上，要分析这些数据要求网站能够追踪浏览者访问过哪些页面，了解浏览者对于哪些推荐的信息有所反应或忽略了哪些信息；要知道网站的哪些地方被访问过，以及哪些个别的产品页面被浏览过；同时应该对浏览的时间有所记录，系统能记录浏览者对某个产品页面驻留的时间，才能够使新的个性化系统更好地识别出一个网站访客当前的购买意向。例如，淘宝网就有此类设计，见图5-6。

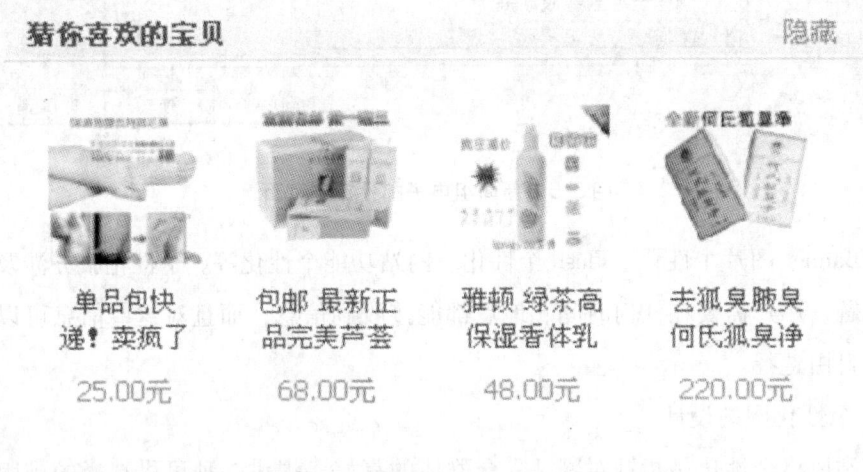

图5-6　淘宝网的猜你喜欢宝贝页面

第三节　网络营销新产品的开发

营销学中使用的新产品概念是指，产品只要在功能和形态上得到改进、与原有的产品产生差异，并为顾客带来新的利益，就视为新产品。新产品开发是许多企业市场取胜的法宝，但是产品开发费用的升高及产品生命周期的缩短，特别是市场的不断分裂及互联网的发展使得新产品的开发愈加困难。企业开发的新产品如果能适应市场需要，可以在很短的时间内占领市场，打败其他竞争对手。

一、网络营销新产品的开发策略

与传统新产品开发一样，网络营销新产品开发策略也有以下几种类型。

（一）新问世的产品策略

新问世的产品策略即开发一个市场上全新的产品。该策略一般适用于创新型公司。在互联网时代，市场瞬息万变，消费者的需求、消费心理和消费行为随环境不断变化。企业研制和开发新产品时，要善于把握这些变化的特点，提出全新的产品构思和服务概念，并以此设计产品和服务，这样推向市场才能获得成功。该策略是网络时代的主要策略。例如，阿里巴巴网站为中小企业提供的 B2B 电子商务服务就是网络市场上一个全新的网络营销产品。

（二）新产品线策略

该策略是企业首次进入现有市场的新产品策略，指的是公司在现有品牌的基础上开发出一种全新类型的新品牌。例如，微软推出了自己的浏览器，它就开创了一个新产品线。但如果其他公司已经推出了类似产品，那么该浏览器就算作一个新问世的产品。

（三）现有产品线外新增加的产品策略

该策略是指补充公司现有产品线的新产品。例如，许多银行开始在网上提供金融服务。现有产品线延伸的优势在于利用了现有品牌，节省了导入和促进新品牌的高昂成本。如果公司能够识别并选择现有品牌的客户为目标，通过网络向其推销产品线延伸，那么无论是从时间还是从成本角度来说都是极为有效的。该策略的风险是，如果现有客户相信产品线延伸失败的话，则现有品牌可能被蚕食，而且现有客户基础或品牌资产也可能随之被侵蚀。亚马逊（Amazon）从图书扩展到其他产品类型就是这方面的例子。

（四）现有产品的改良品或更新策略

该策略是指在现有产品的基础上，改善产品的功能或提供有较大感知价值的产品，以替换现有的产品。例如，以前电子商务网站展示服装类产品只能以平面图画来展示，而凡客诚品推出了展示衣服细节的服务，即鼠标移动到何处，衣服的细节图便在左边详细展示（见图 5-7）。

图5-7　凡客诚品的展示衣服细节服务

（五）降低成本的产品策略

该策略是指凭借价格优势与现有品牌竞争的策略。例如，当某知名网络服务提供商按小时数征收网络使用费，而其他几家服务提供商推出较为便宜的包月收费服务时，该知名网络服务提供商的市场份额就可能被抢走，除非它使用同样的招术并赢回顾客。

（六）复位产品策略

该策略是指将现有产品以新的市场或细分市场为目标市场。例如，在美国，雅虎最初是网络搜索引擎，随后被重新定位成门户网站——一个提供众多服务的互联网入口。雅虎凭借这一转型使自己与市场领导者"美国在线"相峙对立。

在网络营销中，企业该采取哪种新产品开发策略，应视具体情况而定，开发新市场、新产品是企业提高竞争能力的核心。对于相对成熟的企业来说，采用后面几种新产品策略是一种较为稳妥的短期策略，但不能作为企业新产品开发的长期策略。

二、网络营销新产品的开发步骤

网络营销新产品开发主要包括如下过程（见图5-8）。

```
┌──────────┐      ┌──────────┐      ┌──────────┐
│ 创意生成  │ ───▶ │ 创意筛选  │ ───▶ │ 概念发展  │
└──────────┘      └──────────┘      └──────────┘
                                          │
┌──────────┐      ┌──────────┐      ┌──────────┐
│ 商品化    │ ◀─── │ 测试营销  │ ◀─── │ 产品设计  │ ◀──┘
└──────────┘      └──────────┘      └──────────┘
```

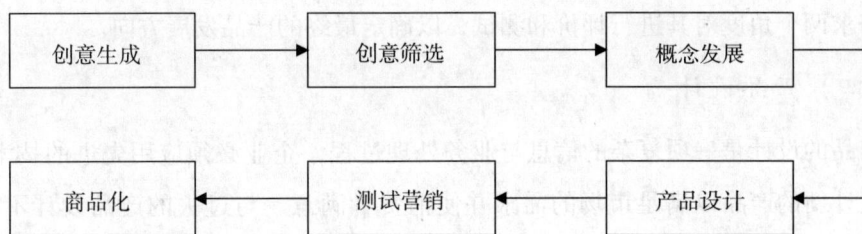

图5-8 网络营销新产品开发流程

（一）创意生成

网络营销新产品开发的前提是创意的生成，没有创意就不可能产生新的产品实体。创意的生成可以有很多种来源，可以来源于顾客、科学家、竞争者、公司销售人员、中间商和高层管理者，但最主要的还是依靠顾客来引导产品的构思。网络营销的一个重要特性就是与顾客的交互性，它通过信息技术和网络技术来记录、评价和控制营销活动，掌握市场需求状况。网络营销通过网络数据库系统处理营销活动中的数据，并指导企业营销策略的制定和营销活动的开展。

网络数据库系统的特点使得企业在网络营销中可以建立详细的顾客档案，进而据此掌握市场活动信息，发现市场总体特征。企业利用网络营销数据库，可以很快发现顾客的现实需求和潜在需求，从而产生创意。

（二）创意筛选

创意筛选是指产品开发人员以新产品的盈利性为标准筛选新产品开发创意的过程。许多大企业都有成熟的系统来评估和筛选新产品创意。管理人员用标准的格式写出新产品创意报告，以描述产品、目标市场以及竞争状况，并对市场规模、产品价格、开发时间和成本、制造成本和回收率等指标进行初步估计。企业一般设置专门的新产品委员会来对新产品创意作出评价。

（三）概念发展

产品概念是对产品功能、形态、结构以及基本特征的详细描述，使之在顾客心目中形成一种潜在的产品形象。产品概念是可以照其进行生产的具体设计方案，是产品创意的具体化。

一个产品创意可以转化为多个产品概念。企业要尽可能地把各种产品概念的设计方案列出来，然后对产品概念进行定位。产品概念形成后，还必须从市场竞争和市场需求两个角度对其进行评价和测试，以确定最终的产品发展方向。

（四）产品设计

产品的设计是一项复杂的信息与业务处理过程，企业必须应用先进的技术和手段，设计新的产品以满足市场的需求并使消费者满意。与过去的产品设计不一样，由于有了顾客全程参与产品开发过程，产品设计和开发的风险大幅度降低。顾客在参与产品设计和开发的过程中，主动地参与和协助企业的产品设计和开发工作。此时，企业与供应商、经销商和其他合作伙伴的关系也更加密切，形成了一种协同设计、协同制造和协同管理的关系，可以最大限度地提高企业产品设计和开发的速度、质量和效益。

例如，以前波音公司由飞机制造商制定总体的设计图，再由全球各地的合作伙伴提供相关的材料部件。制造飞机所需部件从四面八方运至靠近西雅图的波音装配工厂，然后，由来自世界各地的工程师对所有部件进行工序繁琐的校验、装配、测试和改善。而现在在新的模式下，所有的零部件依然是由全球合作伙伴制造，但之后的步骤有所不同：通过一个由波音公司维护的计算机模型（于波音公司内部防火墙之外）进行虚拟装配，最后，组装完成的各机体部分被放入三架 747 专机，运送至波音公司在华盛顿西北部的埃弗雷特工厂。由于采用了在线商业制造模型，波音公司如今可以放心地将整个制造流程交给其全球伙伴完成，包括从最初的设计创意到最终的机体制造。

（五）测试营销

测试营销是指将产品和市场营销方案放到一定范围的市场中去。测试营销使营销者在进行大笔投资全面推广产品之前通过营销产品获得经验。它允许企业测试产品和整个市场营销方案——市场定位战略、广告、销售、定价、品牌、包装以及预算标准。互联网和互动型虚拟现实（Virtual reality）技术的发展让人们的生活习惯和消费习惯发生了极大的改变，也在一定程度上改变了测试营销的手段。例如，宝洁公司的生活家网站（见图 5-9）以会员的及时反馈为条件，免费为会员提供测试产品，既提高了会员的积极性，又测试并宣传了自己的新产品，实现了双赢。

图5-9　宝洁公司的生活家页面

（六）商品化

测试营销大体上为管理当局提供了足够的信息，以便对是否推出新产品作出最后的决策。如果公司决定将该产品商品化，它将面临迄今为止最大的投入，并要全面进行市场营销工作。若投资规模很大，有关工作必须提前进行，例如筹集资金、购买设备、培训人员等。在商品化的过程当中，要严密地控制市场营销工作，实现产品的交接，并注意发现新产品的缺陷。

网络的出现对于新产品的开发过程产生了深远的影响。产品的开发过程大部分是由客户发起和控制的，客户介入整个设计过程；新的网络工具如3D显示和视频会议有助于打破研发、营销和销售间的一些传统壁垒，并能够激发产品开发过程中的真正合作；计算机辅助设计（Computer Aided Design，CAD）、计算机仿真和其他先进技术允许公司迅速利用实时市场数据，营销人员还可利用在线营销试验对各种产品提供物进行评估。

第四节　网络营销的品牌建设

一、网络营销品牌的内涵

传统市场营销中，品牌（Brand）由商标、名称、属性、标记、符号或设计等一系列元素及元素的组合构成，是一个集合概念，其目的是帮助辨别销售者的产品和服务，使之在众多的竞争者产品或服务中被快速地区别开来。而在网络营销中，网络品牌是指在互联网环境下营销或传播过程中形成的，受众对特定事物的精神属性和物质属性反映的总和。

在品牌含义中，商标、名称是辨别事物的核心要素。在法律意义上，品牌如同注册商标一样受到国家法律保护，具有排他性，但其又不完全等同于商标。商标只是品牌的一部分，在经济或市场意义上，品牌是可以用语言称呼的名称，是区分竞争者产品或服务的"金字招牌"，如联想电脑的"Lenovo"、海尔公司的"Haier"、可口可乐公司的"CocaCola"以及阿里巴巴公司的"Alibaba"等；在文化或心理意义上，品牌是一种标志，能够被消费者快速识别，但又无法用语言文字描述，而只能由消费者感受、认知、体验和诠释，其代表着一种口碑、品位、格调甚至文化，如可口可乐的红颜色，海尔两个拥抱的儿童等。可见，品牌表达着产品属性、利益、价值、文化、个性和使用者等多层内容，其本质是帮助消费者从众多的产品和服务中快速辨别出品牌产品的提供者和生产者。

网络营销是新兴的流通方式，网络品牌与传统品牌也有着很大的不同。传统品牌多是产品品牌，网络品牌多是域名品牌与产品品牌的结合，所以传统优势品牌不一定是网上优势品牌。传统知名品牌深入人心，使得人们不太关注其网站的建设。美国著名咨询公司 Forrester Research 公司的调查报告显示：通过对年龄在 16～22 岁的青年人的品牌选择倾向和他们的上网行为进行比较研究发现了这样一个似是而非的现象，即尽管可口可乐、耐克等品牌仍然受到广大青少年的青睐，但是这些公司网站的访问量却并不高。消费者的购买行为是由认知、信任进而产生行动的过程，传统品牌之所以把大量的预算花在品牌形象的塑造上，就是因为这种形象能够缩短认知、信任到购买的时间。而网络营销的最终目的还是产品销售，所以网上购买行为也需要品牌形象的支持，品牌带来的信誉和保证在某种程度上可以抵消虚拟环境所产生的不安全感。

二、网络营销品牌的分类和特征

（一）网络营销品牌的分类

网络营销品牌一般有三种类型：业务网络品牌、媒体网络品牌和综合网络品牌。业务网络品牌是严格意义上的网络品牌，是狭义的网络品牌。媒体网络品牌和综合网络品牌是传统意义上的品牌在网上自然延伸的结果，应该属于广义的网络品牌。

1. 业务网络品牌

该类品牌将网络本身当做产品，其营销策略和盈利模式都是针对网络业务本身设计的，如淘宝网（www.taobao.com）（见图 5-10）等。

图 5-10　淘宝网首页

2. 媒体网络品牌

该类品牌将网络视为有别于传统意义的传播媒体，将传统品牌需要营销的内容移植到网上进行，利用网站开展品牌宣传，但其业务仍然放在网下，这便是媒体网络品牌。这也是很多企业通常采用的形式。例如，图 5-11 是中国重汽集团的网页，其网站上并没有开展业务，而主要是进行品牌宣传。

图 5-11　中国重汽集团首页

3. 综合网络品牌

该类品牌将传统意义上的线下产品业务移植或扩充到网上，使得品牌的业务在网上和网下同时进行。如各银行企业除在线下经营传统业务外，还开展了面向个人银行的业务，举例如招商银行，见图 5-12。

图 5-12　招商银行的个人网上银行业务

（二）网络营销品牌的特征

1. 网络营销品牌是网络营销效果的综合表现

网络营销的各个环节都与网络营销品牌有直接或间接的关系。因此，可以认为网络品牌建设和维护存在于网络营销的各个环节，从网站策划、网站建设，到网站推广、顾客关系和在线销售，无不与网络营销品牌相关。网络品牌是网络营销综合效果的体现，如网络广告策略、搜索引擎营销、供求信息发布和各种网络营销方法等均对网络品牌产生影响。

2. 网络品牌的价值只有通过网络用户才能表现出来

接受和认同网络品牌的客户是通过网络沟通建立的客户关系确定的。每个品牌都代表了一组忠实的顾客，网络品牌也不例外，它代表了一组忠实的客户。网络品牌是建立用户忠诚的一种手段，因此对顾客关系有效的网络营销方法对网络品牌营造同样是有效的，如集中了相同品牌爱好者的网络社区，这在化妆品、保健品、汽车等企业的营销中比较常见，此外，网站的电子刊物、会员通信等也是创建网络品牌的有效方法。

3. 网络营销品牌体现了为用户提供的信息和服务

网络营销品牌的价值是通过网络向顾客提供有价值的信息和服务来实现的，人们能够记住一些网络品牌是因为这些品牌能够给人们提供有价值的信息和服务。例如，人们想起"百度"是因为它具有强大的信息搜索能力；想起"新浪网"是因为其网络新闻信息发布得快速及时；使用"QQ"聊天工具是因为离线留言和在线交流的便利；想起"阿里巴巴"是因为其提供在线电子商务支持等。网络品牌提供的有价值的信息和服务在客户那里得到承认才能体现品牌的价值，这是网络营销品牌的核心内容。

4. 网络营销品牌建设是一个长期的过程

与网站推广、信息发布、在线调研等网络营销活动不同，网络营销品牌建设不是通过一次活动就可以完成的，不能指望获得立竿见影的效果。著名的网络品牌都有一个共同的特征，那就是在网上长期提供在线客户服务和技术支持。拥有品牌的企业要持续体现这种能力，需要有长远的网上业务规划，要对品牌不断投资和营销，以提高其知名度和美誉度。从这个角度也可以说明，网络营销是一项长期的营销策略，对网络营销效果的评价用一些短期目标并不能全面衡量。

三、网络品牌的塑造策略

在互联网上建立品牌没有脱离传统品牌塑造的核心，仍然是对消费者的一种承诺，但是在塑造方式上有别于传统品牌。为适应互联网时代品牌管理的变革，企业必须改变传统的品牌管理理念，采取新的品牌管理策略。

（一）分析品牌消费者客户群

网络导致了市场竞争模式的变化。企业更多的应关注消费者的需求满足，而不是想尽办法击败竞争对手。步入虚拟空间的品牌应深入了解品牌消费客户群的特征以及他们不断变化的新需求，以此作为发现、接近消费者，以及向他们提供最佳品牌体验的依据。

一般来说，我们的企业在采取网络行动时，总是会选择把企业所有的业务都照搬到网上，其实，对于企业品牌塑造来说，这并非是一个最佳的方案。因为我们所面对的网上消费者受众有可能和传统意义上的消费者不同，作为虚拟市场里的消费者，他们的特征、需求和消费习惯都会有别于传统市场的消费者，因此，企业需要对自己所面对的网络客户群进行筛选和定位，甚至确定对于企业业务来说，最主要的网络客户群会是哪些，企业应该采取怎样的品牌策略与这部分客户群建立和发展良好关系。没有一个企业能向所有人提供所有的服务，因此，选出我们正在努力做的和能够做得最好的那部分，以最有效的方式提供给我们所选定的目标客户群，这才是最重要的。

例如联想集团，打开联想集团的主页（见图 5-13），你可以看到，联想在主页上醒目的位置把客户群分为个人及家庭用户、成长型企业、政教及大型企业以及服务与驱动下载等，而且针对不同的客户提供不一样的产品。

（二）不断创新技术，多种传播手段相结合

企业还必须重视创新性的应用互联网技术及营销手段，以不断创新和强化品牌形象，给消费者以与时俱进的品牌印象。

企业网站应避免成为一个单独的宣传单位，而应和其他媒体宣传整合在一起，发挥整合营销的功能，可以把企业网站当成旗舰店的概念，把广告、促销、公关、赞助、联盟等手段结合在一起。在广告宣传方面，报纸、杂志、广播等媒体能够传播的信息有限，而网络则可以提供相对详尽的产品信息，让人们更进一步了解新产

图 5-13　联想集团主页

品的功能和用途。

可口可乐公司就曾与腾讯在线宣布结成战略合作伙伴。可口可乐公司借助腾讯推出了 3DQQ 秀网络虚拟形象，全面升级其 iCoke 互动社区为中国首个运用 3D 形象的在线社区，为年轻消费者提供了革命性的互动沟通新体验。

（三）企业网站能够反应和支持品牌

企业的网站必须能够符合品牌所标榜的精神，譬如星巴克主张给顾客提供最高品质的咖啡，它的网站可以按口味、按地区查找各种咖啡的产地背景及制作方法，还可以在网站上找到咖啡的历史、种植方法等咖啡文化。柯达主张为人们提供高品质的影像，它的网站成了摄影爱好者的专业网站，你可以在网上找到拍摄的技巧，还可以在网上制作精美相册（见图 5-14）。

图 5-14　柯达公司主页

企业网站的设计应该延续企业的识别系统（Corporate Identity System，CIS），不论在颜色、字体、线条和排列上都须具有一致性。譬如可口可乐，以红色为主要色系贯穿整个网页，让消费者对企业的品牌感受深刻。

（四）为消费者创造最完美的品牌体验

网络虽然空间无限，但随着人们网络应用的日益频繁和多样化，以及网络信息的极度丰富，网络用户对网上体验的要求越来越高。一个卓越的网络品牌，还应时刻注意在第一时间给他们的目标客户群最完美的网上体验。此外，由于网络提供了一个全方位的品牌展示空间，使品牌与消费者接触得更加密切和频繁，品牌管理者必须重视品牌与消费者接触的每一个环节，应该给消费者以美好的体验。企业的网站是消费者了解企业的平台，它所提供的服务以及传达的咨询内容必须满足目标用户的需求，并尽量使用户在访问网站时感觉流畅。

强生公司在向互联网领域拓展的过程中，就使传统品牌的承诺得到了提升。强生公司为自己的品牌建立的网站专门针对那些刚刚或即将成为父母的年轻人。该网站提供了年轻父母所需要了解的育婴常识，邀请专家进行儿童生理和心理健康的咨询，还为年轻父母准备了大量便利工具记录宝宝的成长过程（如图5-15），从而在网络上凝聚了一大群强生传统品牌的追随者，既巩固了客户群的忠诚，又塑造了强生的网络品牌。

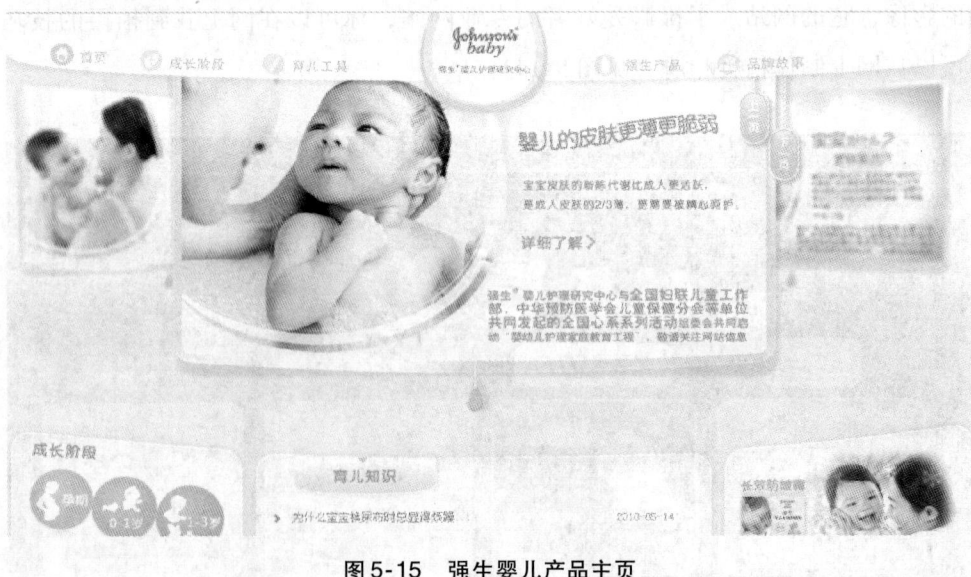

图5-15　强生婴儿产品主页

(五) 利用网络手段强化品牌管理

利用网络手段强化品牌管理包含了以下两个层面的工作。

第一，品牌调研。企业应注重利用传统和网络等多种渠道，做好针对网络品牌定位和品牌策略制定的调研工作，并在品牌推广过程中主动了解来自多方面的消费者反馈。

第二，品牌监测与评估。利用网络手段可实现对品牌网络行为的实时监测。网络市场环境瞬息万变，有些互联网公司几乎每周都要重新评价它们的商业模式和品牌塑造战略，以确定它们的品牌在市场竞争中的优势地位。企业应在实践中与专业网络营销服务机构联手定制符合自己特点和需要的品牌评估模型，以对品牌定位及策略执行及时做出评估和调整。

四、网络品牌推广策略

品牌需要通过推广才能为消费者所接受，品牌的推广是一个与消费者接触、交流的过程。传统的品牌推广模式发展至今已经相当成熟，网络品牌的推广模式结合了网络的特点并由其发展而来。

对于网络品牌的传播来说，商家必须了解在网络上接受品牌信息的是哪一类消费者群体，是男性还是女性，是中年还是青少年，是公务员还是白领；通过品牌推广，希望接受品牌信息的消费者有什么样的反应，是立即作出购买决定，还是强化品牌在其心中的价值；商家将品牌信息传递给消费者时，其内容和使用方法必须是消费者能够接受的，如果操作太过复杂，有可能无法达到推广的目的。

(一) 企业网站是大本营

建立企业网站是有志于建立网络品牌的企业所必须使用的工具。企业网站是企业在网上的门脸，消费者往往通过访问企业网站而得到对企业网络品牌的初步认识。企业网站也是开展其他网络营销工作的基础，这里可以有许多展示和传播品牌的机会，如网站上的企业标识、网页上的内部网络广告、网站上的公司介绍和企业新闻等有关内容。

对于以消费者体验为中心的网站，在形象设计上，要做到域名简单、易记，并与线下品牌相关联；网站 Logo 要与线下品牌一致，网站风格及配色要协调，并能反映品牌的风格和特点。在内容设计上，内容要丰富，能满足不同人群的需要；信息分类明确、更新速度快。在功能设计上，要求操作方便、访问速度快，全面且具有互动性。企业网站应具备公司概况、产品目录、产品搜索、产品价格表、网上订购、销售网络、售后服务、联系信息、公司动态、媒体报道以及网站地图等。

（二）灵活使用网络广告

网络广告与电视广告类似，能够以全面的外观以及内容的感觉传达出产品的品牌；它又与平面媒体广告类似，能够以低廉的方式在一件产品的利益背后传达一个非常详细的基本理论；另一方面，就像直接邮件一样，网络数据库的使用，可让企业锁定特定的消费者，并且解决他们所察觉到的需求。然而，网络广告与所有这些媒介全然不同，互联网可以让广告刊登者去建立即时的对话。消费者在采取购买行动之前就可以询问问题，更重要的是，他们可以获得广告刊登者提供的解惑，这可以为双方建立起紧密的立即咨询流动。并且，无论消费者处于销售周期的哪个阶段，通过网络，企业都可以把他们直接带进营销过程当中。

（三）用网络公关提升品牌价值

网站的内容只要非广告、促销及交易性质的，那就是公关性质的。公关这项品牌传播工具在网页进行通常是为了在公众团体间创造公司及其品牌的正面形象，所以要成功建立网络品牌。网站的功能不仅是销售产品，虽然产品销售是最终目的，但网站的内容不能仅为销售而设计。

公关运用中，赞助和事件营销可以创造或强化消费者对于品牌的联想和提高品牌知名度。事件营销在选择事件时，基本上，此品牌所定义的营销标的物与沟通策略必须与事件有所接触。因此，被事件所吸引来的观众必须符合品牌的目标市场，此外，这个事件必须拥有足够的意识、具有所希望的形象，并且可对那个目标市场造成所希望的影响。公关运用中的赞助除了运动、艺术、文化、公益类型之外，节目赞助也是现在企业所喜欢运用的方式。

例如，百事可乐公司就经常举办各种适合年轻人的活动，如足球争霸赛、Flash征集大赛（见图5-16）以及极品视频大赛等。这些活动不仅能增加大家对百事的关注，还能增加与消费者的互动，从而达到提高品牌忠诚度的目的。

图 5-16　百事我创 Flash 动画征集大赛

（四）用虚拟社区促进交流

早期的虚拟社区主要集中在某些非商业性行业及活动方面，但随着基于互联网的电子商务的兴起，许多迎合成员或组织者商业利益的虚拟社区开始形成并迅速发展起来。虚拟社区的核心是吸引消费者互动沟通，并借此让消费者真正成为品牌的主人，从而促使消费者接受品牌所传递的想法，并产生消费引力，塑造品牌形象，建立品牌忠诚度。

五、企业域名品牌

我们在前面为大家介绍过，网络品牌主要是产品品牌和域名品牌的结合。互联网的出现，带给了品牌一个全新的内容，即企业域名品牌。

（一）域名的内涵及商业价值

域名是由个人、企业或组织申请的独占使用的互联网上的标识，是对提供的服务或产品的品质进行承诺、信息交换或交易的虚拟地址。

对于商家或企业而言，域名是从事电子商务的前提，注册域名就意味着取得了在网络进行商务活动的资格和空间。域名又具有唯一性，某个企业申请了一个特定的域名，就享有对该域名的独占权利，其他企业就不能申请一样的域名，该域名也就代表了该企业。域名能够作为一种有效的载体，将企业的产品和服务信息传递给消费者，发挥广告宣传所用。一个好的域名可以大大提高企业的知名度，给该域名的使用者带来可观的经济效益。域名是企业的资源，而且和煤炭、石油一样是稀缺资源。尽管 IP 地址的数量巨大，而且据专家称 IP 地址还要扩容，而从理论上讲，有多少 IP 地址就可以有多少与之对应的域名，但是，对于 IP 地址我们无需记忆，其形式和内容与我们无关，域名则恰恰相反，是需要我们熟悉和记忆的。难记、复杂、意义不明显的域名可以说仅起到网络名称的作用，没有任何商业价值，而好的域名又是有限的，据统计，目前有意义的商业域名差不多已被注册殆尽，这更增加了好域名的商业价值。

（二）企业域名的命名

域名的重要性是不言而喻的，要使其更具价值和市场竞争力，关键是要选择一个好的域名。在选取域名的时候，首先要遵循以下两个基本原则。一是域名应该简单易记，便于输入，这是判断域名好坏最重要的因素。一个好的域名应该短而顺口，便于记忆，最好让人看一眼就能记住，而且读起来发音清晰，不会导致拼写错误，此外，域名选取还要避免同音异义词。二是域名要有一定的内涵和意义。用有一定意义和内涵的词或词组作域名，不但可记忆性好，而且有助于实现企业的营销目标。例如企业的名称、产品名称、商标名、品牌名等都是不错的选择，这样能够使企业的网络营销目标和非网络营销目标达成一致。

1. 用企业名称的汉语拼音作为域名

这是为企业选取域名的一种较好的方式，实际上大部分国内企业都是这样选取域名的。例如，红塔集团的域名为 hongta.com、新飞电器的域名为 xinfei.com、海尔集团的域名为 haier.com、四川长虹集团的域名为 changhong.com、华为技术有限公司的域名为 huawei.com。这样的域名有助于提高企业在线品牌的知名度，即使企业不做任何宣传，其在线站点的域名也很容易被人想到。

2. 用企业名称相应的英文名作为域名

这也是国内许多企业选取域名的一种方式，这样的域名特别适合与计算机、网络和通信相关的一些行业。例如，长城计算机公司的域名为 greatwall.com.cn、中国电信的域名为 chinatelecom.com.cn、中国移动的域名为 chinamobile.com。

3. 用企业名称的缩写作为域名

有些企业的名称比较长，如果用汉语拼音或者用相应的英文名作为域名就显得过于繁琐，不便于记忆。因此，用企业名称的缩写作为域名不失为一种好方法。缩写包括两种方法：一种是汉语拼音缩写，另一种是英文缩写。例如，广东步步高电子工业有限公司的域名为 gdbbg.com、泸州老窖集团的域名为 lzlj.com.cn、中国电子商务网的域名为 chinaeb. com、计算机世界的域名为 ccw. com. cn。

4. 用汉语拼音的谐音形式给企业注册域名

在现实中，采用这种方法的企业也不在少数。例如，美的集团的域名为 midea. com、康佳集团的域名为 konka. com. cn、格力集团的域名为 gree. com、新浪用 sina. com. cn 作为它的域名。

5. 以中英文结合的形式给企业注册域名

荣事达集团的域名是 rongshidagroup. com，其中"荣事达"三字用汉语拼音，"集团"用英文名。这样的例子还有很多，如华通金属的域名为 htmetal. com. cn。

6. 在企业名称前后加上与网络相关的前缀和后缀

常用的前缀有 e、i、net 等；后缀有 net、web、line 等。例如，中国营销传播网的域名为 emkt. com. cn、网络营销论坛的域名为 webpromote. com. cn、联合商情域名为 it168. com、脉搏网的域名为 mweb. com. cn、中华营销网的域名是 chinam- net. com。

7. 用与企业名不同但有相关性的词或词组作为域名

一般情况下，企业选取这种域名的原因有多种：或者是因为企业的品牌域名已经被抢注不得已而为之，或者觉得新的域名可能更有利于开展网上业务。例如，"Oppedahl & Larson Law"是一家法律服务公司，而它选择 patents. com 作为域名，很明显，用"patents. com"作为域名要比用公司名称更合适。另外一个很好的例子是"Best Diamond value"，这是一家在线销售宝石的零售商，它选择了 jeweler. com 作为域名，这样做的好处显而易见：即使公司不做任何宣传，许多顾客也会访问其网站。

8. 不要注册其他公司拥有的独特商标名和国际知名企业的商标名

如果选取其他公司独特的商标名作为自己的域名，很可能会惹上一身官司，特别是当注册的域名是一家国际或国内著名企业的驰名商标时。换言之，当企业挑选域名时，需要留心查看域名是不是其他企业的注册商标名。

(三) 企业域名的注册方式

域名的申请注册必须向授权组织申请。根据互联网国际特别委员会报告，顶级域名分成三类：国家顶级域名，如 . cn 表示中国；国际顶级域名，如 . int 是国际联盟、国际组织专用的顶级域名；通用顶级域名，如 . com 代表公司企业、. net 代表网上服务机构等。由于互联网的发展，原来由国际互联网络信息中心（InterNIC）单独受理域名申请，现在发展为多个申请注册中心。如果申请通用顶级域名 . com、. org

和 . net 由 InterNIC 负责，但企业也可以根据需要在本国顶级域名下申请，以体现企业的国籍。如中国的企业可以在顶级域名 . cn 下注册［由中国互联网络信息中心（CNNIC）负责］，如果引起冲突还可以在国内得到妥善解决。

一般顶级域名选择是没有多大本质区别的，但如果是国际性企业则应在通用域名下申请，以体现企业的国际性。从实际使用的角度来讲，到底注册哪类域名，取决于该企业开展业务的地域范围、主要用户群的居住地、主要目标市场的地域和企业未来的发展目标。

注册域名时可以自己直接到域名管理机构进行注册，这种方式直接，但是需要自己准备有关材料，而且也不是很专业；另一种方式是比较常用的，即委托专业公司代理注册，只要交纳一定的代理费用即可，专业公司不但可以提供注册服务，还可以帮助企业推广注册域名，扩大企业在网上的知名度。

（四）企业域名的抢注问题及对策

提到"BMW"，人们自然会想到国际品牌"宝马"汽车。如果在互联网上看到"bmw-bmw. com"的域名，相信会有消费者误认为这就是宝马公司的网站。其实不是。域名申请遵循"先申请，先服务"的原则，一个域名被申请成功，就将永远属于申请者，除非他自动放弃或转让。很多公司注册域名后，以为万事大吉，可以高枕无忧了。其实这是错误的。事实上，即使曾经为赎买域名而付出高昂代价的麦当劳公司，也没有完全能够吸取教训，"madonalds. com"和"madonalds. net"等与麦当劳的域名（mcdonalds. com）近似的域名又被其他公司抢注。那么企业该如何保护本身的域名财富呢?

1. 尽可能注册本公司域名的每一种变体域名

现实中这一点做得并不是很好，原因是，一方面，很多公司容易忽视对变体域名的注册，另一方面，即使公司意识到了问题的重要性，但要将所有的变体域名都注册了也不太可能。现实中，企业的变体域名被抢注的情况非常遍及。尽管 Amazon（亚马逊）公司已注册了多达 35 种与 Amazon. com 相关的变体域名，但与 Amazon 有关的别的一些变体仍被其他公司注册了。例如，变体域名 Amazom. com 被一家在线销售公司注册，因为 Amazom 与 Amazon 只差一个字母，且两字母在键盘上相邻，稍不留意，极易出现错误，从而张冠李戴。这充分说明了变体域名注册的重要性，类似的例子及教训不胜枚举。公司的正确做法是注册能想到的每一种变体，包括打印错误、单复数、. com、. net、汉语拼音等变体域名。

2. 通过协商,采用经济补偿的办法取得域名的所有权

按照目前的法律,商标方与域名方之间的官司,特别是当双方在一个完全不同的领域经营时,往往以商标方的败诉而告终,因为前面说过,域名是按照"谁先申请,谁先占有"的原则分配的。因此,由商标拥有方向域名拥有方支付一定的转让费或采用其他经济补偿方式,既考虑和照顾了域名拥有方的经济要求,又可维护商标拥有方的长远利益,"双赢"策略不失为一种明智的选择。

3. 如果双方协商不成,公司应积极采取域名被抢注后的补救措施

若遇到域名被抢注的情况,公司应立即在原域名的外围进行注册,使其自身至少拥有相当数量的变体域名,从而最大限度地保护自身利益。因为即使对方是恶意抢注,在法律上要拿出切实的法律证据也是很困难的。若是恶意抢注本公司域名,对其可以采取冷处理的方式,也可能使抢注者最终放弃域名。例如,中国长城工业公司接到一家公司的电传,声称中国长城工业公司的英文缩写 CGWIC 已被他们在 .com 下注册,并索要一定数额的转让费。长城工业公司沉着应对,经调查发现该公司虽然办理了域名申请手续,但并没有交费,纯属恶意抢注,借机索要高额转让费。于是长城工业公司采取冷处理办法,对其无理要求不予理睬,并立即申请注册 .com.cn 下的域名,且密切关注 .com 下域名的变化情况。果然不出所料,由于无利可图和无力支付域名管理费,那家公司最终放弃了这一域名,中国长城工业公司及时在 .com 下申请到本该属于自己的域名。

4. 通过法律途径解决域名争端

现在的域名政策加大了对著名商标的保护力度。即使两个公司在两个不同的领域,但当商标拥有方起诉域名方时,公司仍能用商标作为诉讼域名拥有者的有力证据,从而有可能通过法律途径获得域名的所有权。当然这是有条件的,首先要证明本企业的商标是独特的;其次要证明本企业是一家国际著名企业;最后要证明对方有恶意抢注的嫌疑。在以上条件下,商标拥有方通过法律途径取胜的可能性较大。但当域名拥有方既不对外出售域名而盈利,也不让域名闲置,而是将其用做企业站点的正式域名或入门域名时,在这种情况下,商标拥有方很难通过法律途径收回域名所有权。

(五) 实例演播:域名申请

下面以万网(http://www.net.cn/static/domain/)为例,为大家演示一下如何进行域名申请操作。申请域名的流程如图 5-17 所示。

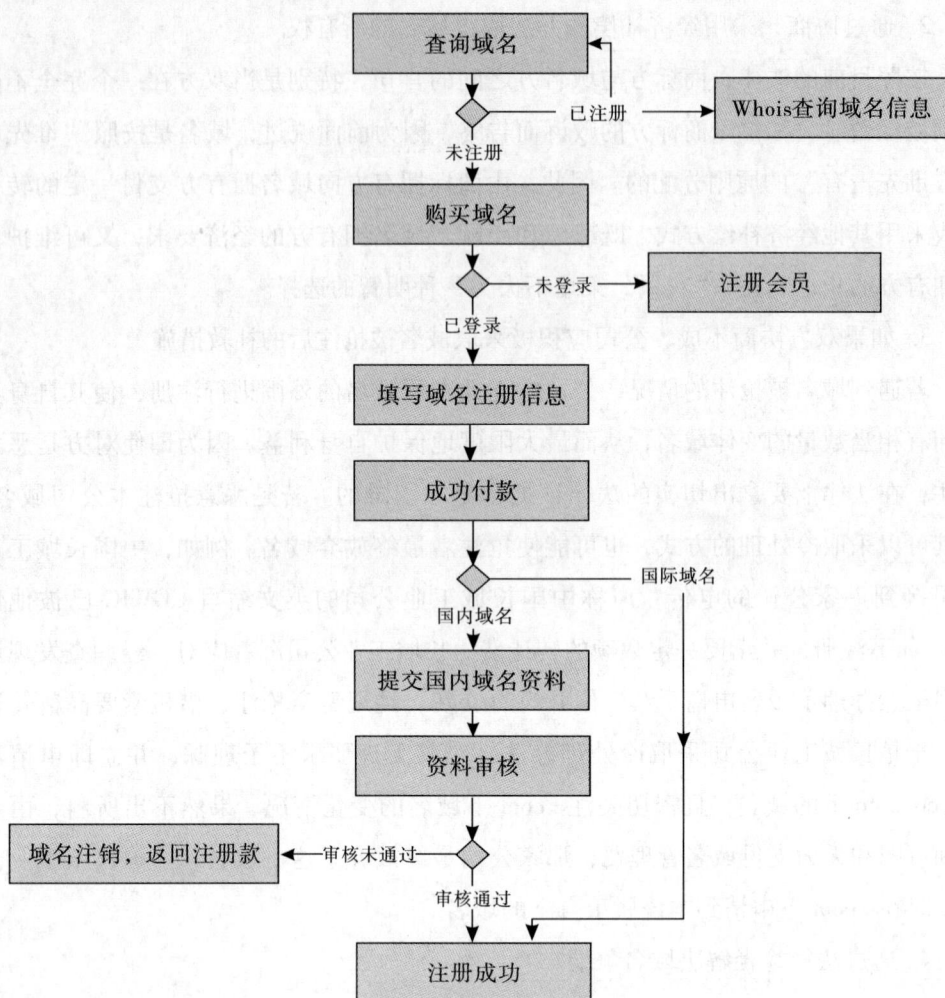

图 5-17　申请域名流程示意图

1. 查询域名

首先，我们应该查询我们所要申请的域名是否已被其他人申请使用。通过 Whois 系统来实现对域名信息的查询。Whois，简单来说，就是一个用来查询域名是否已经被注册，以及注册域名详细信息的数据库（如域名所有人、域名注册商、域名注册日期和过期日期等）。

2. 会员注册

通过查询，若发现我们选择的域名未被注册，则进入域名购买程序。在购买前，我们需要注册万网网站，成为其会员。

（1）首先打开万网首页，点击"注册会员"，如图 5-18 所示。

图 5-18 万网会员注册页面

（2）在会员注册页面填入相关信息，如图 5-19 所示。

图 5-19 填写相关信息页面

（3）确认后，系统会提示您注册成功，并且显示万网分配的数字 ID，这是以后取得万网服务的重要信息。

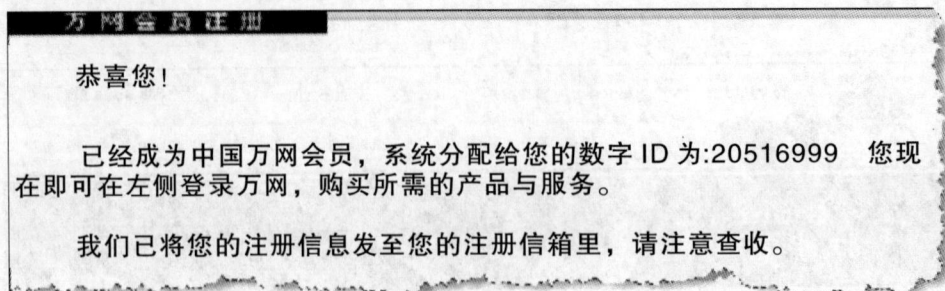

恭喜您!

　　已经成为中国万网会员，系统分配给您的数字 ID 为:20516999　　您现在即可在左侧登录万网，购买所需的产品与服务。

　　我们已将您的注册信息发至您的注册信箱里，请注意查收。

（4）成为万网会员后，我们就可以进入会员中心页面，如图 5-20 所示。

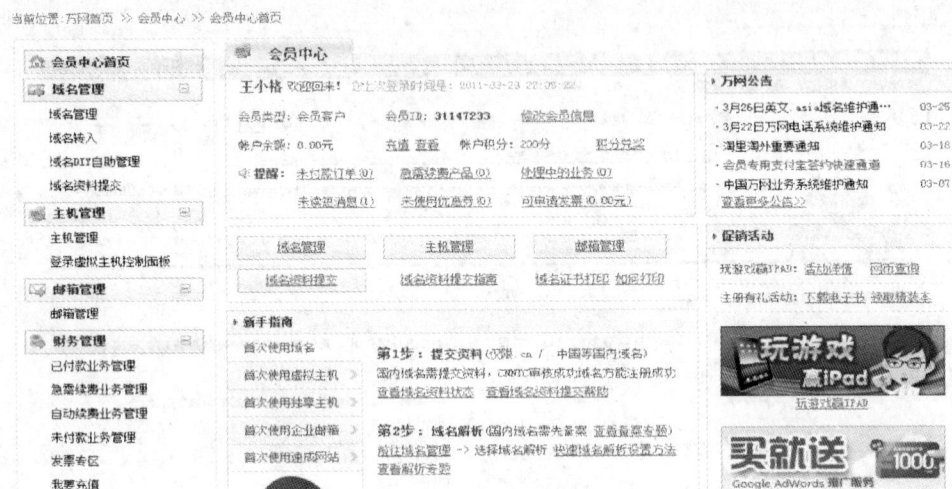

图 5-20　会员中心页面

3. 购买域名

登录万网后，我们便进行域名购买，域名分为很多种类型，如图 5-21 所示。

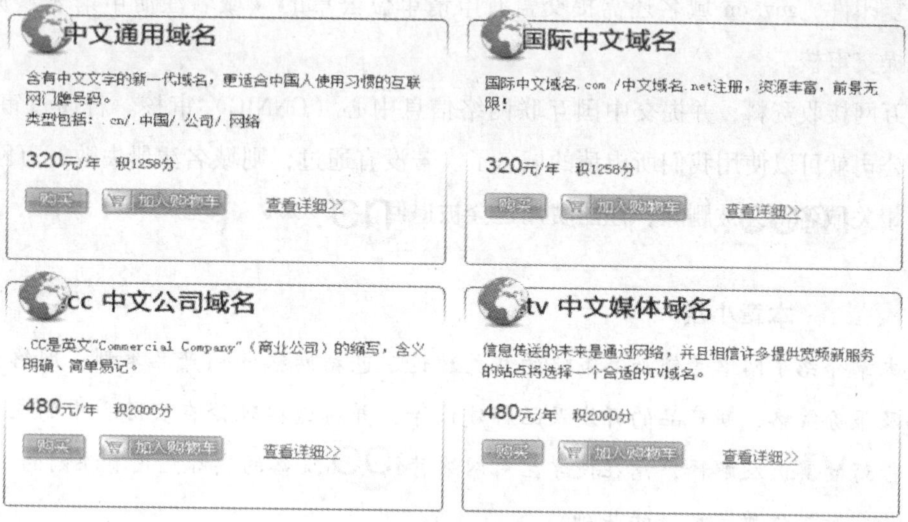

图 5-21 域名购买类型

选择购买类型后，填写域名的相关注册信息，如图 5-22 所示。

图 5-22 域名相关注册信息

填写域名注册相关信息，并支付相关费用。支付成功后，需在一天内上传域名相关资料，例如有效的企业营业执照或组织机构代码证复印件、注册联系人的身份证明复印件，gov. cn 域名还需提交盖有申请单位公章的《域名注册申请表》原件等，提交审核。

万网接收资料，并提交中国互联网络信息中心（CNNIC）审核。若通过审核，申请公司就可以使用我们所申请的域名了。若没有通过，则域名注册失败，万网 ID 下的相关域名将会被删除，注册费用也会被退回。

本章小结

本章介绍了网络营销产品策略的相关理论，包括网络营销产品类型、网络营销产品及服务策略、新产品的开发及品牌建设等，并对这些理论在实际当中的应用给出了很好的实例及解释，意在使学生对网络营销产品策略的实际应用有深刻的了解，从而为实际工作奠定良好的基础。

思考题

1. 什么是网络营销产品？包括哪些类型？
2. 如何进行网络新产品的开发？
3. 如何进行网络产品的品牌建设？包括哪些方面？

实践技能训练

1. 网上产品类别的辨别实训。
2. 企业域名申请实训。

第六章　网络营销价格策略

～〔知识目标〕～

1. 理解并掌握影响网络营销定价的各种因素。
2. 理解网络营销的定价目标和定价方法。
3. 掌握网络营销定价策略。

～〔能力目标〕～

1. 能够结合实际分析网络营销定价的影响因素。
2. 能够结合定价目标等制定合适的网络营销价格策略。

～〔案例引入〕～

凡客诚品卖 T 恤：29 元的定价玄机

2010 年"五一"假期后气温骤升，各服装品牌的夏装大战一触即发。VANCL 抢先 10 天推出 29 元 T 恤，其品质与设计均与同类品牌不相上下，而价格却极具竞争力，令对手几乎没有反击的机会。

凡客诚品没有实体门店，作为一家依托互联网推动销售的网络直销公司，在创办后的短短三年里，从男装衬衫到女装、童装乃至部分家居用品，不断迅速扩充其产品线。随着消费者信任度的增加、产品口碑的积累，VANCL 已经坐上服装类 B2C 企业销售额的头把交椅，不断获得投资商的青睐，并计划于海外上市。为了达到投资方对于销售额的考核要求，VANCL 的营销思路也开始有了变化，通过大规模广告投放以及 29 元 T 恤，VANCL 与传统服装品牌展开了全面竞争。

当 T 恤于 2009 年 9 月份被列入 VANCL 产品计划时，其开发思路与其他产品线的思路基本一致：以性价比取胜。这是 VANCL 一直在坚持的，将生产和流通环节的成本优势转给消费者，让其受益，是 VANCL 作为互联网销售的服装品牌能立足于中国服装行业的核心竞争力。

VANCL 一开始给 T 恤的定价是 39 元，与均价 70 多元的其他同类品牌相比更具竞争力。但是 VANCL 的 CEO 陈年还不满意，他问团队：能继续往下调吗？经过又一番的测算，最后给出的答案是"逼近成本价"的 29 元。他们告诉陈年，29 元已经是不能再低的价格了，再低就要赔本了。事实上，陈年觉得如果可以定为 19 元一件的话，则"更有杀伤力"。

于是没过几天，"29 元"的大 logo 开始在营销推广时出现，见图 6-1。在产品上线的第一周，VANCL 的 T 恤销量达到了 60 万～70 万件，而后续的销量大致维持在这一水平上下。"我们不知道图案的吸引力如何，但是 29 元的标价足以让消费者动心。当消费者进入网站挑选的时候，500 款图案总能挑到一两件他们喜欢的。"VANCL 的相关负责人说。

图 6-1　凡客诚品网站上的 T 恤广告

第一节　影响网络营销定价的因素

企业在定价前，首先必须明确产品的目标市场，即谁是产品的消费者。目标市场的客户不同，价格就不同。待目标市场确定后，就涉及到如何定价的问题。

一、网络营销定价的基本流程

定价是企业管理的基本营销问题，定价决策的基础依据是财务部门核算出来的产品成本和营销费用，但同时价格在很大程度上又是由市场决定的，而不是由企业控制的。

所以，在定价前，我们不应首先考虑价格是多少，而应该先确定价格体系中决定价格的因素有哪些。这实质上是"营销与财务两大职能之间的相互作用，目的在于寻求顾客价值满足与公司收回成本并获得利润两者之间的平衡"。网络营销产品的价格，可参考如图6-2所示的流程来制定。

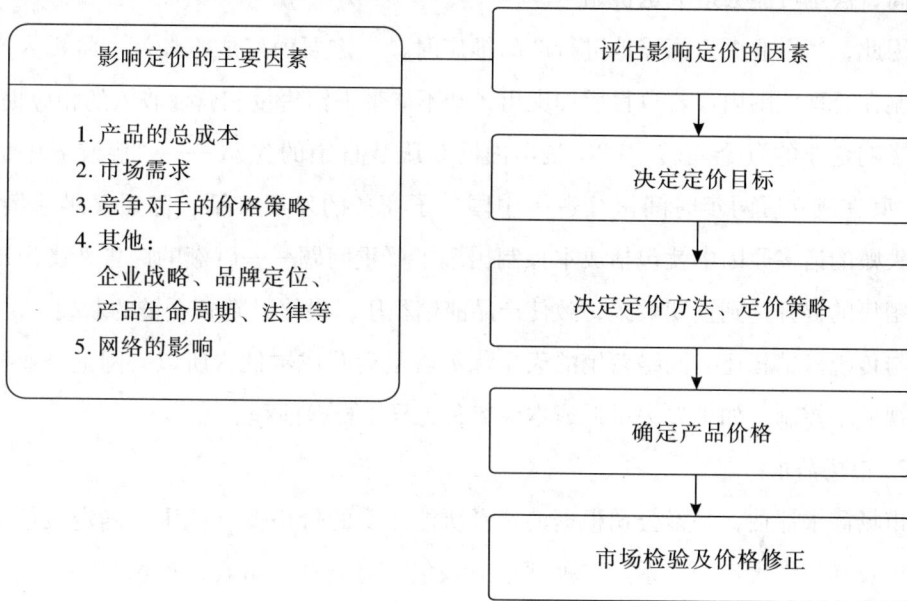

图6-2　网络营销产品定价的基本流程

下面我们来逐一阐述每个步骤。

二、评估影响定价的因素

（一）基本因素

任何产品的定价，都离不开对以下三项因素的考虑，即产品的总成本、市场需求和竞争对手的价格策略。

1. 产品的总成本

成本是以货币形式表现的产品生产与销售的费用支出，是反映企业消耗水平的综合性指标。成本的高低直接决定利润的大小。企业的一切营销活动归根结底是为了获得利润，所以，成本始终是企业决策时的一个重要依据。定价前必须要对产品的整体成本有一个非常合理的判断。

按照成本与销售量之间的关系，可将成本划分为固定成本与可变成本，那么定价时要注意不同销售量下可变成本的变化。例如，某公司计划在 2011 年的广告投放额为 10 亿元，预计销售衣服 1 亿件，相当于平均每件单品承担的广告营销费高达 10 元，这对于定价仅为 29 元、69 元、99 元等低价的产品而言，可谓是一笔"奢侈的枷锁"。假如其实际销量未能达到预期目标的话，则意味着每件单品的广告成本会更高，甚至可能会造成定价赔本。

因此，当企业大刀阔斧地进行产品推广时，一定要做好成本控制，将投入产出比控制在合理范围内。若盲目增加支出，却不能带来销售量和营业收入的相应提高，就会影响企业的资金周转。PPG 是国内网络服装直销的先驱——"服装界中的戴尔"，其在成立后两年时间里缔造了中国电子商务的发展神话，随后又迅速倒下。PPG 失败的诸多原因中就包括成本控制出现了严重问题——巨额的广告费支出却未能对销售的提升达到预期效果，致使产品滞销积压，最终导致资金链的断裂。

与传统营销相比，网络营销的天生优势就是运营成本低，所以，网上企业要更加重视成本控制，如果失去了低成本优势，无异于自毁前程。

2. 市场需求

市场需求评估，是指公司根据消费者所能接受的价格变动范围，确定最佳的产品价位及其与销售量的关系。这种评估应该包括对宏观、微观、市场趋势、供求关系、需求价格弹性等的分析。

对宏观与微观的经济环境做详细的调查和分析，可以保证营销人员对市场需求的发展趋势做出正确的判断。例如，经济上涨时期和经济危机时期的市场状况是不同的，企业的销售定价也就不一样。又如，我国互联网发展早期，1997 年的第 1 次《互联网络发展状况统计报告》显示，当时网民用户只有 62 万，绝大多数人对网络几乎一无所知。在发育未成熟的市场环境下，一些最早涉足网上购物 B2C 的企业因缺少用户而被迫关闭网站，改变了经营方向。而到了 2010 年，我国网民总数达到 4.57 亿，网上购物用户达 1.61 亿，大众对网络的深入认识已远远超过十年前，日臻成熟的电子商务环境为一大批 B2C 的追随者如卓越、淘宝等创造了巨大的市场机会。

网民用户的快速增长、用户对各类网络功能使用率的上升改变了互联网产品的供需关系，促使产品价格逐渐从免费向收费过渡。人们发现，十年前几乎都能无偿享用的软件、电子邮箱、会员账号、网络游戏、在线视听、附加功能甚至一个学习文档的下载等，在今天很多都被标上了一个有偿价格。互联网企业终于也能像线下销售商一样靠"卖东西"来获利了。

产品的需求价格弹性，反映了市场需求量对价格变动的敏感度。产品的类别及特点不同，其价格弹性也不同，企业采取的定价策略就相应不同。

对价格弹性大的产品，价格可用来作调节需求的主要手段，适当的降价能够刺激销售量的较大增长。价格弹性大的产品，往往具备这样一些特点：产品高度类似、易于比较、可替代性强；价格透明度高，消费者购买频率高、价格意识强；品牌认知度低；风险意识弱等。例如，T恤无疑都符合这些特征，与其他服装品类相比，T恤市场对价格的反应更敏锐，所以凡客诚品在2010年夏季进行价格战时，首选产品是T恤。

3. 竞争对手的价格策略

企业对竞争者的行为十分敏感，对手的定价策略是影响企业定价的重要因素。分析竞争对手的成本和价格，并确定自身企业在局部市场中的定位，这对于企业营销决策的制定起着至关重要的作用。

2009年10月，奇虎360公司以"永久免费"的口号发布了360杀毒正式版，吸引了广大网民，发布仅3个月就取代了瑞星公司保持了9年的市场第一地位。360开创了国内免费杀毒的先河，业界起初认为它不会对传统的软件厂商构成威胁，但看到360急速抢夺了上亿用户之后，同行们不得不纷纷调整了价格策略乃至企业的发展战略。老牌的专业厂商瑞星、国际著名品牌卡巴斯基，先后推出了有时间期限的免费版本，并降低了收费版本的价格；国内的金山公司放弃了每年2亿元人民币的杀毒软件收入，也宣布永久免费，企业重组并改变了发展战略；微软发布了自行研发的杀毒软件，永久免费但附带条件——只给windows正版用户，目的是为了促进其主营产品windows的销售。360公司的免费价格策略，推动了整个行业的重新洗牌，迫使竞争对手们的整体价格水平下降了。

竞争对手的定价可能会对市场造成冲击，但并非对手的每个产品的价格升降都会对公司自身的销售产生影响，所以在分析这种影响到底有多大、自己是否应该同步跟进时，还要考虑自身企业的市场定位、产品的价格弹性等因素。

（二）其他因素

除了上述三项基本因素外，企业还要结合自身情况考虑到其他内、外部因素对定价的影响。例如，企业在不同的发展阶段会有不同的业务侧重点及营销战略，会导致有不同的价格策略；产品在不同的生命周期阶段，价格也要随之调整；采用不同的渠道模式，如线上或线下销售，产品的定价也会不同；品牌是无形资产，高端品牌很少会跟随低端品牌的价格变动；还有行业协会的规定、国家的法律政策等都可能会对定价产生影响。

三、网络对定价的影响

互联网的出现革命性地改变了人们的生活方式，所以，网络营销企业除了要了解上述内、外部因素外，还要深刻理解网络本身对定价的影响，这样才能作出正确的营销决策。

1. 迅捷的信息传递，促使成本和价格透明化

在线下的现实交易中，买卖双方间信息不对称的情况比较突出，消费者要想消弭这种信息差距，在众多百货公司或店面之间了解同一商品的品质和价格，以求买到性价比满意的商品，要耗费非常多的时间和精力。

互联网最突出的贡献，就是在全球范围内带来了开放、迅捷、便利的信息传递。搜索引擎帮助人们足不出户就能方便地查找广泛的资料，使用户对信息的掌控和辨别能力前所未有。这极大地扭转了以前买卖双方地位不对等的情况，用户弹指间就可以对生产过程、成本、利润等做全面的了解，比较同类产品的质量、价格、信誉等，以判断谁的定价更合理，这种"比较"是令商家们感觉最头痛的问题。线下的企业可以依赖市场的信息壁垒，针对不同地域、不同客户实行差别定价从而牟取高额利润，而到了网络上，谁想隐瞒消费者什么就变得困难了，信息透明的市场环境弱化了消费者对产品的忠诚度。

鉴于网上信息的透明化，企业进行网络营销定价时必须更加慎重，要考虑到这个价格公布后其与同行们的价格竞争，还要考虑到是否会对自己的其他客户群或渠道市场产生冲击。2000年9月，美国亚马逊公司（Amazon）实行了一种动态差别定价策略：对同一商品，针对不同顾客的购物历史、上网习惯、使用的软件系统等给出不同的报价，结果一部分客户要比其他客户付出更高的价格才能买到，甚至老客户可能比新客户付得还要高。亚马逊因此获得了更高的毛利率，但该策略实施不到一个月即被细心的网友们发现，并通过网上社区迅速传播，立刻引起了广大消费者的强烈抱怨和抨击。亚马逊的企业信誉和形象受到了沉重打击，为挽回不利影响，亚马逊向这部分顾客退回了差价并公开道歉。其差别定价策略很快以失败而告终，失败的原因之一是忽视了互联网在消除信息壁垒、推动信息传播上的强大作用。

2. 低成本，促使低价位化

为什么上网买东西？十有八九的人会回答：因为便宜。

互联网技术缩短了人际交往的时空距离，促使商品流通的中间环节减少；企业在网络上能够直接联系不同地区原本分散的客户，很容易建立一个全国乃至全球的营销网络，组织层级变得扁平化，从而大大降低了企业在组织结构设置、人员配备、营销与交易上的成本，使企业的资产变"轻"。像凡客诚品等公司是轻资产 B2C 模式的典型代表，因为省去了门店与中间商，就能比线下传统企业节省销售额大约50%的支出。

由于运营成本低，网络营销企业就能做到大幅度降低产品售价，使自己比线下经销商更具市场竞争力，这也就是凡客诚品敢于同传统名牌进行价格战的原因。还有美国亚马逊、网络珠宝商蓝色尼罗河（Blue Nile）等网络营销企业，都在短短几年内实现了传统企业十几年之功才能达到的销售量，创造了"互联网神话"，其成功的关键就是"低价入市、大众消费"——产品价格对顾客有无可比拟的吸引力，这是他们的核心竞争力之一。

低运营成本也降低了行业门槛，给大量中小生产企业带来了生存机会，致使同行间竞争加剧，一旦有一个企业模式成功了，网上的模仿者们就会蜂拥而至，使竞争加剧；加之公众从互联网早期形成的"互联网是免费"的主导观念，以及网络信息的透明化，都促使低价策略和免费策略在网络上一直大行其道，低价位化迫使网上的企业经常要陷入无休止的杀价竞争中。

面对这种网络市场环境，企业可以采取多种营销策略应对，包括提升品牌形象、提高客户忠诚度等措施。价格上可灵活采用多种定价策略以弥补低价位本身所造成的利润减少。例如，可将高附加值产品以"捆绑价格"打包销售，使买主很难看透其中单个产品或服务的真正成本，从而避免纯粹的价格战。

3. 交互性与逆向营销，促使顾客主导化

交互性是网络的本质特征，也是 WEB2.0 的核心理念，即网民不再只是信息的接受者，更是信息的创造者。

传统的线下营销，因渠道受限和信息壁垒，基本上还是由卖方作为价格的制定者，消费者处于被动接受的地位。而网络的互动性使由顾客主导一切的"逆向营销"在网上更受欢迎——美国 Jupiter 公司曾做过调查，超过90%的顾客喜欢通过交互方式进行网络购物。消费者可以提出对产品的各种设想和可接受的价格，拥有更大的选择余地和话语权，体验参与的快乐；企业进行一对一营销，向顾客提供个性化产品和服务，从而培养出稳定忠实的客户群。这种互动营销促使商品定价权向消费者转移，即由顾客主导定价。

美国的"Priceline"是一家旅游网站，发明了"由你定价"的销售方式（见图6-3）：订房客人在网站上选定地区、入住日期、旅馆星级标准，并给出一个价格，然后该网站自动在当地寻找愿意接受这个价钱的旅馆，找到后立即成交。用这种方式订房、订机票、租车等，客人往往只需付出常规价格的30%～50%就能得到相同质量的商品和服务，故而其在北美的自助旅行者中很受欢迎，该网站也因此迅速成长，业绩卓著。这种零售方式恰好与B2C相反，故被称作C2B。

图6-3　美国旅游网站"Priceline"的"由你定价"

顾客主导定价具有鲜明的互联网特征，大大拓宽了企业的营销思路，使企业的定价策略更丰富灵活。如果这种方法运用得当，可以在短期内给企业带来销量激涨或品牌认知度的大幅提升。2010年网络团购在中国的火爆现象，就从一个侧面反映了顾客主导对营销所起到的推动作用。

第二节 网络营销定价目标与定价方法

一、定价目标

当企业对成本心中有数了，对外部的经济环境和市场需求有了全面的了解，分析了竞争对手，并研究了可能存在的其他影响因素，即做到所谓的"知彼知己"后，就可以确定企业的定价目标了。

定价目标，是指企业通过制定价格所希望达到的营销目的。定价目标反映了产品的市场定位，是指导企业进行价格决策的出发点。要使定价策略卓有成效，就必须制定正确、可行的定价目标。

定价目标通常以企业的战略和经营目标为基础。在不同的发展阶段、不同的市场竞争环境下，企业的定价目标也不同，一般有以下几种。

（一）以获取预定的利润额为目标

具体目标包括：在一定期限内收回投资，或追求最大利润，或以适中的价格获得长期稳定的利润等。

追求最大利润的定价目标并不意味着一定要制定最高价，因为最大利润有短期和长期之分，也有单个产品和组合产品之分。有远见的经营者会着眼于长期利润最大化，例如以组合定价策略提高多种产品的销量，从而获得最大利润。

每个企业都希望通过制定高价获取高额利润，高价也有利于塑造高品质的形象。但在信息透明、产品同质化严重、竞争激烈的网络市场中，企业很难长期实行高价，利润空间遭到很大的挤压。如果要卖出高价，企业所提供的产品或服务必须具备很强的独特性，能够更细致而准确地把握客户的需求心理。

"黑袜子（Black Socks）"是欧洲的一家小网站，以"循环收费、定期送到门"的服务模式专售普通男士黑袜，价格为每双 10 美元，包含邮寄费。成立十多年来，Black Socks 卖出了 1 000 多万双，在 75 个国家有 5 万左右的固定客户，每年纯利有上百万美元。Black Socks 成功的根本原因在于对目标客户的精准把握，它针对的是"男士 + 懒人"客户群。黑袜是欧美男士日常工作和交际的必备品，但男士往往很少主动去购物，等袜子穿破了才发现没有买新的。虽然 Black Socks 的价格稍贵，但这部分客户对商品标价并不是特别敏感，他们更注重的是隐形成本：自己购物所耗费的时间、精力以及对衣着不当的心理担忧等。Black Socks 定期送上门的细心服务为顾客解决了烦恼，其服务价值获得了顾客的认可，其价格也就被接受了。目标市场虽然相对窄小，但客户数量足以支撑规模和利润，Black Socks 在别人意想不到的领域里获得了成功。

可见，无论是线上、线下销售，要想通过高价获得更大利润，产品和服务永远是根本。这就需要网络营销企业敢于打破固有的思维框框，更加深入细致地研究市场、研究产品，善于发现并引导客户的潜在需求。

（二）以提高市场占有率为目标

市场份额直接反映了产品的竞争能力，关系到企业的兴衰存亡。为提高市场份额，企业最常用的手段是以低价策略吸引消费者，强化市场渗透。

2010 年夏季，凡客诚品以不能再低的价格在 T 恤市场发动闪电战，目的就是薄利多销，以图在短期内迅速、尽可能多地抢占市场。毫无疑问，29 元的定价策略有效地实现了凡客诚品的预定计划。但价格战是把"双刃剑"，不是对任何企业和产品都适用的，要想取得理想效果，必须具备几个条件：产品的价格需求弹性较大，降价对销售量的刺激作用明显；低价能阻止现有和可能出现的竞争者；企业有实力承受降价所造成的利润减少等。

（三）以应付竞争为目标

即企业根据自身与竞争对手的实力强弱对比，以竞争者的价格为参照，选择领导、跟随或稳定的定价目标。

奇虎 360 公司在国内杀毒软件市场上打破行规，率先实行了免费策略，领导了市场竞争，传统的软件厂商们作为跟随者，基于各不相同的企业定位和竞争实力调整了价格，是为了应对竞争、遏制对手的急速扩张。

（四）以维持生存为目标

对于新进入市场的企业，或者遇到经济危机市场需求大幅度下滑时，进行某些局部降价是必要的，此时企业的主要目标是维持生存——生存比利润更重要。

在互联网发展初期，网络还是社会上的新鲜事物，公众对网络的认知程度较低。当时互联网企业的绝大多数产品都是免费的，其首要目的是吸引大众、培育消费者的网络意识和上网消费习惯，以使企业能在新兴的网络市场中占有一席之地，然后等待时机再谋发展与盈利。

二、定价方法

定价方法，是指在定价目标的指导下，运用价格决策理论和数学模型，给产品制定一个基本价格或浮动范围的具体计算方法。影响定价的三项基本因素是成本、市场需求和竞争对手，因此定价方法相应地也有以下三种。

（一）成本导向定价法

这种定价方法是指，从企业角度出发，以产品的成本为基础，加上适当利润率，得出价格。

（二）顾客导向定价法，又称需求导向定价法

价格与成本因素不发生直接关系，而是以消费者对产品价值的理解程度和需求强度为依据的。上一节讲过，网络互动性对产品定价的影响变化之一就是促使顾客主导化，而顾客导向定价法正好迎合了这一变化。因此，相比于线下销售，这种方法在网上可以更有效地发挥作用。

这种定价法具体包括：理解价值定价法、需求差别定价法与逆向定价法。

其中，需求差别定价法是指对同一产品或服务进行区别定价，即针对顾客的不同偏好如购买时间、地点、心理、消费特征等，制定两种以上的价格。例如，按使用网络的流量大小划分上网用户，并按不同标准收取资费；对经常购买某项产品或服务的客户提供一定的折扣。这种方法反映了顾客的个性化需求，能够增强产品渗透并提高市场占有率，是企业普遍采用的一种方法，并且发展为一种动态定价策略，我们将在第三节中进行详细阐述。

（三）竞争导向定价法

以竞争对手的价格为制定本企业价格的依据，或与竞争者同价，或与竞争者的价格保持一定的比例等。它包括以下几种方法。

（1）随行就市定价法，即以行业平均价格水平定价，做市场的跟随者。如果企业的产品或服务既无品牌优势，又缺乏差异化，这将是比较稳妥的方法。

（2）投标定价法，是在有多个卖主竞卖的招标投标交易中使用的方法，面对多位竞争者，卖方企业更多考虑的是中标可能性，所以其定价基点是由对竞争对手报价的估计而确定的，招标者则从中择优选定成交。

这种定价方法多用于大宗物资采购、工程承包、政府采购等，对招标方即买方

非常有利，能最大限度地降低采购成本。电子化的政府采购通过信息系统公开竞价，自动形成对采购活动的监督，有助于遏制传统采购中易发生的腐败现象。

（3）拍卖定价法，是在有多个买主竞买的交易中使用的方法。最常见的是拍卖行方式，即由一个卖主提出销售意愿，而多个顾客轮流报价（见图6-4），卖主从中选定最高价作为产品的最终价格。

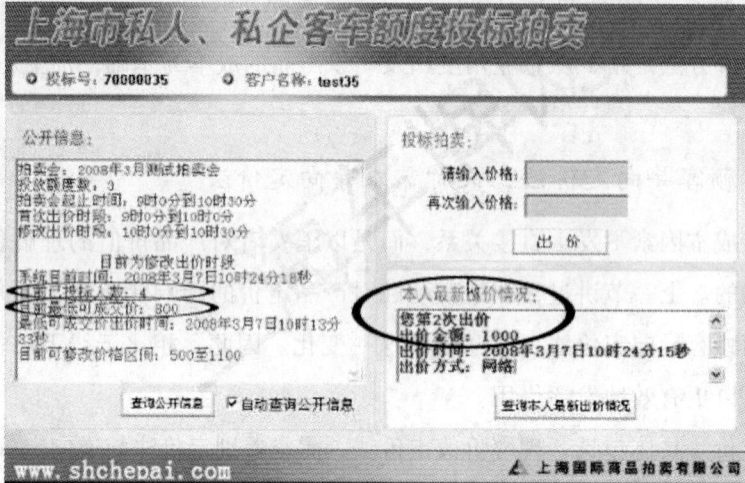

图6-4 上海车牌网络拍卖竞价

也有一种反向的"拍买"方式，如旅游网站"PRICELINE"的"由你定价"，即由消费者叫价，多个卖主随后出价，与消费者的价格最相符者成交。

还有"集体议价"的方式，如网络团购，由多个买主组成集团统一向卖主叫价，卖主可给出一个固定的优惠价，也可使用阶梯式定价法（见图6-5），即消费成员越多，产品价格越低。

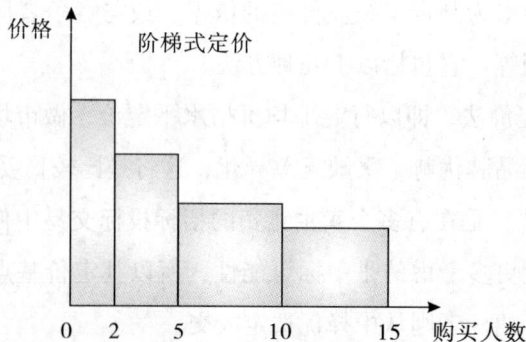

图6-5 阶梯式定价方法

"拍卖定价法"既是一种定价方法，也是一种价格营销策略，在第三节中将做详细阐述。

三、定价方法的选用

成本限定了价格的基数，市场需求决定了价格的波动区间，竞争对手的价格提供了定价的参照点。

产品要面对的，常常是有多种影响因素同时作用的复杂的市场环境，所以，为了有效地达到营销目标，企业往往不能选用单一的方法，而要结合不同的定价策略及综合其他因素，选用多个方法来核定价格，对不同的结果进行比较、筛选和调整，直到给产品找到一个最恰当的价位——在这个价位上，可以有力地执行定价策略，实现企业的定价目标。所以，定价方法的选择，要根据市场和企业的具体情况综合考虑，灵活选用。

第三节　网络营销定价策略

定价方法与定价策略的选择是互相影响的：对同一件产品，不同的定价方法得出不同的价位，继而影响策略的选定；不同定价策略所对应的价位不同，则定价方法就不同。所以，企业在进行价格决策时，对定价方法与定价策略这二者的选择，往往是同时进行、反复衡量的。这二者的主要区别如下。

第一，性质不同，定价方法属于定量分析，定价策略属于定性分析。

第二，依据不同，定价方法必须依靠定价的数学模型及其理论，定价策略主要凭营销人员的经验。

互联网促使产品的价格水平趋于一致，因此传统营销中的定价策略在网络营销中受到了一定的抑制，如"撇脂定价"在网上鲜有应用。同时，一些适合于互联网特点的定价策略获得了发展和创新。常见的网络营销定价策略主要有以下几种。

一、免费定价策略

（一）免费价格的形式

免费定价策略是以零价格的方式向客户提供产品或服务，分为"完全免费"与"部分免费"方式。"部分免费"方式更灵活多样，可以以顾客的消费时间、消费频率、服务范围、产品组合等条件对免费进行一定的限制。例如，按使用时期、下载次数或内容的完整程度等，将软件、视听资料、文档等产品分为免费版和收费版；对产品收费，但对运输或售后服务免费；两种产品捆绑出售，其中一件收费，另一件免费赠送；基础服务免费，增值服务收费，如网络游戏公司对使用游戏软件免费，但对游戏中的虚拟道具收费等。"部分免费"方式既能够提升产品品牌、扩大市场，又能够满足用户差异化、个性化的需求，是企业经常采用的模式。

在线下营销中，免费策略一般是作为短期的、临时性和偶尔使用的的促销手段。但在网络上，特别是在消费品大众市场上，免费策略往往是一种长期的、常用的和战略性的营销方式，这与互联网的鲜明特点及其发展历史有关。为了促进公众学习新技术、培养和开发市场需求，让顾客进行免费体验和免费使用是最有效的营销手段，这样可以快速吸引网络上的海量用户并抢占市场。纵观国内外各大知名网站，如搜索引擎 Google、视频网站 YouTube，微博网站 Twitter、Facebook，以及常用产品，如即时通信工具 MSN 和 QQ、电子邮箱等，这些用户量大、使用率高、受网民欢迎的服务和产品都是免费的。

（二）免费策略下的企业盈利模式

如果企业对辛苦做出的产品长期免费出售，那么企业靠什么来收回投资以维持发展呢？在网络市场中有一个共识："流量就是血液，就是金钱"——有了流量、有了人气，其衍生出来的广告模式和商业前景是不可估量的。先聚拢海量的流量，以占领网民桌面端的方式提高用户黏性，然后提供增值服务——通过广告、社区活动或其他收费项目等，发掘后续商业价值与盈利渠道。根据"长尾理论"，在海量用户群里即便只有1%的人转化为付费用户，企业也会获得可观的收入，足以覆盖它提供整个免费服务的成本。这种盈利模式正是上述企业成功的秘诀，所以网上有一种新经济悖论：要想赚钱就必须免费，"免费"变成收费的手段。

"Google"是著名的免费搜索引擎，其每天提供的搜索服务占据全球桌面搜索量的大部分，而其绝大多数的收入是来源于网络广告的，搜索结果旁边几个豆腐块大小的文字广告能够产生每年上百亿美元的销售额。2008 年 Google 开发了手机平台 Android 移动操作系统，这个产品从一开始就有非常明确的收入模式：不是靠售卖产品盈利，而是以免费价格赠送给智能手机厂商，以便使 Google 成为手机用户默认的搜索、地图和电子邮件提供商，然后以广告以及向手机用户销售音乐和视频等方式收回产品研发成本。结果，仅两年，Android 帮助 Google 占据了全球移动搜索市场 98％的份额，于是依靠足够多的广告收入，Android 实现了收支平衡，并预计未来会有年收入 100 亿美元的业务。

Google 还向全球用户免费提供 Google 地球、Gmail、字处理、Talk 等很多产品，这些都是 Google 网络总体战略的一部分，它们就像伸在网络世界里的触角，无所不在。借助无所不在的触角及后续增值服务，Google 以极低的成本把散落于各处的"盈利微粒"聚沙成塔，汇聚成稳定的收入。Google 在运用免费定价策略上的长远战略目光体现出它对 web2.0 精神的深刻理解。

（三）实行免费策略应注意的问题

免费定价策略作为一种市场推广手段在网络市场上风靡，帮助很多企业实现了战略发展，在商业上获得了巨大的成功。但免费策略是有风险的，不能盲目模仿，要想提高免费策略的成功率，应当确定好以下几个问题。

1. 是否能有效地吸引足够多的用户

消费者的需求是一切营销活动的出发点，产品或服务实行免费后必须能够有针对性地激发目标客户的需求，促使销售量大量增长，或者能创造足够大的用户规模以保障增值服务可以带来持续性的收入和回报。

由于每个产品的特点和目标市场不同，免费策略能否带给企业所需要的用户规模、真正达到营销目的，需要企业具有对市场的敏锐察觉，并在营销实践中摸索。Bidsketch、CrazyEgg 都是美国的软件公司，在新产品投放之初，它们靠免费策略吸引了不少用户，但随后发现付费用户转化率很低，用户增长无法带来收入增长。它们意识到自己不可能做到 Google 那样的海量用户规模，于是后来相继改变了价格策略，关闭了免费页面，主推收费模式。一个月后，它们发现付费转化率和营业收入反倒有了成倍增长。可见，企业终归是要盈利的，免费策略的实行必须要考虑产品与行业特点，与企业的商业运作模式进行有机的结合。

2. 产品总成本不会随用户增加而大幅增长

在网上能够长期免费的产品，往往具有数字化和低复制成本的特点，即产品开发成功后，只需通过简单复制就能够实现无限制的生产，边际成本甚至低至零；加之依靠互联网推广，其营销成本也很低，使其总成本增长有限。所以，企业要考虑当免费价格吸引了大量用户、销量大涨之后，企业的边际成本与总成本是否会随之大幅增长，最终能否保证企业盈利。"YouTube"是著名的视频网站，每个月有上亿用户在上面免费观看几十亿个视频。但 YouTube 长期亏损，一直找不到将流量转化为收入的盈利模式，主要原因就在于为了维持庞大的视频量，企业要耗费太多的存储和带宽资源，使得广告收入相比之下显得微乎其微。由于背负着巨大的成本，YouTube 无法像 Google 的其他产品那样实现"长尾理论"，不能兼顾长尾与盈利两个方面。

3. 企业有资金实力承受免费造成的亏损

应用免费策略的企业往往是急于占领市场的新企业或新产品。在实行免费价格的初期、未收到市场回报之前，产品肯定是亏本的，所以企业要有资金储备以维持一段时间内的经济亏损。像上述那些成功的互联网巨头，都是花费了几年时间才扭亏为盈的，之前他们是靠着投资商和股东大量的资本来支撑的。这也就是如 Bid-sketch、CrazyEgg 等小公司在依靠免费策略打开市场后很快转为收费策略的原因，它们无法承受长期没有市场回报。

二、低价与折扣策略

现代市场营销倾向于以各种策略来消减消费者对价格的敏感度，避免恶性价格竞争，但价格仍然是影响消费者购买的重要因素。只要价格消减幅度超过了消费者的心理预期，就难免会影响消费者的购物决定。尤其大众对于网络市场的第一认知就是"便宜"，所以网络营销中低价与折扣策略随处可见，常见的方式有以下几种。

1. 直接低价

即采用成本导向定价法，直接将产品价格定得低于同行。如凡客诚品、蓝色尼罗河等网络直销公司，其产品标价普遍比线下的同类产品低 30%～50%。

2. 折扣低价

这种策略是指在原标价基础上标出一定的折扣优惠。这种方式能造成一种对比的效果，使顾客对降价幅度一目了然，从而刺激其购买欲望。如亚马逊、卓越等，以及一些名牌折扣网站（见图 6-6），就经常使用这种方法。

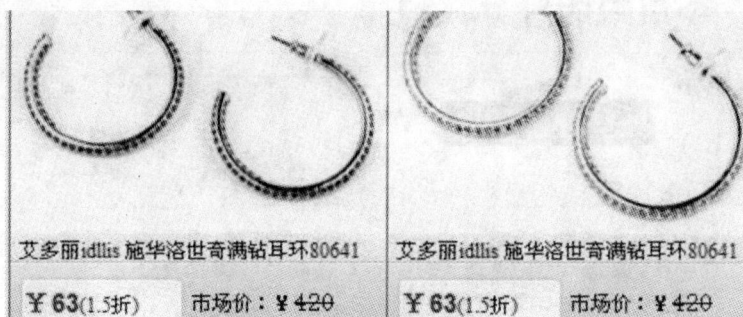

图6-6　名品折扣

还可以按照购买时间、购买数量、支付方式等的不同制定不同的折扣标准。如数量折扣，数量越多，折扣越大；季节折扣，在消费淡季鼓励消费者购买；网络支付折扣，对采用网上支付方式的顾客给予优惠，如国内某些航空公司为推广电子机票的销售，对在网上购票并使用信用卡在线支付的乘客给予折扣。

3. 促销折扣

这是为推广产品采用的临时促销策略。常见的方式有：有奖销售、附带赠品、购满一定消费额免运费、秒杀等。

"限时抢购"（见图6-7）是在2009年在国内兴起的一种促销方式，即卖家推出低价或超低价商品，限定时间或数量让买家抢购，商品往往一上架就被抢购一空，抢拍时间甚至以秒计算，所以有时又被称为"秒杀"。

对于超低价的秒杀商品来说，如"一元钱秒杀汽车"，秒杀活动的本质已经不是销售商品本身，而成为卖家聚敛人气的一种广告促销手段——一个简单的网页能够迅速吸引上万人甚至几十万人浏览，其宣传效果超过任何一种传统媒体，被牺牲的秒杀商品就相当于广告费。卖家借此通过低价格的体验式销售和口碑传播，在短期内获得了很高的品牌认知度。

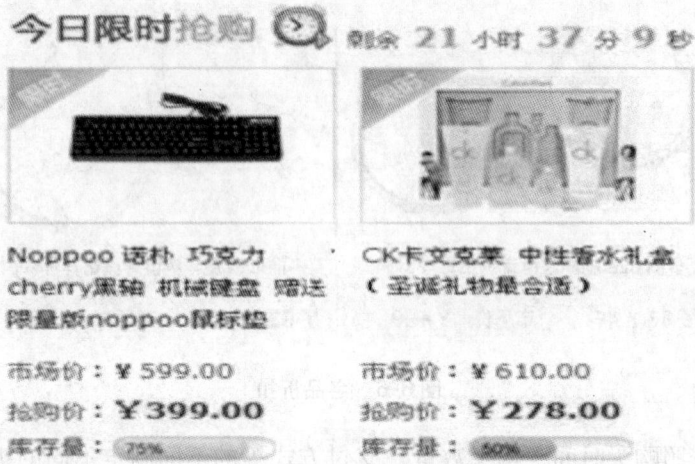

今日限时抢购 剩余 21 小时 37 分 9 秒

Noppoo 诺朴 巧克力
cherry黑轴 机械键盘 赠送
限量版noppoo鼠标垫

市场价：¥599.00
抢购价：¥399.00
库存量：75%

CK卡文克莱 中性香水礼盒
（圣诞礼物最合适）

市场价：¥610.00
抢购价：¥278.00
库存量：50%

图6-7　限时抢购促销折扣

三、动态定价策略

传统的差别定价法在网络上发展成为一种动态定价策略，即企业以市场需求为导向，对同一产品即时地制定出不同的价格。

动态定价策略使企业可以不断调整价格，将全部或部分消费者剩余转化成厂商剩余，避免了因对市场需求的错误预测而制定出过高或过低的价格，有利于加快资金回收，从而获取更多利润。动态定价常用于不同的细分市场中，或者客户需求在不同时期会有较大差别的商品上，如淡季和旺季的产品、处于生命周期上升和衰退阶段的产品、清仓产品等。

由于网络所具有的鲜明特点，实施动态定价时要注意以下几个前提条件。

（1）消费者的需求有明显差异，市场可以细分并且需求弹性不同。

（2）低价细分市场的同类产品无法在高价细分市场上出售。

（3）不会引起顾客反感，不违反关于禁止价格歧视的相关法律等。

2000 年亚马逊公司实行动态差别定价试验在很短时间内失败，就是由于其对网络环境缺乏深入认识，以致出现了大相径庭的结果：划分客户的技术指标不正确，令对企业利润贡献最大的老客户反而受到高价打击；不能阻止高、低价细分市场之间的产品套利，老客户可以通过重新上网登录伪装成新客户，享受低价；网络的信息透明化使顾客很快发现了价格差距的存在，引发了顾客抱怨和老客户流失，等等。这些教训提醒我们，企业使用动态定价法要慎重，要充分考虑网络的特殊环境和影响因素。如果是针对不同细分市场实行动态定价，可以运用一些技巧，如适度增减附加服务的含量、采用捆绑定价等，加强产品的差异化印象，令顾客感到价格差别的合理性，从而消除被"歧视"的不愉快感。

四、捆绑定价策略

（一）捆绑定价的方式

捆绑定价，是将不同的产品组合在一起，以一个价格出售，即销售的是产品组合而不是单个产品，捆绑价格一般小于单品价格之和。网络上常见的方式有以下几种。

（1）同质的混和产品组合，即将具有相似功能的产品捆绑，例如航空公司对往返程机票捆绑销售；网站促销的套装"大礼包"（见图6-8）等。混合捆绑是一个特别容易实施的定价策略。

图6-8 同质产品捆绑定价策略

（2）互补式产品组合，即把具有不同用途但彼此互补的产品捆绑，例如通信公司将手机话费、彩铃下载、移动办公、气象通等产品，以多种组合方式捆绑推广，以增强产品的性比价，满足消费者的差异化需求。

（二）捆绑定价策略的优势

企业通过将多次销售行为整合为一次性销售以及共享组合广告，降低了单品的营销成本，促进了多种产品的需求，使企业获得规模报酬和更大的利润。

通过产品组合出售，降低了消费者的搜寻成本，刺激了消费者的购买欲；同时，减少了竞争对手接触客户的机会，有效打击了对手。

当组合产品之间的价格有很大差异时，捆绑销售可以有效地模糊单品的成本，隐藏对某些组成产品的提价，从而降低顾客对价格的敏感程度。

五、定制定价策略

定制定价策略是指企业为满足客户的个性化需求，以量身定制的方式向客户提供定制生产服务并相应地制定不同的价格。

网上个人定制服务，充分体现了网络的交互性特点与顾客主导化趋势，满足了人们对产品个性化和生活便捷化的追求，所以已不仅仅是一种交易行为，更成为一种影响网民价值观的现代生活方式。用户将个人设计思想与产品结合，做出具有纪念价值的独一无二的产品；而企业通过运用极限市场细分和一对一沟通，与每个客户紧密地结合在一起，既拓展了产品类别，又在每一类产品上深度优化用户体验。2009 年日本著名牛仔裤品牌 Levi's 的网络商店（E-shop）推出了"Customized Service"的定制服务（如图6-9所示）：在某款经典款式的基础上，有多个年份的款型、尺寸、水洗方法、水洗程度、配饰等供客户选择，并对应不同价格，企业在 2~4周内完成生产，提供一条仅属于客户自己的牛仔裤。

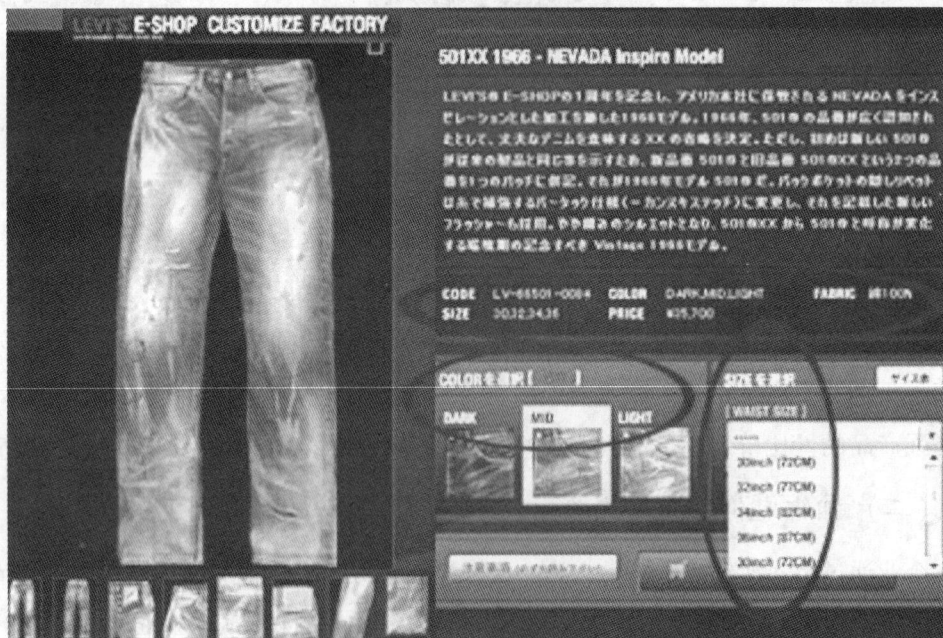

图 6-9　Levi's 网店的定制服务

戴尔计算机公司（Dell）也是以定制定价策略作为其主要的营销手段的。中国的网上个性定制业务是从2006年开始的。

六、使用定价策略

使用定价策略，是指企业按产品的使用次数定价，当客户使用某产品时，只需要按照使用次数付费，而不需要将产品完全购买。这种方式类似于网上租赁。由于人们对产品的需求越来越多样化，产品的使用周期也越来越短，顾客按照使用次数付款可以节省开支。企业不需要占用很多资源进行大量的生产，节省了成本；同时还吸引了更小细分市场中的客户。软件和网络音像制品等是比较适合这种定价策略的产品，它们都具有适合互联网传输、可被远程调用的特点（见图6-10）。

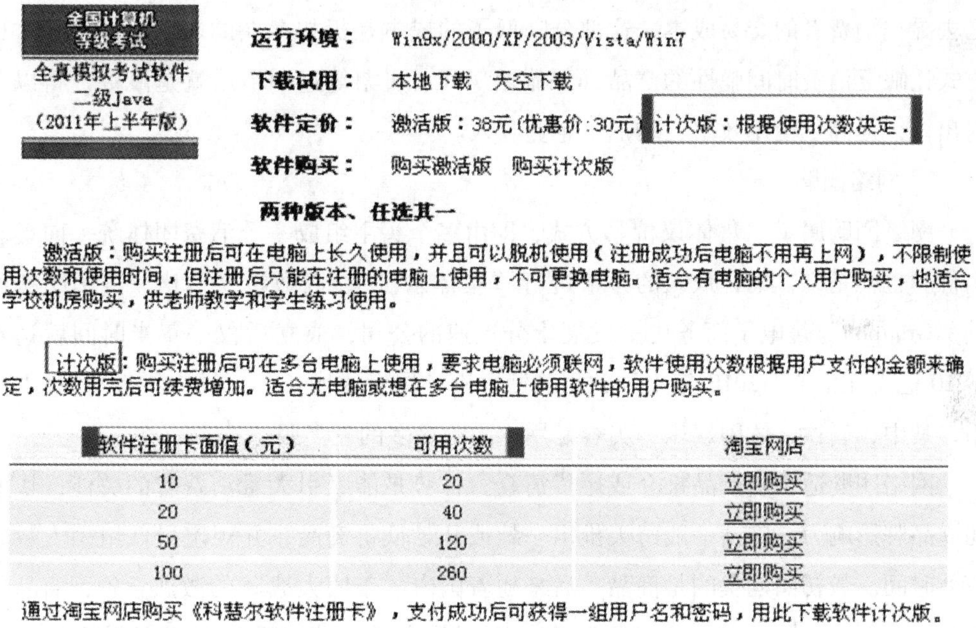
全国计算机
等级考试
全真模拟考试软件
二级Java
（2011年上半年版）

运行环境： Win9x/2000/XP/2003/Vista/Win7

下载试用： 本地下载 天空下载

软件定价： 激活版：38元（优惠价:30元）计次版：根据使用次数决定．

软件购买： 购买激活版 购买计次版

两种版本、任选其一

激活版：购买注册后可在电脑上长久使用，并且可以脱机使用（注册成功后电脑不用再上网），不限制使用次数和使用时间，但注册后只能在注册的电脑上使用，不可更换电脑。适合有电脑的个人用户购买，也适合学校机房购买，供老师教学和学生练习使用。

计次版：购买注册后可在多台电脑上使用，要求电脑必须联网，软件使用次数根据用户支付的金额来确定，次数用完后可续费增加。适合无电脑或想在多台电脑上使用软件的用户购买。

软件注册卡面值（元）	可用次数	淘宝网店
10	20	立即购买
20	40	立即购买
50	120	立即购买
100	260	立即购买

通过淘宝网店购买《科慧尔软件注册卡》，支付成功后可获得一組用户名和密码，用此下载软件计次版。

图6-10 软件产品的使用定价策略

七、在线拍卖竞价策略

在线拍卖是传统拍卖方式在网络上的应用，根据供需关系，主要有以下几种方式。

1. 竞价拍卖

即由卖家标示商品及其底价，由多个买家竞相报价，卖主从中选定最高价成交。

eBay 是著名的 C2C 拍卖网站，网民个人之间用这种方式进行大量的二手商品和收藏品交易，但 C2C 拍卖有安全隐患，因看不见实物，欺诈率比较高。对 B2C 企业来说，可针对生命周期处于衰退期的产品、过季商品、清仓商品等采用不同的拍卖策略以获得最佳收益。

2. 竞价拍买

这是拍卖的反向操作，即由消费者发出求购请求并提出价格范围，卖家各自出价，买主从中选择最低价或最接近者成交。

旅游网站 PRICELINE 上的酒店、租车行等卖家们之所以愿意接受这种定价策略，是因为该网站扮演了中介商角色，能够直接提供客户需求信息，降低了卖家自己去寻找消费者的交易成本，这部分降低了的成本是折扣存在的基础；同时，这种方式让缺乏消费时间弹性的产品（如旅馆房间、机票等过期不用就是浪费）得以及时出售，提高了使用效率，增加了企业收入。

3. 网络团购

网络团购属于"集体议价"方式，即由多个买主组成一个消费团体统一向卖家出价。也就是说，集合众人的力量进行"集体杀价"，以数量换价格。美国团购网站"Groupon"是电子商务史上发展十分迅速的公司，成立后仅一年半时间就达到了 10 亿美元估值。2010 年中国的团购销售额呈爆发式增长，累计交易近 90 亿人民币，其中，餐饮、休闲娱乐、美容是用户团购最多的三类服务。

网络团购适合新产品推介或尾货清仓，优势是能吸引大量消费者的关注，快速树立品牌影响力。网站一般每天推出一款或几款低价商品，并规定最低组团人数和有效时间。最初团购卖的是商品，后来随着国内"千团大战"的激烈竞争，商品价格越来越低，甚至亏本，这时团购卖的不再是商品，其实质已经与超低价的"秒杀"一样，成为卖家的一种宣传造势方式。

团购的问题，一是网站信誉差、商品质量不尽如人意，如果消费者体验不佳，就极易形成相反的口碑效应，伤害品牌形象；二是用户黏度偏低，所以团购的发展应与社区结合，社区网站内彼此熟悉、信任的人群比较容易形成稳定的客户群。

八、特有产品特殊定价策略

特殊定价策略，指对稀有产品采取特殊的价格，不必考虑其他竞争者，只要按卖家自己最满意的价格制定即可。

尽管网络市场给客户留下的总体印象是低价，但并非没有例外。互联网企业也能针对特殊顾客的需求创造出独特的商品，从而制定非常高的价格。例如"域名"，域名相当于企业的网上商标，具有唯一性，并因此诞生了一种为互联网所独有的交易方式——抢注域名，然后以高价卖给需要的企业。由于资源稀缺，谁先抢注到，谁就成为市场上的唯一卖家，拥有极大的定价权，这方面的案例如图6-11所示。

数字域名成交价列表		海外域名成交价列表	
域名	价格	域名	价格
666.com	204万元（30万美元）	CarInsurance.com	4 970万美元
173.com	204万元（30万美元）	Insurance.com	3 650万美元
116.com	180万元（26万美元）	sex.com	1 300万美元
55.com	196万元（20万欧元）	slots.com	550万美元
06.com	62万元	Cupid.com	440万英镑

图6-11　海内外网络域名高价交易部分案例

这种定价策略也适合于某些纪念物或者具有特殊收藏价值的商品。

企业通过选择定价方法和定价策略，确定了产品价格，然后在市场中检验其价格决策是否正确；经过市场反馈后再对价格进行修正，直到找到最恰当的价位。所以，产品定价是一项复杂而慎重的工作。

本章小结

本章介绍了网络营销价格策略的相关理论，包括影响网络定价的各种因素、常用的定价方法与定价策略等，并对这些理论与在传统营销中的作用或效果进行了对比，旨在使学生对价格策略在网络中的运用有较深入的理解，从而为实践工作奠定良好的基础。

思考题

1. 本章所讲述的各种定价策略中，你认为有哪几种体现出了网络的交互性与顾客主导化特点？

2. 为什么免费定价策略能在网络营销中成为一种常用的、战略性的营销手段？

实践技能训练

1. 在消费者大众市场和工业品市场上找出几种商品，对比它们在网络上销售和在线下销售时的定价是否存在差异，差异有多大，为什么？

2. 以某种网上商品的售价为例，分析其是基于哪种定价目标、定价方法和定价策略制定出来的。

3. 举出一个运用免费定价策略获得盈利的网络营销商业案例，分析其成功原因。

4. 选择某种商品，从突出网络的交互性与顾客主导化的角度制定一种价格策略。

5. 登录中拍网（www.a123.com.cn），搜索近日在线拍卖的信息，观看在线拍卖会；注册成为会员，参与一次拍卖活动。

6. 参加一些网站的团购活动，总结你的消费体验，是满意还是失望？分析这种价格策略使卖家成功或者不成功的原因所在。

7. 选择一种商品，模拟网络营销定价的完整过程：首先确定目标市场，然后按照定价的基本流程步骤分析影响该商品定价的因素，并制定相应的定价目标、定价方法和价格策略。

第七章 网络营销促销策略

1. 理解并掌握网络营销广告的特点与种类。
2. 理解并掌握网络营销的站点推广策略与销售促进策略。
3. 理解网络营销公共关系的处理。

1. 能够结合实际制定合适的网络营销广告策略。
2. 能够结合实际制定合适的网络营销站点推广与销售促进策略。
3. 能够结合实际进行危机公关处理。

"凡客体"引爆网络新营销

"爱网络，爱自由，爱晚起，爱夜间大排档，爱赛车，也爱29元的T-shirt，我不是什么旗手，不是谁的代言，我是韩寒，我只代表我自己"……韩寒和王珞丹作为凡客诚品（VANCL）的形象代言人，以这样的方式出现在大街小巷，以"平凡人"的身份，高调而琐碎地宣扬自我、展示个性，使人立刻觉得一件T恤的价值是通过穿它的人来体现的，哪怕它仅仅只是29元。

"爱××，爱××，也爱×××，我只代表我自己，我是××"，寥寥几句，坦率、真诚、直白。这条广告一夜成名——以此广告语为模版的第一张PS图片在2010年7月末出现在网上后，网民们的创作热情被迅速点燃。豆瓣网一周内吸引了1万多人参与，PS作品达2 600多张，并在微博、QQ群以及各大论坛上疯狂转载，开心网上仅3天的转贴数就达到3万多次，浏览17万多次。模仿凡客诚品扩展成一场全民造句活动，广告主角被替换成影视明星、网络红人、商业精英、动漫人物等；文字内容结合时下新闻热点，有追捧也有搞笑。"凡客体"一词由此诞生，并成为当年十大网络流行语之一。

"凡客体"无心插柳，用时代和网络编了一个大筐，把人们想宣泄的各类情绪都扔了进去，每个人都为找到了自己的那只筐而欢欣雀跃，并纷纷将自己的创意传播出去，凡客诚品公司的知名度随之爆炸式提升。

每个人都很平凡，每个人又都不平凡，凡客体暗合了大众流行文化心理，其广泛传播将品牌本身的平民理念演绎得淋漓尽致，给企业带来了巨大的宣传效应，无疑成为国内电子商务史上一次成功而经典的网络营销案例。

第一节　网络营销促销概述

在营销理论和实践中，促销的概念有广义和狭义之分：广义的概念包括促销组合中的所有推广活动，而狭义的概念仅指促销组合中的销售促进。我们本节所谈的网络促销是广义的概念。

网络促销，是指企业利用现代信息与互联网技术，向消费者传递有关企业的经营活动、产品和服务的信息并对消费者进行劝说和提示，以引起消费者的兴趣，激发消费者的购买欲望，从而促进销售活动。

一、网络促销的本质与特点

（一）网络促销的本质与作用

网络促销是在传统的线下促销理论基础上发展起来的，万变不离其宗，它与线下促销只存在技术手段上的差别，而它们的本质都是一致的，即出于销售的目的，企业与消费者之间进行的信息沟通活动。

促销的核心任务在于传递信息。企业帮助消费者了解产品或服务，从而吸引消费者的注意，激发他们的购买欲望。一般来说，网络促销要达到以下三个方面的作用。

1. 提供信息

企业通过网络渠道将品牌、商品和服务的信息传达给目标客户，收集并评估客户的反馈意见，据此调整企业的营销策略和下一次的促销活动。这种企业与消费者之间的信息交换，是一种不断循环的双向沟通。

2. 突出特点

在竞争激烈的网上市场中，企业的促销活动要着重突出品牌定位、企业资源、价格、服务等方面的差异化特征，使目标客户了解产品和服务会给他们带来的特殊利益，提高客户的兴趣。

3. 促进需求

不断加深企业和产品在目标客户心中的印象，提高客户的忠诚度，从而达到稳定和提高销售量的最终目的。

（二）网络促销的特点

与传统促销相比，网络促销在信息传播的深度、广度和效果评价上，以及在客户参与程度上都发生了较大的变化。

1. 促销信息传播加速、影响范围广泛

互联网上的信息在全球范围内快速传递，突破了传统促销方式下的时空限制，信息受众广泛，使企业的促销成本大幅度降低，而宣传效率却成倍增长，一条信息可在一天内传遍全中国，这种效果是传统促销方式所难以企及的。这给企业带来快速成功的机遇，同时也带来了挑战——如果网络促销活动失当，其负面效应也会在短时间内成倍扩散，后果难以估量。

某著名餐饮企业中国网站发布公告，从当天开始每天在上午、下午开展三轮"半价秒杀"电子优惠券的抢定活动，该活动预定持续四天。由于优惠力度前所未有，这条消息短时间内迅速扩散开去，公众的抢购热情异常高涨。不料当天下午不到四点，该企业官网声明，因发现存在假电子优惠券，特取消本次活动，优惠券全部作废。此举像炸弹爆炸一样，引发了北京、南京等各地消费者的强烈不满。当晚，越来越多的消费者在下班后手持打印的优惠卷在饭店门口聚集抗议，而店员竟不顾正在就餐的顾客，关灯离去。被激怒的顾客开始打电话向亲朋好友诉说，并不停地拨打报纸和电视台电话，投诉该餐饮企业的不诚信行为。随后，该餐饮企业在一些城市遭到了消费者的抵制，第二天全国3 000多家门店中绝大多数都没有正常营业，每天减少的收入估计有上千万元人民币。一次本该皆大欢喜的网络促销活动，由于计划不周，仅过了半天就演变成了全国性的负面事件，在整个中国市场上造成了信誉度下降、销售额损失的恶果，且仅过一天，百度搜索中关于某餐饮企业秒杀事件的相关信息就达到了58 800条。

互联网对促销信息扩散所起到的强大作用由此可见一斑。因此，对于网上信息的发布，企业尤其需要持慎重态度。

2. 促销对象的消费观念和消费行为不同

由于网络信息透明化，网上的消费者对信息的掌控和辨别能力与以前相比有了很大提高，消费观念更趋向于理性选择，消费者对企业和产品的忠诚度被弱化，这势必加大了促销信息说服客户的难度。

网络的交互性特征也要求企业必须重视网上客户的信息反馈，强调客户体验和参与。在传统的线下促销中，受顾客身份、心理、活动场地、现场气氛、便利程度等因素的影响，顾客对互动性活动的参与程度往往会大打折扣。但在网络上，真实身份被隐蔽，人的个性反倒可以得到充分展示；加之网络的便利性，消费者只需动动鼠标即可完成操作，故而参与程度大大提高。从秒杀、团购、凡客体等营销方式在网上的次第流行可以看出互动性越强的促销活动，越受网上消费者的欢迎。

3. 促销效果的评价指标不同

与传统的线下促销不同的是，网络促销中企业与客户不直接见面，完全利用计算机通信技术来交流彼此的思想和意愿。那么，在无法见面的情况下，让信息在第一时间抓住浏览者的眼球，如何在心理上遥控另一端客户手里的鼠标，就成为网络宣传的第一要务。所以，互联网世界的共识是：大的流量与点击数就意味着被公众关注，这是进行一切营销活动的前提。因此，站点浏览量、访问人次、点击率、信息转发数、客户转化率等网站后台的统计数据，就成为观察网络促销效果好坏的重要指标，包括企业的网站建设、站点推广在内的一切具有营销倾向的网络行为，无一不是为了促进这些指标的提升。

二、网络促销组合

网络促销组合，是指企业将网络广告、站点推广、销售促进与公共关系这四种最常见的形式进行有效的整合，形成一种整体的网络促销策略。

（1）网络广告，又称电子广告，指企业购买互联网媒体发布产品或服务信息，是传统广告在网络上的一种延伸。

（2）站点推广，指企业利用各种网络工具和营销手段吸引网上流量，扩大自己站点的知名度，以达到宣传企业、宣传产品的效果。

（3）销售促进，指企业为提升销量而在网上采取的奖励购买的措施。

（4）公共关系，指企业充分利用互联网的交互性特征，树立企业的良好形象，提高知名度，建立与客户和社会公众间的和谐关系，以营造有利的经营环境。

三、网络促销的实施步骤

对于网络促销，可参考下列步骤实施，如图 7-1 所示。

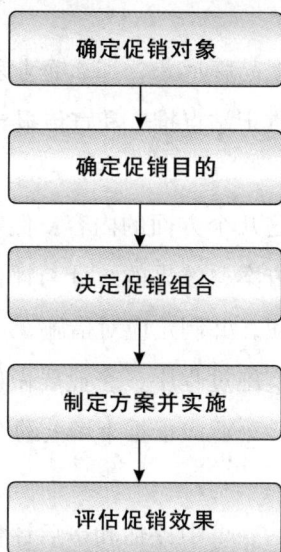

图 7-1 网络促销实施步骤

1. 确定促销对象

促销对象即目标客户。企业实施网络促销活动前，必须准确定位目标市场即所服务的消费者群体。通过市场调查了解目标客户的需求，站在客户的角度去考虑他们会采用哪些搜索方式、经常光顾的网站或社区有哪些、喜欢接触的形式有哪些、什么样的互动形式对他们最有效，有哪些消费习惯等，并据此选择人群、主题、时机等最适合的网站及最适合的方式做宣传。

2. 确定促销目的

促销是为了传递信息，其最终目标与企业的整体营销目标是一致的，都是为了成功地达成交易。但对于每一次的具体促销活动，情况不同，促销目的也是不同的，如为了树立企业形象、扩展知名度、提升销量、维护客户关系等。要想取得良好的促销效果，促销目的必须是清晰、可行的。

3. 决定促销组合

促销目的影响促销组合的选择。如果网络促销的目的是希望快速提升销量，那么企业就要在短期内加快信息传递，所采用的促销组合方案便侧重于网络广告并配合销售促进措施。例如，凡客诚品成立仅一年就从默默无闻发展到服装销售额达上亿元人民币，其依靠的主要就是大面积的广告覆盖——消费者在各大门户、社区、搜索引擎网站等都能看到铺天盖地的凡客广告以及醒目的"68元体验价"和"免运费"字样，无处不在的"广而告之"成功地吸引了消费者的兴趣，并迅速打开了市场，提高了销量。

如果网络促销的目的是树立品牌形象，那么企业就应当坚持长期持久的信息传递，所采用的促销组合就应侧重于站点推广和宣传报导，以图建立广泛的公众关系。

4. 制定方案并实施

促销活动的方案一般包括这几个方面的内容：促销对象、促销活动目的、财务预算、人事和时间安排、行动方案、效果的统计与评价等，还要预先估计某些意外情况的发生或者竞争对手的反应，并制定应对措施。

行动方案要切实可行。在实施过程中，企业要做好控制，各部门要保持协调一致。如果问题属计划本身不周，企业应根据市场上的客观反应及时进行修订。

5. 评估促销效果

促销效果评估包括事前评估、事中评估和事后评估。评价主要依赖于两个方面的数据，一是网站的各种技术指标统计，二是对市场实际效果的调查，如销量和市场占有率的变化、企业形象或口碑的变化等。企业在实施评估时，要注意采取短期、中期相结合的方法，保证效果评估的合理与公平。

评估的核心原则是"ROI"（投资回报率），即促销费用的投入产出比要合理，确保成本控制。例如，假设投资回报率控制在 $1 : (0.8 \sim 1.2)$ 之间，即每1块钱的投入基本能带来1块钱的销售额，那么下次这个用户的重复消费就可看做是利润了。根据评估效果，企业应及时对促销的策略与形式做出调整。投放—监测—评估—修正，再进入新一轮循环，这在营销中是一个持续进行的过程，不断地强化优势、修改不足，就可以取得投资回报率的最大化。

第二节　网络营销广告

网络广告，是指企业付费购买网络媒体向公众发布的产品或服务信息，其构成要素有广告主（企业）、广告媒介（网站）、信息受众、广告内容与广告费。

随着互联网的应用普及和深化，用户的网络浏览时间逐年递增，公众对互联的信息依赖程度越来越高；越来越多的企业开发线上电子商务业务，对线上广告的需求推动网络广告不断增长。美国、日本及全球市场网络媒体广告收入近年来陆续或即将超过报纸，成为仅次于电视的第二大广告媒介。2010 年中国网络广告规模达 321.2 亿元人民币，比上年增长 54.9%，并将继续稳定发展，很快将超过报纸广告的规模（如图 7-2 所示）。

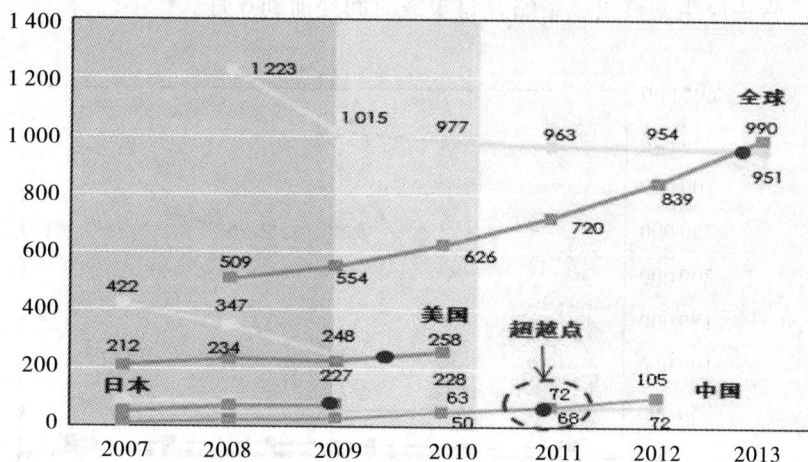

图 7-2　2007—2013 年全球及中美日网络广告与报纸广告市场规模变化对比

资料来源：艾瑞咨询集团，www.iresearch.com.cn

一、网络广告的突出特点

网络广告有很多独特优势，如制作、维护、渠道等费用较低；传播时空无限，影响覆盖面广；制作形式丰富，呈多媒体化。此外，较强的投放指向性与互动性也是网络广告的两个突出特点。

（一）广告投放指向明确，效果具有可测评性

投放准确性主要是指广告所针对的目标市场的准确性。网络社会是由大小不一的团体所组成的，其中的成员往往具有共同爱好和兴趣，无形中形成了不同的细分市场。因此，广告主可有的放矢地将广告信息投放到目标客户所在的站点上；同时，信息受众看到广告内容与自己的专业或兴趣相吻合，会更加关注此类产品。这样，信息到达受众的准确性较高，企业可以减少无效宣传，节约成本。

由于网络广告投放指向明确，而网上受众一般只点击自己感兴趣的广告，所以企业通过受众的点击和反馈行为（如回复 E-mail）就可以直接了解潜在客户对广告

的反应，监测广告投放的效果；通过对广告曝光数、站点访问人数、二跳量、用户访问的内容、来访时间与地域分布等进行记录，可以分析潜在客户的构成及消费习惯，从而有针对性地对特定受众采取提高转化率的措施，或及时调整营销策略。例如，图 7-3 的各项数据显示教育类网站的访问高峰期是 6 月份，而表 7-1 显示该类广告的投放力度在 7 月份达到最大，明显滞后于高峰时段。可见，要想获得更大的影响力，广告主应当调整投放策略，将投放时间提前到 6 月。

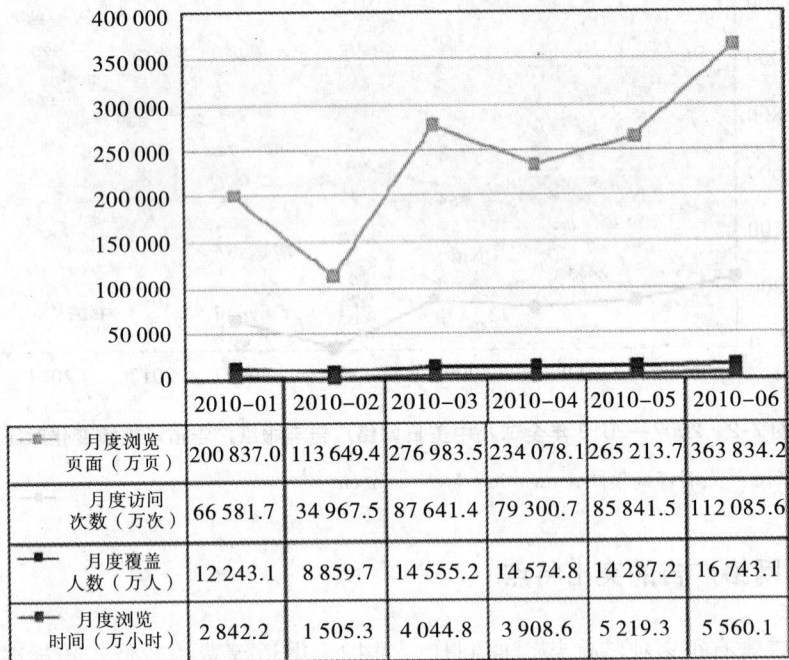

	2010-01	2010-02	2010-03	2010-04	2010-05	2010-06
月度浏览页面（万页）	200 837.0	113 649.4	276 983.5	234 078.1	265 213.7	363 834.2
月度访问次数（万次）	66 581.7	34 967.5	87 641.4	79 300.7	85 841.5	112 085.6
月度覆盖人数（万人）	12 243.1	8 859.7	14 555.2	14 574.8	14 287.2	16 743.1
月度浏览时间（万小时）	2 842.2	1 505.3	4 044.8	3 908.6	5 219.3	5 560.1

图 7-3　教育类网站月度指标变化

资料来源：艾瑞咨询集团，www.iresearch.com.cn

广告效果易统计、可测评，这是网络广告对比传统媒体广告的一个很大优势。而传统广告很难准确地测算有多少人接收到了广告信息，以及有多少人受广告影响做出了购买决策。

表 7-1　2010 年 1 月至 7 月教育出国类广告主网络广告投放费用

2010 年 1 月	2010 年 2 月	2010 年 3 月	2010 年 4 月	2010 年 5 月	2010 年 6 月	2010 年 7 月
2 270.0	2 211.0	2 526.7	1 926.4	1 984.8	1 916.7	2 568.6

资料来源：艾瑞咨询集团，www.iresearch.com.cn

（二）互动性强，信息双向传播及时而灵活

与传统媒体相比，互动性是网络广告最显著的优势。首先，消费者是网络广告的"主宰"，可以按照自我意愿有选择地浏览信息，忽略不感兴趣的内容。其次，消费者若对广告和产品有兴趣，可使用 E-mail、即时通信工具等立即与企业进行实时交流，直至订货，在单一媒体上完成整个购买过程，这是传统媒体无法做到的。

由于客户信息反馈及时，广告主也可以随时修改网络广告的内容、调整产品价格，将最新信息提供给消费者，因为网站大量使用的是超级链接，改动一个地方对其他地方影响很小。而传统媒体的广告发布后要再想修改难度就比较大，即使可以改动也要付出很大代价。例如，电视广告的制作成本很高，一旦制作完成后，即使有不满意的地方，短时间内也不会修改；电视广告的播出也有固定时段，如果更改播出时间，牵一发而动全身，全天的节目都要重新编排。

随着技术进步和网络宽带的改善，为了追求更震撼的效果，网络广告的制作也越来越复杂、体积越来越大，修改成本也会相应地提升。但相比较而言，网络广告的制作还是简便的，这使信息在企业与消费者之间的双向互动传播都比较自由灵活，企业经营决策的变化也能够得以及时实施和推广。

企业要增强广告的互动性，可以在广告中向消费者提供更进一步的资料，如在食品广告中链接一个页面，引导受众去发现该食品的营养价值，或者让受众在网上发言，分享有关烹调的体验，或者下载一张优惠券等，以吸引消费者点击。

二、网络广告的主要类型

按照不同的分类依据，网络广告可以分成不同的类型。

（一）依照制作格式的不同分类

1. 文字链接广告（见图 7-4）

以一段文字作为一个广告，一般不超过十个字，点击后即可进入特定的页面。其安排灵活，可置于页面的任何位置，也可以做成跑马灯式的动态效果，增强吸引力。文字广告的主要目的是借助网站的导航功能，引导有兴趣的浏览者点击。这类广告对浏览者的干扰最小，广告效果也明显，且收费较低。

图 7-4 门户网站的文字链接式广告

2. 在线分类广告（见图 7-5）

网站按照产品、服务或企业等分类，向公众提供检索信息，类似于报纸中的分类广告。其优势在于可搜索、更新快捷、篇幅较小，收费较低，适合个人或小企业。分类广告多是文字形式，最常见于 B2C 或 C2C 交易网站。

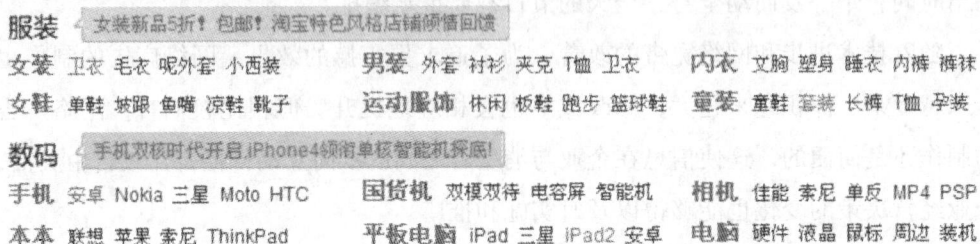

图 7-5 在线分类广告

3. 搜索引擎关键字广告（见图 7-6）

当人们在网上使用搜索引擎以关键字查询信息时，搜索结果页面上会自动出现一种文字链接型广告，一般在页面右侧显示。也就是说，广告文字本身包含某些关键字，当人们搜索带这些关键字的信息时，有关广告就被同时搜索出来。这种方式非常便捷，可以使浏览者获得大量的相关信息。

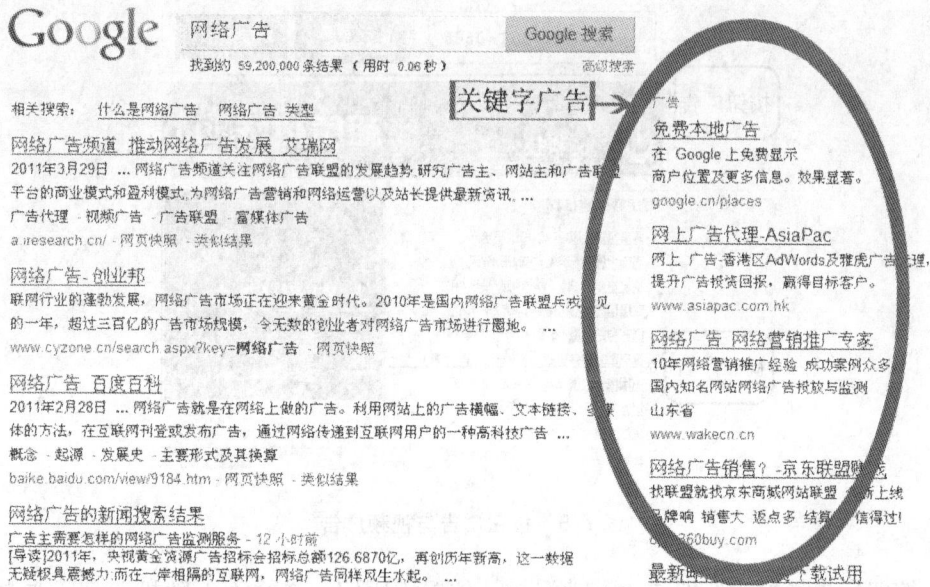

图 7-6　搜索引擎关键字广告

4. 旗帜广告（见图 7-7）

又称网幅广告、横幅广告、通栏广告等，是以 HTML、JPG、GIF、FLASH、JA-VA、SHOCKWAVE 等格式、语言和工具建立的图像文件，多为长方形，显示于页面上方、中部或底部的中央位置，如同报纸的通栏标题。图片中只有文字标题提示，点击后即可进入特定页面。旗帜广告是最早出现的，也是门户网站主打的广告形式。

图 7-7　旗帜广告

旗帜广告除了图 7-7 所示的传统形式外，还有其他几种形式。

垂直式旗帜广告，也称擎天柱广告，是在页面两侧纵向垂直显示的。

按钮型或称图标广告（见图 7-8），是最小的旗帜广告，仅显示一个标志性图标，点击后可链接到特定页面。其优点是小巧灵活，可置于页面的任何位置，且收费低廉；缺点是信息容量非常有限，是纯提示性广告，多适用于已有一定知名度的企业。

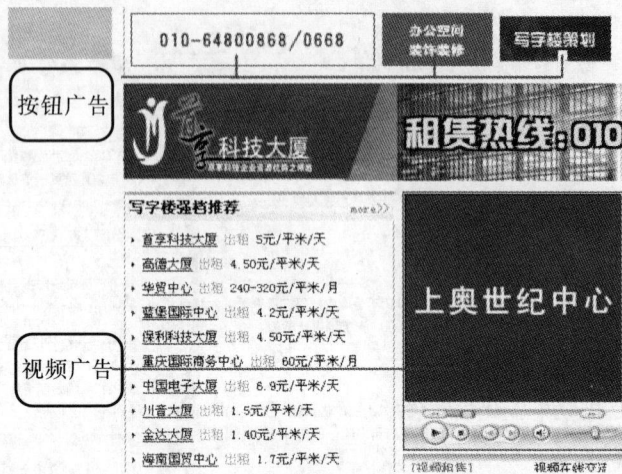

图 7-8　按钮广告与视频广告

　　按钮广告稍加改造即成为游动浮标，位置不固定，在页面上随机游动，非常吸引用户的视线，但对浏览的干扰也很大，容易影响客户对网站的体验。

　　旗帜广告的尺寸有逐渐增大的趋势。巨幅广告（见图 7-9）的尺寸是普通旗帜广告的 3 ~ 4 倍，多带有动画效果，视觉冲击力很大，点击率高于业内平均点击率。

图 7-9　巨幅旗帜广告

　　全屏式广告，是指当用户打开某个页面时，广告以全屏幕状态闪现 3 ~ 5 秒钟，随即自动或由浏览者手动缩回普通旗帜尺寸。这种广告信息量丰富，制作精美，令人印象深刻，但也会对浏览者造成干扰，容易招致反感。

　　除了按钮广告收费低廉外，旗帜广告的其他种类由于占据页面最醒目的位置，能给浏览者以强烈的第一印象，广告效果较为明显，故而收费较高。

5. 桌布（墙纸）广告与屏保广告

将广告信息做成电脑桌布图片或屏保，提供给受众下载、观赏。该类广告画面精美、风格多样、有收藏价值、容易登上受众的办公桌电脑屏幕，因此企业可用很小的投入换来很好的宣传效果。例如微软公司和苹果公司经常以这种形式宣传新产品或者企业形象，不少经典图案在用户中广泛流传。

6. 视频广告（见图7-8）

视频广告是以流媒体技术实现在线影音播放的广告。它将电视与互联网两者的优势集于一身，是继旗帜、弹窗等第一代广告形式之后的第二代网络广告。随着越来越多的人们选择到网上自由地观看视频节目，与"YouTube"类似的综合性视频网站快速崛起，促使在线视频广告收入也迅速增长。2010年中国的视频广告收入为29.1亿元，连续几年增长率超过100%，但其规模仍只占我国网络广告总规模的3%左右，所以未来会有巨大的发展空间。

与电视广告、旗帜广告相比，网络视频广告的创意空间大、表现力强、用户关注度高（见图7-10）、黏性高、传播快，因此能带给企业极佳的营销机会。制作精良、有趣味的视频往往会成为企业口碑营销的载体。

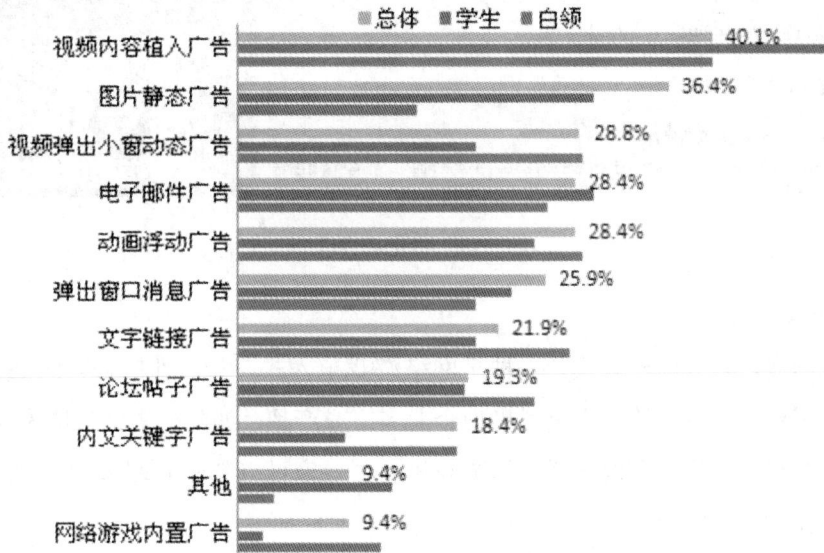

图7-10 互联网用户关注、浏览最多的广告形式

资料来源：DCCI 2011中国互联网调查 DCCI互联网数据中心

视频广告的发布平台主要是综合性视频网站、门户网站与网络电视台。视频广告的形式多样，除了传统的 web 广告以外，综合性视频网站上有大批创新模式：赞助式广告、冠名广告、影片前（后）贴片广告、视频缓冲（暂停）广告、背景广告、种子视频、用户生成广告（Users Generated Ad，UGA）等，都得到了广泛应用。

（二）依照广告与页面的关联关系分类

1. 弹出式

弹出式广告是指在用户打开或关闭一个页面后，自动弹出一个活动浏览器窗口显示广告（如图 7-11 右下角窗口所示）。也有插播形式，即在用户要在当前访问页面和将要访问页面之间切换时显示广告，保证用户有足够时间浏览广告信息，然后再激活将要访问的页面，读书网站或者游戏网站的广告经常采用这种方式。

弹出式广告具有强迫性，对浏览者造成较大干扰。为降低受众的反感情绪，设计上可以缩小广告尺寸，或选择在浏览者屏幕空闲时（如下载等待中）出现，或者增强广告内容的互动性。

图 7-11　弹出式广告

2. 嵌入式

常说的嵌入式有两种方式，一种是网络游戏植入式广告，即广告与游戏故事结合起来，在适当情节中的适当位置出现企业名字或产品，如同电影中的植入式广告。例如 20 世纪 80 年代，在世嘉公司的游戏机上，玩家可以驾驶着印有"万宝路"品牌的赛车在赛道上驰骋。

另外一种是网页嵌入式，即当读者浏览网页时，把鼠标移到特定图片或关键字上时，屏幕上会自动显现一个广告或内容索引窗口。如图 7-12 所示，当浏览者的鼠标指向图片人物的着装时，就会显现该款衣服的广告窗口。又如在一篇介绍健康知识的文章中，当读者把鼠标放在治疗、健康、咳嗽等词上时，就会出现某个药品广告。网页嵌入式广告以关键词为广告的表现形式，是传统的搜索引擎关键字广告的一种变形，其优点在于对浏览者的干扰度很低，可以为博客和论坛提供一种新形式的广告解决方案。

图7-12 网页嵌入式广告

（三）依照广告投放平台的不同分类

1. web 广告

上述各种格式的广告，大多数是发布在网络上的。在网络中，是消费者来寻找广告主的广告网页，而不是广告主寻找消费者。

2. 电子邮件广告

企业搜集用户的 E-mail 地址，利用邮件服务器定期向用户邮箱发送广告信息，内容可以是文本、图片、动画或者一个链接特定页面的地址。电子邮件广告操作简单、针对性强、费用低廉，可以做到"一对一"营销，适当的邮件广告有助于提高季节性的购买率；其缺点是容易产生大量垃圾邮件，招致用户厌烦，而且极易传播电脑病毒，影响企业形象。

3. BBS（电子公告牌）广告与新闻组广告

BBS，俗称论坛，与新闻组在技术上完全不同，但功能相似，都是以文本为主的网上讨论组织，人们可就某一话题跟帖发表意见，自由交流，也可上传图片和视频。但新闻组不具备 BBS 的即时聊天功能，所以在我国使用不多。但在国外，新闻组账号与上网账号、电子邮箱账号并称三大账号，可见其使用的广泛程度。

论坛与新闻组的商业气息并不浓厚，但因话题开放、人气高涨，其所蕴含的商业价值不容忽视。论坛广告的优势有：（1）宣传效果长久，只要不删帖，信息就能永久保留，而网络平台上的广告是有发布期限的，过期就要更换；（2）费用低，尤其是非商业性质的社区论坛，如果不是外包而是企业自己发帖，那费用就是零。

不过，一般论坛是禁止发布商业广告的，所以企业在论坛上宣传产品的帖子多是一种"软文"，即从文字表面看不出对产品的明显宣传，但是通过概念的提炼，将产品关键字巧妙地放到文章中去，同时，文章主题与日常生活非常贴近，容易引起网民的兴趣和话题讨论。

4. 手机广告（移动广告）

随着手机的普及、多媒体软件的开发和移动网络技术的日趋成熟，手机正在成为一个规模巨大的信息传播平台，被称为"第五媒体"。2010年中国手机用户达8.59亿，手机上网用户也有3亿多。手机广告市随之迅速发展，年增长率连续几年超过100%。

与其他广告媒体相比，手机广告具有与生俱来的优势：成本低、可随时随地发布和传播、私密性好、定向更准确等。其最大特点是能够"一对一"地直达受众，而且几乎是100%的阅读率，这是其他广告形式所不具备的，这使信息传播由大众—分众—针对性传播，最终升级为个性化传播。一部手机终端几乎可代表一个消费者，因此，通过身份甄别，企业可以进行广告定向投放。手机广告的形式多样，WAP网站、电子邮件、短信（文本）、彩信（图片或动画）、彩铃（音频）、视频、桌布与屏保、游戏、软件等无一例外地都可成为手机广告的载体。

除了以上的投放平台，广告主还可以在企业黄页、专门机构制作的企业名录等上面建立广告链接。

（四）定向直投广告

受网络广告传统投放模式载体所限，信息受众必须进入某一特定网站或网页，才能看到广告。随着精细营销的普及，除了传统投放模式外，一种更高级的投放模式即定向直投广告越来越受到广告主的重视。

定向直投广告，是由互联网智能技术系统通过跟踪分析在线用户的网络行为，甄选出与系统匹配的目标用户，针对其潜在需求，自动将相关广告直接推送到用户终端的投放模式。所谓定向，就是不广泛撒网或盲目投放，而是有针对性地将信息投放给有这方面潜在需求的人，无关的人则不会收到此类广告。所谓直投，就是直达用户，中间没有任何其他媒介，整个网络就是载体。

定向广告可以做到更精准的投放，有效地减少将广告发到非目标群体，避免引起用户的反感。其原理在于，由于每个用户在一段时期内会表现出相对稳定的互联网行为，如经常光顾特定的网站、浏览内容相似的网页等，这样，通过对其搜索、点击、浏览等一系列行为进行定位、跟踪、采集样本和分析，就可以了解用户最近想买什么、喜欢的品牌、价格区间等，从而找到准确的潜在客户。

例如，如果某位网友喜欢户外运动，经常浏览驴友网站、了解登山或高尔夫信息，那么定向公司就在他经常浏览的网页上向他显示户外运动产品的广告，而不是婴儿奶粉等。又如，一个适合在高原地区行驶的 SUV 汽车的广告，只有在青藏地区一定海拔以上的人打开网页时才能看到浮出的汽车广告，别的地区是看不到的。

定向广告可以做到时空定向（时间和地域）、兴趣定向和心理定向，这都是通过记录数据不断优化和整理出来的，比较契合用户心理，所以用户认可度和接受度比较高，点击率为 5%～20%，远高于普通投放的点击率，因此精准定向广告市场发展得很快。

网络广告的种类还有很多。由于广告数量繁多、销售渠道不断转换、网民对互动性和产品体验的要求不断增强等因素，企业不再仅仅满足于单一形式的广告投放，广告载体会继续呈多元化发展。桌面软件、下载工具、即时通信、影音播放器、网络游戏等都是很好的广告载体；社区广告、富媒体与视频广告、无线移动广告等将会占据越来越重要的位置。

三、网络广告的主要定价模式

广告一直是网站最重要的收入来源，尤其是对于长期实行产品免费策略的网络营销企业。网络广告定价计费的常见方式有以下几种。

（1）千人印象成本（cost per mile，CPM）：广告每显示（印象）1 000 次的成本。

即按浏览人次来收费，是最常用的收费模式，也是与传统媒体最接近的方式。具体费用要根据页面的热门程度（浏览人数）划分价格等级，采取固定费率。

（2）千次点击成本（cost per thousand click – through，CPC）：广告每被点击 1 000 次的成本。

点击流量能真实反映广告效果，因此按点击次数收费的模式更受广告主欢迎，它在一定程度上平衡了广告主和广告网站之间的利益和风险，成为中小 B2C 网站推广的主要方式之一。Google 广告联盟（Google Adsense）的定价也是采用这种方式。

（3）每次行动成本（cost per action，CPA）：按照访问者所采取的反馈行动收费。

即按广告投放的反馈效果计费，不限投放数量。用户反馈行动包括点击一次广告或链接地址、一次会员注册、一次有效答卷、形成一个订单等。

（4）每次销售成本（cost per sale，CPS）：按照每次订单/交易的销售额提成广告费。

从广告网站转来的用户与广告主（企业）每达成一笔交易，广告主便按一定比例与广告网站进行分成，若交易不成，广告主不支付任何费用。该模式在早期由美国亚马逊运用得最为成功。我国"凡客诚品"的计费也采用这种模式，每销售一单商品，凡客诚品付给联盟会员15%~18%的提成（见图7-13）。按照艾瑞咨询集团2010年《中国网络团购市场研究报告》所述，团购网站与卖家之间的结算，本质上也属于CPS方式。CPA与CPS模式对于广告网站来说有一定的风险，但如果广告效果成功，收益会比CPM高得多，有的分成比例可达到20%~30%。

图7-13 CPS联盟示例

（5）包月：每日/月/季度等，以固定金额收费。

这种形式不计访问量大小，不计效果好坏，对网站和广告主都不公平，无法保障广告主的利益。但在我国，由于历史发展原因，网络广告收费模式一度比较混乱，所以至今很多网站仍延用包月制。

CPM与CPC是国际上通用的方法。CPA、CPS等基于用户反馈行为的计价方式，未来会得到更广泛的应用，因为尽管互联网号称信息透明，但广告网站作为信息渠道商，在很大程度上还是控制着消费者究竟能看到什么、到达哪里，因此，能成功引导消费者转到企业网站交易，在整个销售环节中体现出了增值意义，广告网站自然要收取较高的中介费用。从这点上理解，线上和线下并没有实质区别。

四、网络广告的发布

（一）选择合适的投放平台，追求广告投放的精准性

企业可在自己的官方网站上发布广告，也可在上面提到的各种投放平台上发布信息。选择效果最好、最合适的平台，追求广告投放的精准性，这是网络营销发展的主流趋势，为此企业应做到：（1）重视广告投放之前的网站评估（包括网站形象和服务水平）及投放之后的广告效果评估；（2）选择权威、专业的第三方评测机构，以保证网站统计数据的真实性，避免广告点击欺诈。第三方网络广告评测机构的健康发展情况是衡量网络广告市场成熟程度的重要标志。

企业可依靠一般的广告代理，还可以加入一些广告发布组织，获得优惠资源，以较低的成本扩大投放范围。

1. 广告互换

指企业加入广告交换网后，与其他成员网站在双方自愿的基础上，通过交换文字广告或旗帜广告投放，相互链接，以达到扩大宣传的效果。广告互换是免费的，因此对创业之初缺乏资金的小企业很有利，既可帮助其省去广告费，又能扩大信息传播范围。

广告互换涉及到双方网站的利益，是一个互相选择的问题。企业在选择广告交换网时，要考虑的主要因素有：网站影响力、稳定性、广告交换比例等。具体所选择的交换网站一般是访问量相近、与自己的行业相关但业务又不冲突的，如经营女装的网站可以与另一家化妆品网站互换，经营体育用品的网站可以与销售野营用品的网站互换等。

2. 网络广告联盟

又称联盟营销、联署（属）营销、关联营销等，是指中小网络媒体资源（即会员）集合起来组成联盟，通过联盟平台帮助广告主进行广告投放，监测统计广告投放效果，广告主则按广告效果支付广告费的一种组织形式。

传统的广告投放一般是选择大型网站，合作周期长、费用高，通常只适合资金充足的品牌广告主。随着网络服务（社区、招聘、交友等）行业的繁荣，中国的网站和网页规模大幅度增长，几百万个专业性、行业性、特色类的中小网站的存在，

使互联网流量日益分散，这些流量集合起来会大大超过门户网站。因此，广告市场长尾化趋势日益明显，这种趋势带来了媒体购买方式的改变：粗放投放逐步被精准营销所代替，效果类营销的地位不断上升。伴随定向技术的成熟，大量中小广告主的广告投放比重开始向长尾媒体倾斜。此时，中小企业组成的"广告联盟"便应运而生并快速发展。

广告联盟的主要优势有：投放效率高，传播范围广泛；投放效果好，精准性更突出；广告形式灵活，管理成本低；性价比高，节约大量广告费。

根据广告主与联盟平台的关系，广告联盟可以分为以下几种。

（1）自建型联盟，即以推广自己的产品为主，如卓越联盟、当当联盟、凡客诚品联盟等。此类联盟建立的目的就是扩大市场占有率和提高销售额。

（2）第三方联盟，没有自身产品，以推广别人的产品和品牌为主。此类联盟处于中间商的位置，为广告主和联盟会员提供广告服务，收取佣金。

（3）综合型联盟，既推广自己的产品，也推广其他广告主的产品；或者自己有联盟，也在其他联盟里面推广。

国内广告联盟的定价方式也体现出灵活的特点，CPC模式的搜索联盟已发展为联盟最大，而CPS联盟正体现出强劲的增长势头，发展速度很快。

衡量一个联盟是否成熟和稳定的重要标准是信誉和数据。广告主在挑选联盟时，要选择业内口碑好、信息透明、运作规范、服务好的广告联盟。

（二）确定广告预算

网络广告作为企业的营销活动，必须纳入企业整体商业活动之中进行成本与收益核算。与传统广告预算方法一样，网络广告的预算方法也分为销售百分比法、利润百分比法、竞争对抗法、目标任务法、量入为出法等。这些方法各有优势，企业应根据目标市场、促销目标以及所选择的广告平台的情况来确定。

（三）广告效果评估

对网络广告效果的评估，包括几个方面的指标：投放效果指标（网站统计数据）、广告边际效益、广告贡献指标、市场占有率和销量、社会效应等。广告费用的投入产出比要合理，企业要让每天的广告投入都得到应有的销售量回报。评估效果后，企业应及时对广告策略、广告内容、形式、投放场所等做出调整，努力让投入产出比最大化。

第三节 网络营销站点推广

企业的网站是企业面对公众的门户。站点推广，是指企业利用各种营销手段对网站进行宣传，吸引用户访问，以达到提高企业知名度、宣传产品的效果。

一、站点推广的目的

网络营销不仅仅是指建一个网站"把产品搬上网"，建立网站只是营销的一个基础或说前提条件。网站存在的根本目的是用户访问——首先吸引有价值的潜在用户的点击，然后才能谈之后的一切，无人问津的"死网站"对企业营销没有任何意义。

一个网站的价值，最直接的是取决于它的流量和会员数量。因此，站点推广是以提高网站流量、获得更多的潜在客户、增加企业收益为最终目的的。对站点推广效果的评定，主要看以下四个方面：（1）网站访问量增加；（2）用户注册数量增加；（3）促进在线销售的增长；（4）促进线下销售量的增长。

二、线上推广的主要方式

站点推广工作是一项系统工程，推广的方法有很多，如图7-14所示。

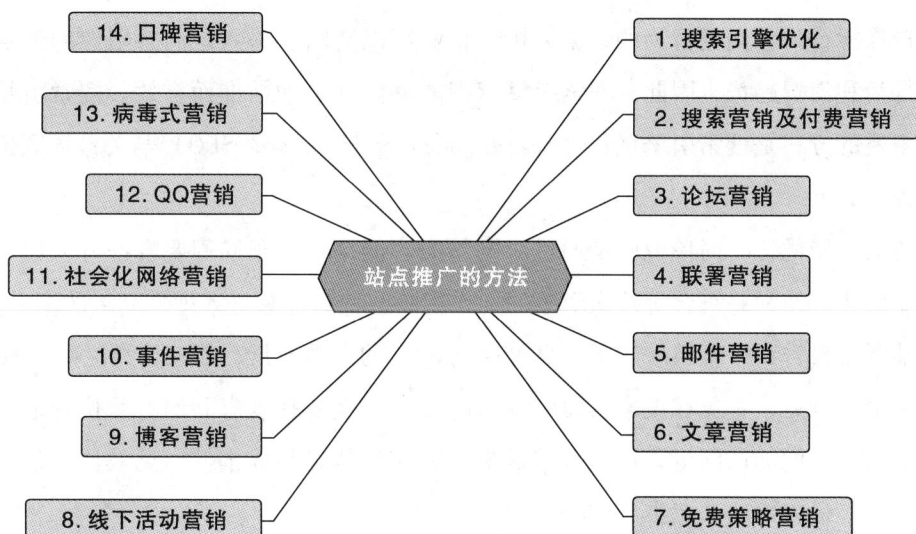

图7-14 站点推广的方法

具体到线上推广，企业的常用方法有以下几种。

（一）免费友情链接

又称友链、交换链接等，指不同的网站之间互相加上对方名称的链接（文字或 Logo 图片），以共享用户。交换链接与广告互换的区别在于，交换的只是网站名称，并且是自行寻找相关网站，而不是加入专业的交换网。与大型网站、知名网站、行业网站做友情链接，可以带来更多的关注和点击数。

友情链接的原则，第一是质量，宁缺毋滥，最好是选择与自己行业相关、关注度高、导出链接非常少的网站。跟自己行业没有关系、链接质量不高、导出链接多的网站，宁可不要。第二是数量，在链接质量有保证的前提下，数量越多越好。

寻找友链的方法，可以是直接找同行或与自己行业相关的网站；到一些与自己行业相关且人气较高的论坛去发帖，寻求合作；通过一些友情链接自助平台寻找；找自己的友链的友链等。这些方法的成功率都比较高。

（二）搜索引擎营销

由于信息资源无限性与人们时间资源稀缺性之间的矛盾日益凸显，搜索引擎成为公众快速获取信息的最主要途径，其最为核心的功能是在信息和受众之间搭建一座沟通的桥梁，因此，搜索引擎能够迅速聚合海量用户，这种高度聚合为企业营销奠定了深厚的用户基础。由于搜索引擎精确地锁定了用户并聚集他们的需求，通过对用户检索行为和浏览行为的数据分析，企业可以清晰、深入地洞察用户的消费心理、行为和消费趋势，因此，搜索引擎营销能够做到更加精准而有效。搜索引擎营销中主要的方式是搜索引擎优化（Search engine optimization，SEO）与关键词竞价排名广告。

搜索引擎优化，简单说就是通过对网站内容、结构、布局等要素进行合理设计与专业优化，使网站符合等搜索引擎的运作规则，使其能够进入搜索结果的第一页。根据某调查报告，搜索结果的第一页可拦截 68% 的点击流量，前三页共拦截 92% 的点击流量。可见，企业在搜索页面的排名越靠前，就处在越有利的竞争位置上，能够在短时间内增加访问量，提升宣传效果。SEO 的特点是成本低、见效快，是目前效果最好、最成熟的站点推广方法。

选取关键词是做好 SEO 的核心问题。有不少分析工具可帮助企业了解用户搜索时所用的关键字组合及使用频率。SEO 并不是针对单一的网页内容来优化，而是要规划好网站的整体架构，这种优化应该做到：选择转化率相对较高的长尾词进行优化；网站结构简单、清晰，有良好的客户体验；内容翔实、重点突出；页面简练大方，避免过多的动画，避免花哨繁复。同时，企业要做好网站服务体系，形成网络品牌，再与 SEO 相结合，才会取得良好而稳定的推广效果。

对于竞价排名广告，企业应了解不同搜索引擎网站的具体运作方式，选取合适的推广平台。有的搜索引擎网站只是按照付费高低排名，这使很多广告可能与用户搜索的内容关系不大、转化率低，也易引发人工干涉过多、有违职业道德等问题。而像一些搜索引擎，其右侧关键字排名不是只由单纯付费决定的，而是由广告质量和付费同时决定的，从而更加公平、科学，其广告系统可以自动改进用户搜索内容与广告的匹配程度，保证广告与网页内容有更大的相关性，这样广告的针对性更强，点击率会更高。

（三）电子邮件营销

电子邮件营销是在用户事先许可的前提下，通过电子邮件向目标用户传递有价值信息的一种方式。定期发送邮件本身就是让用户建立对企业的信任感和品牌意识的过程，一旦邮件用户与企业建立了友好关系，将会给企业带来持续的口碑推广和互动流量。企业应切忌滥发邮件，滥发邮件会使链接站点被网络服务提供商（Internet Service Proucler，ISP）禁止，从而减少站点的访问量。

邮件用户需要长期累积，企业可以从自己网站的注册会员资料中收集用户邮箱地址，也可利用第三方资源收集；可以通过促销信息的发布、电子优惠券的发放、电子书的免费发放等方式，吸引用户订阅邮件。为了避免让营销邮件泛滥而无效果，邮件本身应当达到三方面的要求：满足用户需要、满足企业产品销售要求以及满足邮件服务商的过滤要求。

要满足用户需要，企业首先应设计好邮件的标题和内容。标题应体现品牌或者产品信息内容的精华，确保用户看到后的第一印象不是骗子或垃圾信息，以便吸引用户进行内容阅读。邮件内容应体现出价值、主题集中，可以是用户希望了解的行业资讯、产品知识、折扣信息、站点链接等，并要在页面显眼处加上退订出口，以免用户将邮件标记成垃圾邮件。

邮件的发件人名称应当是固定的，以便让用户尽快熟悉企业，而且如果用户认为企业以前所发的邮件有价值，那么他不必看主题，只看发件人，就可能会点击。

邮件服务商对营销邮件的长短、发送数量、标题关键词、内容重复性等方面可能会有过滤规则。针对这种情况，企业可以找邮件服务商直接进行合作，或者通过第三方邮件服务商来发布信息。

（四）网络社区营销

网络社区包括即时通信（Instant messaging，IM）在线聊天、BBS、新闻组、博客、播客、微博以及包括贴吧、Facebook等诸多形式的社会性网络服务（Social net-working service，SNS）平台，它们拥有广泛的用户和巨大的流量。2010年Experian Hitwise统计数据显示，Facebook在英、美均已超过了Google，成为全球访问流量最大的网站。在中国，微博用户仅用了一年多时间就突破了1亿；BBS和微博在2010年成为仅次于新闻报道的网络舆情源头。互联网放大了个人影响力，而网络社区是最适合释放个人能量的载体。随着移动互联网技术的发展，网上社区扩展至移动终端，"社交+本地化+移动"，即"SOLOMO"（Social、Local和Mobile）成为互联网的发展方向，因此，社区营销的重要性也日益凸显。

由于网上社区的用户群体具有明显的共性，社区营销可以强化客户黏性，快速增加信息受众，带动广告量和后续商机的产生。国外广告业巨头WPP旗下研究公司TNS的调查显示，欧美用户倾向于使用电子邮件和个人电脑，而中国用户更多地使用社交媒体和手机，更容易接受社区上广告主所传达的信息。

1. 社区营销的常用方法

（1）在企业网名的头像、皮肤、签名里，加上企业的网站地址、重要信息或相关产品和服务的链接。

（2）在社区发布产品信息，或者介绍专业知识。

（3）撰写软文，例如一些网站上对于行业动态、产品流行趋势、社会事件的新闻报道等，有的其实就是企业的宣传软文。软文营销应注意提升宣传的可信度与客观公正，不要弄巧成拙。好的软文可以让用户在不知不觉中接受企业传播的信息，提高企业的知名度和美誉度，起到硬性广告达不到的效果。

（4）活动专题营销，即围绕一个主题或话题让网友共同讨论，比如企业可以征集博客用户撰写购买和使用产品的体验文章，并给予作者适当奖励。

2. 网络社区营销应把握的原则

（1）企业要掌握不同社交平台的独特性及其恰当的营销方法，遵守社区规则，专注于"先有社群，后助营销"。因为大众去社交场所的首要目的是寻找和建立人际关系，而不是购物，所以网络社区营销的首要目的也应是与用户建立扎实的信任关系、注意倾听用户的话题、了解他们的喜好、增加用户认可度，而不应表现得过度功利，生硬的宣传只会引起浏览者的反感。

（2）质量重于数量，企业要专注于创造有质量的链接、制作有价值的内容、吸引有质量的"粉丝"——经常来访的、愿意阅读信息并与他人分享的网友。

（3）重视企业的品牌形象，保持一定程度的专业性，不要为了创造轻松而过于随意。

（4）增强互动性，及时答复用户提问，坦诚对待用户的批评意见，积极帮助用户解决问题以建立信任感和权威度；组织一些互动、交流活动，例如当"凡客体"流行起来后，凡客诚品的官方微博发起了向转发 PS 作品的网友赠送代言人的文学杂志的活动，对凡客体的走红起到了推动作用。

（5）提高出现频率，网络社区营销贵在坚持，避免一曝十寒。

（五）口碑营销

又称"病毒式营销"，是指用户自发地通过亲友间的相互交流，以电子邮件、发帖、转贴等方式将企业品牌或者产品信息广泛传播开来。口碑营销具有可信度高、自发性、主动性、信息传播的爆发力强等特点。根据咨询公司 CIC 的调查，有56.3%的消费者是通过网络口碑认识某一品牌，58.7%的消费者是基于网络口碑作出购买决定，47%的消费者会在购物之后上网分享产品使用经验。可见，消费者的舆论对营销结果具有非常大的影响力。

进行口碑营销的企业，应为用户提供良好的产品和服务体验，然后鼓励已经有过良好体验的"种子用户"发表评论，利用便捷的网络通信工具形成滚动传播，扩大影响力，同时避免垃圾邮件一类的垃圾流量，争取让口碑为提高销量服务。

"种子用户"一般有两类，一类是企业所邀请的意见领袖，即人群中 1% ~ 2% 的高端或专业人士，他们的观点能够影响周围潜在用户的消费倾向。

另一类是草根阶层的意见。随着网络社区与手机等移动平台的完全打通，信息在人群中的流动更加畅通无阻，全民皆是创作者。这使得网络营销环境发生了很大改变：草根阶层发言活跃，使原本微弱的个人意见在网上汇成了强大的力量。例如对于母婴类产品，以前人们特别相信医生等专业人士的推荐，而现在，很多人将医生视同商场里的促销员，大家更愿意相信妈妈社群里的消费体验。并且，社区里的集体认知一旦形成，将很难被打破。所以，口碑营销也是把双刃剑，一旦负面消息得不到控制，同样会迅速给企业带来负面影响，甚至令企业面临灭顶之灾。

（六）联盟营销

在上一节所讲到的联盟营销，除了有利于发布广告外，对企业站点的推广作用也非常大。联盟平台相当于为企业免费招募了成千上万的营销推广人员，从联盟会员引入到企业站点的众多用户即便与企业达不成交易，也会或多或少地浏览企业网站的内容，从而贡献了大量有价值的流量。而以效果计费的方式保证了企业在高效率的推广下仍能保持较低的成本投入。

网络营销的不同方法都有各自的长处和短处，企业应以用户需求为中心，根据自身具体情况，如公司战略、业务发展方向、营销目的、费用预算等，选择恰当的方法，才能做到有的放矢。

三、线下传统渠道的推广方式

目前电视仍是大众接触最多的信息媒体，其他包括报刊、广播、路牌等在内的传统媒介在社会生活中也占据着重要地位。因此，网络营销企业要进行站点推广，离不开线下渠道。有资金实力的企业可以购买传统媒体发布信息，而资金有限的中小网站可以在目标客户集中的商务写字楼、小区或学校以派发制作质量较好的广告彩页的方法宣传网站，由于其针对性强，效果也会比较明显。

企业的网站推广，还应融入到企业的整体宣传策略与大量的日常工作中：在广告、展览会、新闻发布会、文娱和公益活动等一切企业活动中的突出位置标示企业网址，并做适当介绍；在企业的办公用品（如信笺、名片、手提袋等）、旗帜或招牌、交通工具、员工服装、企业建筑造型、产品的包装袋和说明书、企业印刷品、礼品等上印制企业网址。全面利用这些宣传手段，实际上要求企业在进行企业识别系统（Corporate identity，CI）设计时，就要将网站作为基本要素考虑进去。

对于任何一家企业，广告宣传、站点推广的一切手段和方法，就是为了"让企业的用户和潜在用户都知道"，而所有这些都必须围绕产品和服务进行，企业只有不断完善产品和服务，所有的宣传手段才会事半功倍。

第四节　网络营销销售促进策略

销售促进，又称营销推广、促销（促销的狭义概念）。在营销理论中，迄今为止，销售促进并没有一个统一的定义。总体上讲，销售促进是指企业向客户提供一种额外的价值激励，以刺激客户即刻大量购买某一产品或服务的措施，也就是企业在短期内对消费者进行奖励购买，从而刺激消费需求的增长。

网上的销售促进策略，不仅能够提高企业的线上销售，同样能够促进线下销售量的增长。

一、网上销售促进的优缺点

1. 网上销售促进的优点

（1）增强产品的吸引力，激发需求快。如果说广告提供了购买的理由，那么销售促进则提供了购买的刺激。当消费者在众多同类产品中选择而尚未作出购买决策时，企业及时的销售促进措施有助于提升用户的好感，促使用户快速反应，产生购买行为，取得立竿见影的效果。

对于刚投放市场、用户还不熟悉的新产品，企业所给予的额外价值奖励可以激发用户对新产品的关注和兴趣，在短期内提高重复购买的频率，有效地加快新产品进入市场的过程。对于清仓或过季产品，企业的优惠措施可以提高消费者的购买意愿，加速企业的资金回收。

（2）有效地抵御竞争者。由于网络市场具有低价位化的特点，当网上的竞争者发起促销活动时，企业如果不及时采取相应措施，就可能大面积地损失市场份额。因此，销售促进在短期内是稳定用户规模、抵御竞争者侵蚀的有效手段。

2. 网上销售促进的不足

（1）时效短，对单一产品难以实现长期的销售增长。因此，销售促进通常用于完成短期内的业绩目标；或者虽然作为常规策略使用，但仅用于数量或种类非常有限的商品。例如，有的网站长期以很低的折扣价格专门销售国外名牌的断码或清仓产品，其必须依赖于快速、大量并定期地更换品牌和品种，才能维持住对消费者的吸引。

（2）频繁使用或过分渲染，容易使消费者对产品质量或价格的真实性产生怀疑，有损于企业和品牌形象；或者令消费者对网络产品价格的认知形成思维定势，限制了企业调整价格的可能性，有损于企业经济利益。

二、网上销售促进的主要方式

1. 免费促销

从互联网在国内外的发展历史可以看到，企业为促进公众学习新技术、培育市场，让网上顾客进行免费产品体验和免费使用是最有效的营销手段，可以快速吸引大量用户并抢占市场份额，这是很多互联网巨头成功的原因之一。

企业为用户提供产品体验服务和试用，已日渐成为企业打开市场的重要手段。体验式营销抓住了用户担心产品品质是否有保障的心理，在尚无品牌影响力的情况下，能快速消除用户疑虑，达到以品质决胜的目标。

但是这种免费体验和使用并非真的免费，其目的或是作为开辟市场的短期性方法，或是一种为后续收费的其他产品或增值服务吸引流量、奠定用户基础的策略性手段。因此，企业应当根据自身条件，对免费促销设定合适的目标。

2. 折扣促销与折价券（优惠券）

折价是最常见的一种网络促销方式。企业可以在特定的时间（如节假日、季节、有效期内等），对于特定的购买数量、购买方式等，制定不同的折扣标准。

折价券是折扣的一种变形，用户持券购物可以免付一定的金额。折价券可以通过网络广告发送给用户，如各种电子优惠券；也可以是实物的，与用户所网购的商品一起邮寄给用户，以吸引用户再一次访问和购买。

3. 捆绑促销

捆绑定销即以单一的价格将不同的产品组合在一起出售。这可以由一家企业对自己旗下的不同产品种类进行组合，也可以由两家企业联合起来将各自的产品组合起来销售。如果运用得当，可以有效地提升销量，并且使企业获得规模报酬。

4. 抽奖促销

用户购买一定的产品或配合企业完成一定的互动活动（如网络调查、发表评论等）后，可抽取奖品或奖金。企业可按照不同比例的获奖人数，分别给予不同等级的奖品，以提高消费者的参与兴趣。

5. 积分促销

用户购货累计到一定数量或金额后，企业按一定比率给予折扣或赠品，以此促使用户提高重复购买率。积分促销有助于留住客户，相当于把用户变成了企业的会员，提高了客户黏性。例如，银行业常用此方式促进信用卡用户的刷卡消费，而游戏网站也以此鼓励玩家回访并增加在线时间。

6. 现金返利促销

又称现金返回，指用户购买一定的产品后，企业将一定金额的现金再返还给用户（见图7-15）。

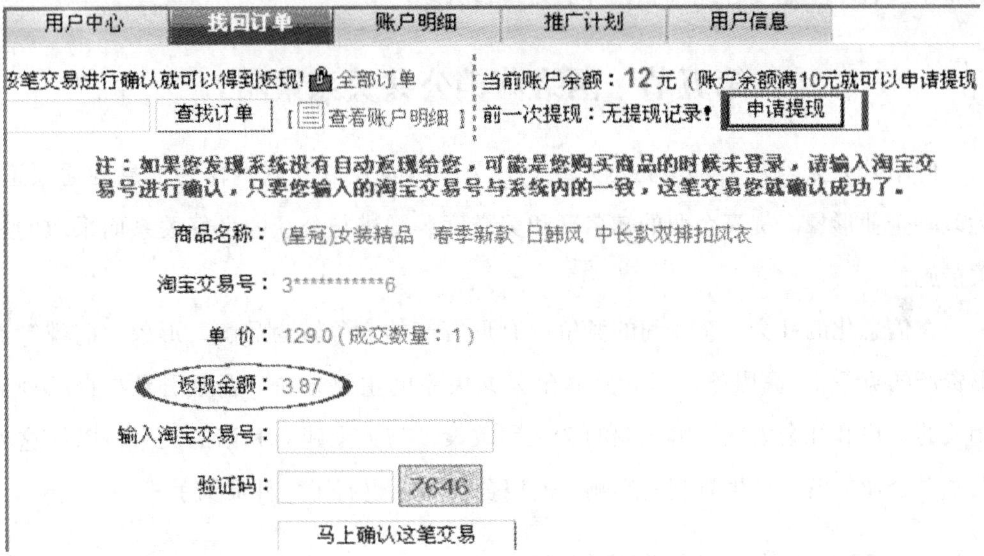

图7-15　现金返利促销

7. 赠品促销

向消费者赠送样品或礼品。赠送样品是介绍新产品的有效方法。礼品赠送重在趣味性或实用价值，而礼品本身的价值不必很高。选择赠品时应注意不要选择次品和劣质品，否则只会适得其反。

三、实行销售促进的注意事项

在上述方法中，免费促销、折扣促销、捆绑销售等的具体应用在第六章有详细说明。销售促进还有其他一些方法，无论运用哪种方法，企业都应当注意以下几点。

（1）选择恰当的方式。企业应当结合所售产品的性质、特点以及消费者的接受习惯等因素，选择合适的方式，以保证起到预期效果。

（2）确定合理的时机和期限。企业应把握好实行销售促进的时机和时间长短，时间过长或过短都不利于取得最佳的促销效果，一般应以消费者的平均购买周期或淡旺季间隔作为依据来确定时间。

（3）企业所提供的奖励措施或者物质奖品既要能吸引目标用户的兴趣，有利于促进销售，又要在企业能接受的成本范围内，以做好投入产出比的计划。

（4）切忌弄虚作假。在买卖双方不能见面的网络市场上，销售促进的对象主要是企业的潜在用户，商家的信誉本身就是重要的竞争优势，因此，企业在销售促进的整个过程中一定要杜绝徇私舞弊的短视行为。

第五节　网络营销公共关系策略

网络公共关系，又称线上公关或 e 公关，指企业以互联网作为信息沟通渠道，为改善企业形象、提高企业的知名度和美誉度、增进与公众的良好关系而采取的相关措施。

在信息化的社会，企业间的竞争由有形资产的竞争转为品牌、形象、商誉等无形资产的竞争，"高服务、高关系"是公共关系的主要方向。企业引导与自己利益相关的客户和社会大众了解企业的文化和政策，与大众建立和谐的关系，以使这种关系对企业的营销产生有利的影响，所以公共关系也属于一种促销手段。

一、网络公关的优势和挑战

（一）网络公关的优势

网络公关与传统公关相比，两者在目标和功能上都是相同的；而其独特优势也正源于互联网所具有的优势，具体表现为以下几个方面。

（1）超越时空，网络公关将个人传播（如电子邮件）、分众传播（如论坛）和大众传播（互联网）整合于一体，不再受传统公关媒体在时间和地域上的限制。

（2）即时性，网络公关有条件作出灵敏快速的反应。例如，某媒体刊发对 A 公司不利的报道，称 A 公司的产品含有致癌物二噁烷。A 公司在事发后第一时间启动危机公关，当天下午即在官方微博发表声明，一个小时后又在六分钟内连发 10 篇微博，就二噁烷向公众做出解释说明。到事件获得解决的五天内，A 公司共发布了 29 篇微博，对稳定消费者心理、及时扭转不利局面起到了很大作用。网络公关能做到这样的快速反应，是传统公关所远远不及的。

（3）互动性，公关主体（企业）打破了传统公关媒体的壁垒，在信息发布上掌握了更多的主导权，而公关客体（公众）也成为信息源，不再只是被动地接收信息。这二者都拥有了更大的发言权和主动性，企业可以与公众建立"一对一"互动的新型关系。

（4）成本优势明显，费用远低于广告和传统公关。

（二）互联网时代对网络公关的挑战

1. 网络的虚拟性降低了人们的信任感

在网络社会，一方面，全球化社区通过网络传输技术正在形成；另一方面，整个社会可能变成一个"熟悉的陌生人"社区。技术可以超越空间，促进沟通，但却不能超越情感，不能保证建立信任关系——人际关系的频度增加了，但信任度却降低了，关系长度延长了，但关系效度却减少了。因此，企业要想在网络上树立真实性、可靠性形象的难度加大了。

这就要求企业在现实社会中更要切实建立良好的口碑，并在网络上长期与公众保持真诚、平等的沟通，以便在互联网上逐渐树立公信力，而公信力是企业公关活动能够起到应有效果的最基础的保障。

2. 网络的匿名性可能造成信息片面化

相比于传统媒介，网络发言可以匿名，这既可能为企业提供更真实的信息反馈，也可能使信息受众受到某种错误引导，如网络上的恶意攻击和谣言，或者企业负面事件的不利信息，这些消息传播得非常快，容易使企业出现公关危机。

3. 海量的网络信息给企业的舆论管理工作增加了难度

活跃的网络社区与移动终端的相互连接，使网上信息量放大增长，每个人都可能成为信息源。这给企业公关部门的信息收集和监测工作增加了困难，企业意图控制舆论传播的难度非常高，往往难以了解信息是如何在社群里传播的。就如"凡客体"的突然出现，凡客诚品公司对事件的发生完全不清楚，尽管凡客体可以看做是病毒式营销的成功，但这是可遇而不可求的。

因此，在这种信息环境下，对于企业公关来说，更重要的挑战是如何在网络热点出现后迅速而适当地做出反应。就凡客体事件来说，对 PS 作品发展方向的把握是其成败的关键：如果凡客体朝着良性方向传播，企业品牌就会受益；如果朝着恶性方向发展，甚至伤害他人名誉，则必然会连累企业形象受损。所以，尽管这是一场网友自发的传播行为，但关乎企业的品牌，不可听之任之。凡客体出现一周后，凡客诚品公司内部开会讨论，确定公关部紧密关注事件动态，在微博、论坛等平台上查看网友的作品，统计内容倾向和网友评论倾向；在社区中进行互动活动，引导网友把自己作为 PS 的对象；同时，公关发言人及时向大众媒体澄清企业的正面立场，希望 PS 风潮向着善意和积极的方向发展。这些措施对于凡客体的良性发展起到了一定的作用，有利于企业在公众面前树立一个理性、友善的形象。

二、网络公共关系的主要形式及平台

1. 发布新闻，或举行网上新闻发布会

遇有重要活动或事件时，企业可以在网上发布企业新闻，或者专门举行网上新闻发布会。由于网络信息容量大，有多媒体效果，并可与网民即时互动，新闻发布可以起到更佳的公关效果。

其应用的平台主要有：（1）企业官方网站；（2）知名度高、访问量大、覆盖面广的综合性大门户网站；（3）专业性强、在同行业中有影响力的行业性门户网站；（4）权威性高、受众群稳定的传统媒体（如报纸、电视）的网络版；（5）传播快速的网络出版物（如电子杂志、网络音频或视频节目）等。

2. 社区公关

在专业论坛或社群里，发布企业的宣传信息或者引导公众讨论的主题帖；与社区服务商合作，开办主题论坛或企业专题论坛，借助社区的影响力吸引公众关注；向社区公众提供咨询服务等，加深与目标客户的沟通。

其应用的平台主要有：（1）综合性门户网站的专业论坛或行业门户网站论坛，其优点是人气集中；（2）专业社区网站，其优点是专业性强、受众群稳定；（3）知名度较高的网络媒体论坛。

3. 其他网上公关活动

（1）网上沙龙。企业邀请一些嘉宾参与，就某个热点主题展开深层次和多角度的讨论，网友可以参与、互动，这是一种很好的网络公关形式。

（2）访谈。针对社会或企业的热点事件，对企业的管理层进行访谈，借以提高企业形象。访谈的形式更为正式，可与新闻发布会结合进行。

（3）参与或赞助网上媒体的活动。对于网络媒体组织的一些活动，企业可选择性地参与或者赞助，借以增进公众对企业的了解，推广品牌，或展示企业热衷公益事业的形象。

（4）其他。如网络视频演示、新产品上市的专题报道、招商引资、人才招聘等，多种宣传活动的立体组合能够使企业与公众之间达成更深层次的交流，使公众得到关于企业或产品的更全面的信息。

其应用的平台主要有：人气集中的门户网站或重要的媒体网站等。

4. 企业官方网站

企业通过官方网站向用户提供更全面的专业信息，甚至有关竞争品牌的信息。在这里，用户能得到比预期更多的有价值的专业知识，而不必再登录其他网址查询了。当用户再有该方面信息需求时，就会把该网站当作权威和第一选择。

5. 企业定期向用户发送电子邮件

电子邮件可以增加企业人情味，与公众建立一对一的互动关系。邮件内容不是商业广告，而是与用户的日常工作和生活密切相关的问题，如普及行业知识、生日或节假日问候等。阿里巴巴经常给用户免费发放提高销售业务技巧的电子书，深受用户欢迎，这有利于密切双方的关系，提高客户的黏性和对企业的忠诚度。

三、事件营销

又称活动营销，指企业通过策划、组织和利用名人效应、社会新闻或事件，吸引媒体和消费者的关注，以提高企业知名度、树立良好的品牌形象，从而最终促进销售的营销方法。事件营销集新闻效应、广告效应、客户关系、公共关系于一体，有助于建立企业品牌的识别和定位，快速提升品牌知名度与美誉度，因此它是一种公关与市场推广手段。

简单地说，事件营销是以网络为载体，吸引网民对热点事件的关注，以四两拨千金的方式挖掘出事件背后的商业价值。与广告和其他传播活动相比，事件营销以最快的速度、在最短的时间内创造强大的影响力。好的事件营销无论是在投入方面还是在知名度的提升方面，回报率都超过了广告形式。

网络上的事件营销是否能成功，取决于事件的目的性以及企业对事件的把握程度。在事件过程中，企业需要把握的是人。如果把握得好，则会把网络营销带向一个高潮；如果把握得不好，反而会招致公众厌恶，损害企业声誉；若是参与恶性炒作，更会引发公众的信任危机。2010年中国青年报社会调查中心所做的专题调查显示，只有2.1%的网民相信网络热炒的事件、人物是真实的；最让网民反感的网络炒作方式，排在首位的是"丑闻"，其次是"恶搞"。

企业对网络事件营销的把握和运营应注意以下三个方面。

（1）把握事件的冷热度：让人们感觉这个事件是一波一波的浪潮，能够记得这个事件及其产生的效果。

（2）把握事件的取向：确定事件的走向是良性还是恶性的，以免适得其反。

（3）把握事件的关注点：关注点不要偏离企业需要的宣传方向。

四、网络危机公关

危机公关，是指企业为减轻危机事件对企业形象和品牌所带来的损害，有组织、有计划地实施一系列应对策略和措施，以恢复形象、消除影响。

互联网的兴起改变了传播的话语环境，使精英媒体时代开始转向草根媒体时代。网络传播速度之快、影响力之大，已经成为危机事件的触发器与放大器，使危机的负面影响极易扩散，给企业造成严重损失。因此，网络危机公关就成为网络营销和企业公共关系的一项重要内容。

（一）网络危机公关的处理原则

网络危机公关与传统危机公关的处理原则是一致的，最基本的原则是：说真话，赶快说。其具体做法包括以下几点。

1. 速度第一原则

在危机出现的24小时内，消息会像病毒一样，在网上高速传播，而此时的可靠消息不多，社会上充斥着猜测和谣言。因此，为防止混乱信息的蔓延，企业必须快速反应，通过必要的公关形式向公众说清问题，控制事态升级，而一味躲避媒体、拖延不理，只会错失成功处理危机的最佳时期。上面提到的霸王洗发水事件，霸王公司在事发后半天内便在官方微博发布了十几条信息来澄清问题，对迅速稳定消费者心理、降低市场恐慌起到了很大作用。

2. 承担责任原则

危机事件发生后，公众最关心的问题，一是利益，二是情感。实际上，公众往往在心目中已经有了一杆秤，对企业的态度有了心理上的预期：如果企业敢于承认错误、承担责任，体现出对消费者负责的精神理念，消费者愿意原谅。这种精神理念可以最大限度地减少企业的经济损失、捍卫品牌形象。

因此，企业的态度至关重要。如果企业与事件责任有一定关联，就应坦诚致歉，并站在受害者的立场上表达同情和安慰，解决深层次的心理情感问题，以赢得公众的理解。如果企业与事件确实完全无关，也应该传达对受害者的理解，同时以有力的证据澄清问题。

3. 诚实和诚恳原则

每一次的危机事件都是对企业诚信的检阅，诚实是恢复品牌形象的最有效的办法。用户会原谅企业犯错，但不会原谅说谎，处于舆论焦点中的企业，一举一动本就受到公众的质疑，因此，企业不能有侥幸心理，一切应以消费者的利益为重。企业高层应该积极主动、真诚地向公众说明事实以及解决问题的进展，促使双方互相理解，恢复消费者对企业的信任和信心。

4. 权威证实原则

企业请权威的、业界认可的第三者说话，可以消除消费者的疑虑与不安。霸王公司在洗发水事件中，当天下午即在微博上宣布已将样品送交第三方检验机构检验，两天后获得了第三方检验机构证实产品安全的通报结果，危机形势马上出现了逆转。

5. 系统运行原则

危机管理必须有系统地进行，以免顾此失彼，这包括：企业高层应保持镇定，以减轻企业员工的心理压力；企业内部迅速统一观点，保持清醒认识；组建危机公关小组，行事有效，使公众感受到企业的诚意；集中资源，迅速决策、系统部署和实施；充分与行业协会、同行企业及新闻媒体配合，增强公信力。

诚信、尊重、互惠是网络危机公关的基础理念，一旦遇到危机，企业首先应接受它，然后化解它。由于国内网络公关业存在急功近利的情况，遇到危机后，有的企业采取不公开信息，不向公众答疑，拒绝认错和道歉，一味使用网络技术屏蔽消息、删帖、封堵压制的做法，这种欺骗公众的危机公关，其结果只会事与愿违，引发更大的公关危机，终会造成企业公信力的丧失，并使其失去客户和市场。

（二）预防网络危机的措施

1. 网络舆情的监测和管理

企业应当随时在重要的网站、论坛和新闻媒体上了解自己的信息动态、受关注程度及口碑状况，并建立信息影响评估体系，以便快速处理负面消息，避免负面信息发展成为公关危机。

舆论管理的三个重要方面是：稳定可靠的信息源、有效的信息传播渠道和工具、正确的传播策略。其中，稳定可靠的信息源是企业引导公众意见的基础。遇有重要活动或事件时，企业应设立一个网络新闻发言人，统一由其发言，以避免多头对外，传递给公众混乱的信息。

2. 改善企业管理，强化企业文化和品牌影响力

公关的作用凝成一句话就是："让客户相信你。"要从根本上杜绝同类危机的再次发生，企业就必须对危机中涉及到管理的问题进行改善。同时，在日常经营中，把公关纳入整个发展战略当中，增强企业的"软实力"，形成强大的企业文化和持久的品牌影响力，在消费者心目中树立起鲜明而强大的形象，这就是所谓的"战略公关"。这种鲜明而强大的品牌形象与声誉，可以对消费者的信心形成"保护层"，使企业在危机处理中不会大伤元气，反而有可能进一步提高自身的美誉度。

本章小结

本章介绍了网络营销促销策略的相关理论，深入挖掘了促销环节中的具体问题，明确了促销任务，使学生对各种促销策略在网上的运用有较深入的理解，并掌握基本技巧，从而为实践工作奠定了良好的基础。

思考题

1. 网络促销与传统线下促销相比，其困难是什么？

2. 联系实际谈谈你认为哪些网络广告形式和站点推广方式会在未来得到更广泛的应用？

实践技能训练

1. 以一家同时有线上和线下促销行为的企业为例，比较这两种渠道下的促销组合存在哪些差异？

2. 详细分析你所列举的企业在网络营销上有哪些促销组合及其具体方法？

3. 选择一种产品，设计一套在相关的网络社群中进行社区营销的方案。

4. 如果你是凡客诚品的营销人员，在"凡客体"流行期间，会采取哪些销售促进措施，以便趁热打铁将企业的品牌影响转化为销售量？

5. 举出现实生活中网络营销企业危机公关失败的一个例子，分析其失败的原因，并帮它制定出合适的危机公关措施。

6. 选择一种商品模拟网络促销的完整过程：首先确定目标市场，然后按照促销的基本流程制定相应的促销组合，并写出完整的计划方案。

第八章　网络营销渠道策略

1. 理解传统营销渠道与网络营销渠道的概念和异同点。
2. 熟识网络直接销售和网络间接销售。
3. 熟识网络时代新型中间商。

1. 能够分析建立网络营销渠道需考虑的因素。
2. 能够建立并完善网络营销渠道。

李宁网络营销渠道建设

李宁公司是中国体育用品行业的佼佼者，由于追求流行、时尚的元素，其产品受到很多年轻人的喜爱。李宁产品以运动服装和鞋类为主，每年的新品多达 8 000 多个，非常适合在网上销售，因此李宁公司在开拓市场时，积极实施网络营销策略，利用电子商务的便捷性，开展网上交易。

对于网络营销渠道的选择，李宁公司起初在自己对网络环境还不是很了解的情况下，先充分利用零售商的资源，通过对他们现有的网络店铺进行授权和整合，将其纳入自己的渠道范畴内。然后，李宁公司积极在各大网络商城开设自己的直营店铺。随着我国服装行业网络直销的兴起，网络消费者对服装的个性化需求快速提升，李宁公司于 2008 年 6 月推出了官方商城（见图 8-1），作为自己的网络直销平台。可见，在网络营销渠道模式的选择上，李宁公司开始利用的是网络商城模式，后来是网络直销模式。

为了更好地协调网络营销渠道和传统渠道之间的关系，李宁公司主要做了以下事情。

（1）在销售的商品上进行区分。

李宁公司在线下各专卖店的销售以正价新品为主，而在专门的打折店中以销售库存产品为主。网上商城主要以正价新品的推荐和限量商品为主，包括明星签名的商品，这些商品瞄准的是少数消费者。而淘宝商城的网店则进行一部分库存商品的销售。

（2）网络渠道和传统渠道产品价格一致。

李宁公司把各种网店纳入自己的价格体系中。在 B2C 方面，李宁公司沿用线下渠道与经销商的合作方式，与网上的 B2C 平台签约授权李宁的产品销售；对于 C2C 平台，李宁公司虽没有与之签订正式的授权协议，但通过供货、产品服务以及培训的优惠条件，将其纳入自己的价格体系中。

（3）整顿网络渠道和传统渠道。

为了协调好网络营销渠道和传统渠道之间的关系，李宁公司对很多网店及传统渠道进行了一次整顿，目的是杜绝线下经销商、制造商违规出货。

在网络营销渠道的推广上，李宁公司主要采用的是在一些综合型门户网站上做广告以及搜索引擎营销的方式。总体来看，李宁公司所采取的网络营销渠道战略是成功的，对于服装企业来说具有较高的参考价值。

图8-1　李宁官方商城首页

第一节　网络营销渠道概述

一、营销渠道的概念

营销渠道通常是指商品流通渠道，即商品从生产者那里转移到消费者手里所经的通道，包括产品的销售途径与产品的运输和储存。传统的营销渠道，除了生产者和消费者外，很多情况下还有许多独立的中间商和代理中间商存在，如图8-2所示。

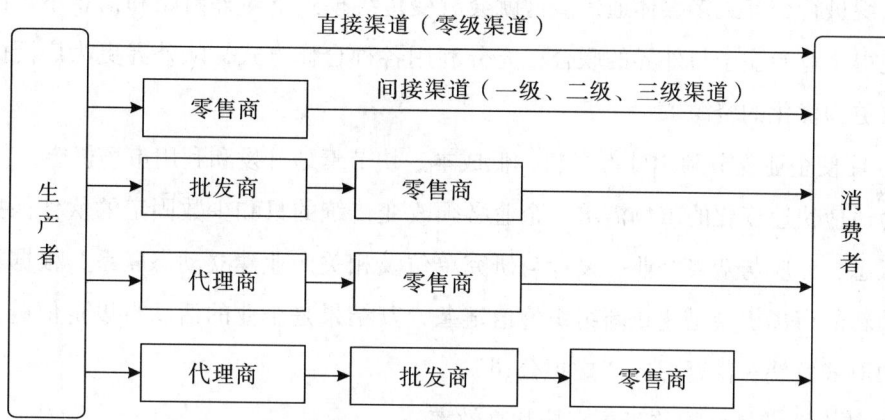

图8-2　传统营销渠道

二、网络营销渠道的概念

网络营销渠道则是借助互联网将产品从生产者转移到消费者的中间环节，它一方面要为消费者提供产品信息，方便消费者进行选择；另一方面，在消费者选择产品后要能完成一手交钱一手交货的交易手续，当然，交钱和交货不一定要同时进行。网络营销渠道也可分为直接分销渠道和间接分销渠道。但与传统的营销渠道相比，网络营销渠道的结构要简单得多，如图8-3所示。

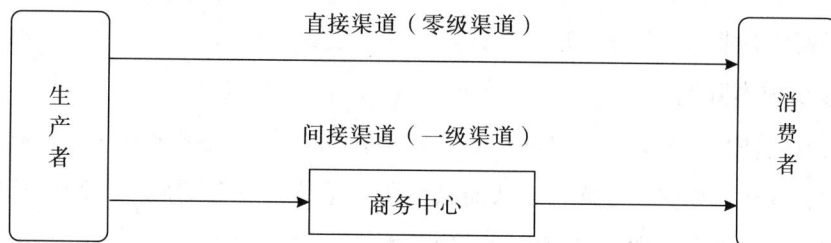

图8-3　网络营销渠道

三、传统营销渠道和网络营销渠道的区别

(一)网络营销渠道的主要优势

中国企业建立网络营销渠道的目的是为企业营销渠道注入快速反应的能力，以改善产销关系，提高渠道运行的效率，具体来说有以下几点。

1. 将企业内部协调转向外部社会化

网络营销使得企业有能力在任何时间和地点与供应商、零售商、消费者及各种相关组织进行交互式多媒体通信。这就会改变传统模式下对外封闭和信息不足的情况，使得企业专注于与外界的联合，充分利用各种合作方式，从外界更为广泛的来源获取更为优化的资源。

2. 促使企业充分利用外部资料，低成本、快节奏地开发和利用市场机会

为适应快速变化的市场需求，企业必须改变传统的只和少数固定的伙伴保持关系的状态，而应与众多企业、设计与研究单位及相关产业建立动态联系，根据不断出现的新的市场机会迅速重新组织价值链条，其结果是企业的活动将以价值链、价值网的形式发展，甚至形成"虚拟公司"。

3. 使企业营销结构趋于更直接和高效率

网络营销可以促使营销商与制造商、消费者与制造商直接沟通，形成一个单一的、连续的经济活动业务流。网络营销大大降低了整个经营过程中所消耗的劳动力资源，使得企业可以随时掌握商品的销售、库存、价格及利润和畅销程度。而电子数据交换系统（Electronic data interchange，EDI）则把制造商、营销商、储运机构、银行等连接在一起，信息的适时传递缩短了商品的流转时间，减少了库存，这不仅及时满足了消费者的需求，而且也大大提高了企业的效率。网络营销渠道的建立，一方面减少了大量的国际化营销成本，使产品迅速走向世界各地；另一方面也使代理商走上专业化营销崛起之路。这对于缺少人才、迫切需要扩大国际市场，以及实施规模经销的企业来说是个可取的捷径。

4. 企业成本降低

网络营销使企业节省了大量的广告、促销费用，产品定制化降低了企业维持库存的压力，甚至可以实现零库存，从而减少了企业维持库存的成本。网络营销不需要建立门面店，从而节省了门面店的各种成本。

5. 流通环节的减少

以传统的分销渠道销售产品时,一般要经过批发商、零售商再到消费者手中,每经过一个环节,必然要使产品的价格上升以反映批发商和零售商的利润要求。而网络营销是一种直复营销,一般是消费者直接与生产企业联系,商品直接由生产者通过自己的分销渠道或第三方物流公司送达,这样就使得商品流通环节大大减少,也必然会引起价格的下降。

6. 交流方式的改变

在传统营销中,企业与消费者的沟通是单向的。而在网络营销时代,消费者与企业进行点对点的沟通成为可能。这种互动不仅拉近了企业与消费者之间的距离,同时促进了企业数据库营销的发展。另外,消费者在购买感兴趣的商品时往往会在网络上寻求信息,不仅寻找产品信息,查看其他使用者的意见和评论也十分重要。就如我们在购买淘宝商品时,选择产品前往往都会首先了解其他买家对于此产品的评价,从而做出购买决定。

(二) 网络营销渠道的弊端

顾客对网络购物这种新生事物的接受要经过一个缓慢的过程,目前大部分的消费者还是习惯到传统的实体商店去购买自己需要的产品。购物已是生活方式中的一个组成部分。而且对于很多人,特别是一些家庭主妇来说,购物是她们娱乐、交往和消磨时间的方式,她们愿意花费时间和精力去购物,这就为大商场、超市的存在提供了理由。传统的购物心理是眼见为实,消费者可以通过味觉、触觉、听觉等来感受商品,从而影响其购买行为。而网上购物方式基本上属于人机交往,沟通形式简单、交易过程单一,消费者既体验不到商场购物讨价还价的乐趣,也无法从交易过程中得到自我能力的验证,对于产品的品质和服务等有着很多不确定的因素。采用网上购物方式,消费者既享受不到商场购物条件下人员服务的待遇,也体会不到受人注意和受人尊重的"上帝"感觉。网络营销无法适应所有的产品,尽管生产者可以尽情展示其产品的内部结构、功能等,但因网络营销具有虚拟性,消费者无法接触到有形产品,这是其最大的缺陷。

第二节　网络营销渠道的特点、功能及类型

一、网络营销渠道的特点

通常将电子商务分为两种模式：B to B（Business to Business，意为从企业到企业）和 B to C（Business to Customer，意为企业对客户）。两种模式下的营销渠道有不同的特点：B to B 模式下企业与企业之间的交易有购货批量大、频率低、客户面小、客户关系稳定的特点，物流能够达到规模经济，企业与客户相互之间比较了解和信任，资金流和信息流能顺畅地流动，是相对容易实现的电子商务。即使由于客观环境和企业自身条件的限制，物流和资金流不能完全电子化和网络化，该种模式也能继续沿用传统的渠道实现。因为现在做 B to B 的企业大多是将与原有客户的交易平台搬到了网上，而交易的内容和程序没变，还是订货→支付定金→发货→验收→结清余款，资金流、物流在时间和空间上仍是分离的。而且企业与客户之间已经建立起成熟的资金和货物流通的渠道，所以在条件不具备时，资金流和物流可先沿用原有的渠道，首先实现信息流的电子化。

与 B to B 的特点相对应，B to C 模式下购货批量小、频率高、顾客面广、客户关系不稳定。传统的企业对消费者的交易是三流合一的：双方一手交钱，一手交货；而在电子商务的 B to C 模式下多是三流分离的：消费者网上订货、支付货款，然后要等到若干天后，所购之物才被送到自己手里。这种模式下的渠道建设难度较大。现有的 B to C 主要有两种形式：一种是生产企业直接面对最终消费者销售产品。这样，生产企业→消费者的零级渠道代替了生产企业→一级批发商→二级批发商→零售商的多级渠道。另一种是以"Amazon"等为代表的网上零售商。从本质上说，它们与传统零售商一样，都充当上游企业和最终消费者之间的联系纽带，最终完成将产品销售给消费者的功能。但它们在功能的实现上呈现出新的特点，如可能绕开批发商，直接与生产企业交易；提供更多的价格折扣；通过客户注册能掌握更多的消费者资料，从而便于开展定制营销，发展与消费者的长远关系。

二、网络营销渠道的功能

与传统营销渠道一样，以互联网作为支撑的网络营销渠道也应具备传统营销渠道的功能。一个完善的网上销售渠道应有三大功能：订货功能、结算功能和配送功能。

（一）订货功能

网络营销的订货系统为消费者提供产品信息，同时方便厂家获取消费者的需求信息以达到供求平衡。一个完善的订货系统可以最大限度地降低库存、减少销售费用。因此，许多企业，特别是与计算机相关的行业发展很快，如 DELL 公司提供的网上订货系统，每天的销售额可达 3 000 万美元，占公司总收入的 60% 以上，我国的联想电脑公司在其开通网上订货系统的当天，订货额就高达 8 500 万元。

（二）结算功能

消费者购买商品后，可以运用多种方式进行付款，那么厂家（商家）也应相应地有多种结算方式。目前国外流行的结算方式主要有信用卡、电子货币、网上汇款等。国内在电子商务风潮的推动下，银行业也越来越发达，结算方式也日益丰富，现有邮局汇款、货到付款、信用卡等方式。此外，各大电子商务公司网上支付平台（如支付宝、财付通等）的推广也进一步加速了银行的业务网络化，加速了电子商务的发展。

（三）物流配送功能

物流是指计划、执行与控制原材料和最终产品从产地到使用地点的实际流程，并在盈利的基础上满足消费者的需求。一般来说，产品分为有形产品和无形产品。无形产品如服务、软件、音乐、点卡、充值等可以直接在网上进行配送，因此配送系统一般都是讨论有形产品的配送问题。有形产品的配送，要涉及到运输和仓储问题，目前我国已经有很好的专业配送公司为企业提供专业服务，可以说专业配送公司的崛起也进一步增强了企业对网络营销渠道建设的渴望，也加速了我国电子商务行业的发展。

另外，网络营销渠道还应具备其他功能：其一，信息功能，生产者通过网络向消费者提供产品的种类、价格、性能等信息，同时获取有关消费者需求的信息；其二，促销功能。

三、网络营销渠道的三种类型

(一) 直接营销渠道 (见图 8-4)

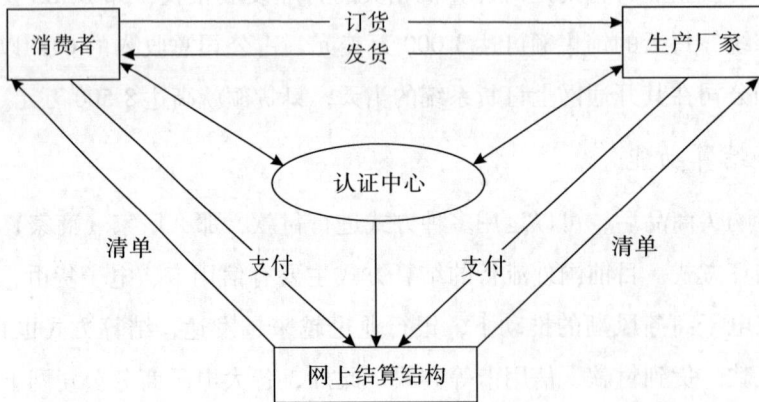

图 8-4 直接营销渠道结构图

网络直接销售是指生产者通过互联网直接把产品销售给顾客的分销渠道，一般适用于大宗商品交易和产业市场的 B2B 交易模式。

目前通常的做法有两种：一种做法是企业在互联网上建立自己的站点、申请域名、制作主页和销售网页，由网络管理员专门处理有关产品的销售事务；另一种做法是委托信息服务商在其网点发布信息，企业利用有关信息与客户联系，直接销售产品。

在网络直销渠道中生产企业可以通过建立企业电子商务网站，让顾客直接从网站订货，再通过与一些电子商务服务机构（如网上银行）合作，直接在网上实现支付结算，简化了过去资金流转的问题。在配送方面，网络直销渠道可以根据产品的特性选择利用互联网技术来构造物流系统，或是通过与一些专业物流公司进行合作，建立有效的物流系统。

1. 网络直销的优点

第一，生产者能够直接接触消费者，获得第一手的资料，开展有效的营销活动。

第二，网络直销减少了流通环节，使买卖双方都节约了费用，产生了经济效益。

第三，网络直销使企业能够利用网络工具（如电子邮件、公告牌等）直接联系消费者，及时了解用户对产品的需求和意见，从而针对这些要求向顾客提供技术服务，解决难题，提高产品的质量，改善企业的经营管理。

2. 网络直销的缺点

互联网确实使企业有可能直接面对所有顾客，但这又仅仅只是一种可能，面对数以亿计的网站，只有那些真正有特色的网站才会有访问者，直接销售可以多一些，但绝不是全部。

要解决这个问题，企业应尽快建立高水准的专门服务于商务活动的网络信息服务中心。但这对于一般的企业来说难度较大，在国外绝大多数的企业还都是委托专门的网络信息服务机构（如美国的邓白氏、日本的帝国数据库等）发布信息，企业利用有关信息与客户联系，直接销售产品。

（二）间接营销渠道（见图 8-5）

网络间接销售是指生产者通过融入了互联网技术后的中间商机构把产品销售给最终用户，一般适合小批量商品和生活资料的销售。

网络间接销售克服了网络直销的缺点，使网络商品交易中介机构成为网络时代连接买卖双方的枢纽。

中国商品交易中心、商务商品交易中心、中国国际商务中心等都属于此类中介机构。此类机构在发展过程中仍然有很多问题需要解决，但其在未来虚拟网络市场的作用是其他机构所不能替代的。

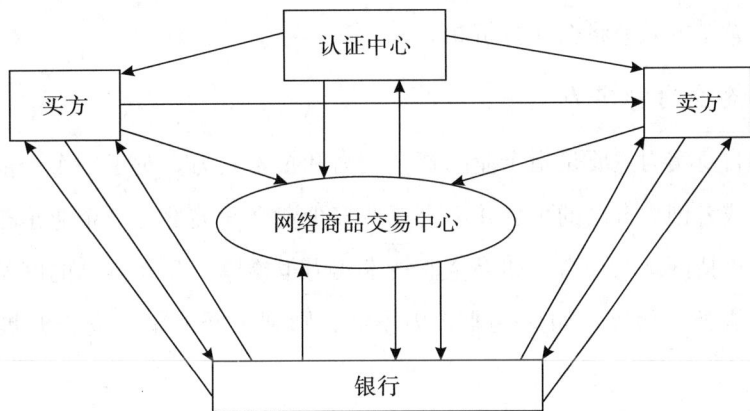

图 8-5　间接营销渠道结构图

（三）双道法——企业网络营销渠道的最佳策略

所谓双道法，是指企业同时使用网络直接销售渠道和网络间接销售渠道，以达到销售量最大的目的。在买方市场条件下，通过两条渠道销售产品比通过一条渠道更容易实现"市场渗透"。

在西方众多企业的网络营销活动中，双道法是最常见的方法，是企业网络营销渠道的最佳策略，我国网络营销的出现为分销渠道提供了新的发展空间，但不是所有分销渠道都能被网络所取代。

例如，在网上签署订单后，如果产品不可数字化，企业仍然需要借助中商机构来完成送货、安装、服务等活动，分销商又多了一项该地区内网上订单的送货任务。再如，由于存在着许多不上网的消费者，所以企业仍然需要传统的分销渠道进行分销活动。

第三节　网络营销的渠道建设

一、建立网络营销渠道应考虑的因素

（一）产品特性

在选择网络销售渠道时要注意产品的特性，有些产品易于数字化或者选择性不强，如大多数的无形产品和部分服务都可以通过互联网实现远程传输，能够脱离对传统配送渠道的依赖。但选择性强的有形产品和一部分无形产品，还必须依靠传统的配送渠道来实现货物的空间移动，这就需要有相对较完善的物流部门作为辅助；否则，网络营销的效率将会大打折扣。

（二）企业自身实力

企业的自身实力主要是指企业的资金实力和技术实力。对于一个企业来说，建立一个网站或者创立自己的主页并不会耗费多少资金，关键在于企业是否有相应的专业技术来维持网站的经营。如果企业技术实力很雄厚，开办自己的网站可以更好地为本企业服务；相反，如果企业实力不济，则利用网络中介商来开展业务更为划算。

（三）目标市场

企业在设计营销渠道时不可能不考虑目标消费者的特性。如果目标消费者与网络接触得比较紧密，企业的产品信息通过网络可以及时到达目标受众，那么，企业就应该充分利用网络渠道；如果目标消费者难以与网络接触，则要以传统的营销渠道为主，不能一味追求时髦而不考虑实际情况。

（四）渠道成员

在建立网络间接营销渠道时，必须考虑中介商的成本、信用、覆盖、特色、连续性五个方面的因素。这五个方面的因素可以称为网络间接营销的五大关键因素，也称"5C"因素。

（1）成本（Cost）

它是指使用中介商信息服务时的支出。这种支出可分为两类：一类是在中介商网络服务站建立主页的费用；另一类是维持正常运行的费用。在这两类费用中，维持费用是主要的、经常的，不同的中介商之间有较大的差别。

（2）信用（Credit）

它是指网络信息服务商所具有的信用程度的大小。由于建立网络服务站所需的投资较少，因此信息服务商如雨后春笋般地出现。目前，我国还没有权威性的认证机构对这些服务商进行认证，因此，在选择中介商时应注意他们的信用程度。

（3）覆盖（Coverage）

它是指网络宣传所能够波及的地区和人数，即网络站点所能影响的市场区域。对于企业来讲，站点覆盖并非越广越好，而是要看市场覆盖面是否合理、有效，是否能够最终给企业带来经济效益。

（4）特色（Character）

每一个网络站点都要受到中介商总体规模、财力、文化素质、服务态度、工作精神的影响，在设计、更新过程中会表现出各自不同的特色，因而具有不同的访问群（即消费者群）。因此，企业应当研究这些消费者的特点、购买渠道和购买频率，为选择相应的网络商务交易中介商打下一个良好的基础。

（5）连续性（Continuity）

网络发展的实践证明，网络站点的寿命有长有短。如果一个企业想使网络营销持续稳定地运行，那么就必须选择具有连续性的网络站点，这样才能在用户或消费者中建立品牌信誉和服务信誉。

二、网络营销渠道的建立

网络营销是一种技术手段的革命，而且包含了更深层次的观念革命。它是目标营销、直接营销、分散营销、顾客导向营销、双向互动营销、远程或全球营销、虚拟营销、无纸化交易顾客参与式营销的综合。互联网络作为跨时空传输的"超导体"媒体,可以为顾客所在地提供及时的服务,同时互联网络的交互性可以了解顾客需求并提供有针对性的响应,因此,可以说互联网络是信息时代最具魅力的营销工具。网络营销赋予了营销组合以新的内涵。网络营销渠道能使生产企业直接面对消费者,将货物展现在他们面前,并回答有关产品的信息咨询,接受订单。对中间商的选择与传统的要求有了一些不同,特别是选择国外中间商不再以代理商为主,唱主角的是负责送货的寄售或销售代理。其主要做法如下。

(1)设立产品展示区,将产品图像进行电脑技术设计,通过立体形象的声、影、形、色等虚拟的产品橱窗展现在网络用户面前,并且根据各国文化、季节等的需要,24 小时为各种客户提供服务。

(2)选择合适的销售代理。网络营销面对全球顾客,企业必须在各国建立相应的代理网点,以保证按时送货、销路畅通。

(3)网络营销与银行结算联网,开发网络结算系统,将网上销售的结算与银行转账系统联网,使消费者能够轻松地在网上购物、网上结算。

正因为如此,网络营销正在使营销渠道发生着变革。由于网络营销可不受地域和时间的限制,从而使企业不必借助批发商和零售商的营销努力即可实现产品销售,只要网上的客户有需求,企业就可按其需求供货。不仅如此,对网络营销来说,还可以实现"少环节"销售,甚至可以不必设置大规模的产品展示空间和中转仓库,这样可以降低渠道运行费用和交易费用。另外,网络营销正在使生产者和消费者的关系发生着变革。在传统的运行方式下,企业在了解消费者的需求及发现潜在消费者方面有一些不可逾越的鸿沟,而在网络营销方式下,在互动沟通过程中可以实现信息对称,不受任何外界因素干扰,从而使得产销之间实现一对一的深层次双向沟通。在网络营销渠道中,企业把速度放在竞争首位。公共网络的建立将迫使企业对市场机会做出快速反应,而强大的信息沟通能力将大大提高企业的反应速度,同时也改善了传统的营销渠道的产销关系。

三、网络营销渠道的完善

(一)从消费者角度完善渠道

企业在建设网站时,只有采用让消费者放心、容易接受的方式才有可能吸引消费者在网上购物。主要表现为界面设计精美、企业以及产品介绍详细、购物和联系方式明确等。具体来说,完美企业网站应做到以下几点。

（1）订货系统要简单明了，采用"购物车"方式模拟超市，让消费者边看边比较边选择，实行一次性结算。

（2）提供产品搜索和分类查找功能，便于消费者在最短时间内找到需要的产品；提供产品的有关信息，如性能、外形、品牌等。结算系统应考虑到目前实际发展状况，尽量提供多种方式以方便消费者选择，同时还要考虑网上结算的安全性。

（3）对于不安全的直接结算方式，应换成间接的安全方式。

（4）完善配送系统，只有商品到达消费者手中整个交易过程才告一段落，因此建设快速有效的配送系统是非常重要的。现阶段我国配送体系日益成熟，选择好的配送公司能让消费者更加放心，企业也能因配送公司专业的服务而进一步提升消费者的满意度，从而更快提升自身的知名度。

（二）从企业角度完善渠道

企业在应用过程中应不断完善自身的网络营销渠道，以吸引更多的消费者，具体来说，可以从以下几点入手。

（1）结合相关产业的公司，共同在网络上设点销售系列产品。

（2）在企业网站上设立虚拟店铺，通过三维多媒体设计形成网上优良的购物环境，并可设置各种新奇的、个性化的，随一定时期、季节、促销活动、消费者类型变化的店面布置，以吸引更多的消费者进入虚拟商店购物。

（3）企业在渠道改进方面，只有不断地站在市场前沿进行思考，才会有创新的想法。提出的想法一是创意奇，用最简化的程序体现一种全新的概念；二是可示范，一套好的促销方案要求创意好，还要可示范，以便更好、更快地在更广的范围内执行；三是可执行性。

（4）网络营销渠道再造，可分成价格入市、运作分销商、复合渠道、终端管理、渠道促成五个基本部分。在渠道再造时，要不断建立科学、完整和系统的网络营销渠道。

第四节　企业网络营销渠道策略选择

一、基于目标定位的网络营销渠道模式选择

引入网络渠道对企业来说有利有弊。如何利用网络渠道，企业应该根据所处的

具体市场的特点、竞争状况、产品定位以及利润贡献评估网络的营销价值，重新对网络进行定位。具体做法见图8-6。

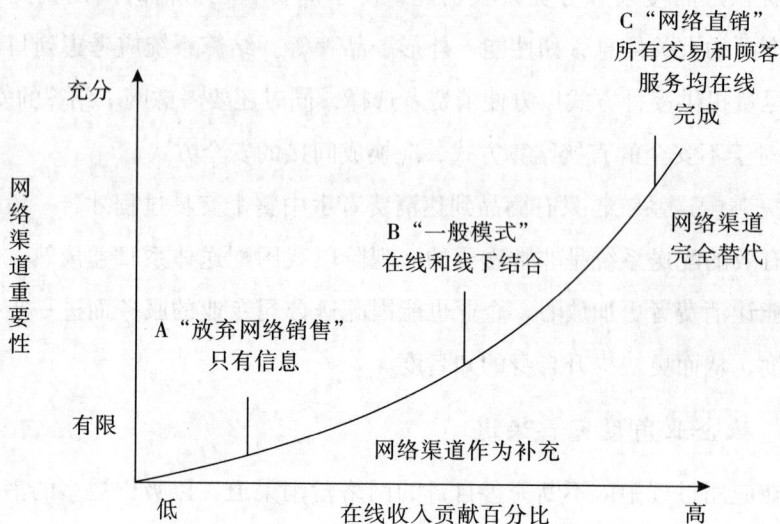

图8-6 目标定位的网络营销渠道模式示意图

1. 放弃网络销售

当一家企业或它的经销商面对的消费者数量还没有达到确保投资在线销售临界数量时可以采取这个方案。此时，互联网的渠道功能主要体现在信息传递和产品展示上，即图8-6中的A模式。

2. 仅中间商通过网络销售

经销很多家企业产品的经销商可能会聚集足够多的需求，可以承受在线销售的成本。而制造企业由于先期未对网络直销进行投资，其想借助互联网阻碍中间商的在线销售是很困难的。对此，企业通常以其他形式来支持中间商网络渠道建设，如合资参股、赞助等，此为对图8-6中的A模式的补充。

3. 制造商通过互联网销售

当制造商选择此方案，可能导致实体销售商的损失，因此经销商可能会停止通过传统渠道继续销售其产品。此方案适用于对传统营销渠道并不依赖或试图进入新行业、新市场的企业，即图8-6中的C模式。

4. 一般模式

如图8-6中的B模式，各渠道成员共同利用互联网拓展营销渠道。企业以及各渠道成员间保持一定的信息关联和资讯共享，避免由于目标不一致、角色定位错乱而形成冲突。此种模式是目前较为常见且极具竞争力的模式。但其良性运作需要渠道各方具有较好的信息沟通能力、协商谈判意愿，以及具有法律协议、成员筛选机制等有效的渠道管理方法辅助。

综上可以看出，企业应在结合自身条件的基础上整合营销渠道资源，同时确定各渠道成员在网络渠道中的角色定位并规范其网络行为。这样，企业即可消除网络对企业的负面冲击，又可化解可能的渠道冲突隐患，让企业在激发渠道伙伴合作热情的同时在新兴市场上有所作为。

二、网络营销渠道的选择策略——"双道"的选择和配比策略

"双道"的选择和配比策略具体可划分为以下几个部分。

（一）产品的搜寻

如果产品的搜索对于消费者来说非常容易、产品的技术水平和复杂程度不高，那么网络直销更为便捷。如果情况恰好相反，那么消费者就需要中间商帮助他们对信息进行初级筛选、了解那些复杂而又关键的技术指标。这时企业采取网络间接营销的方式更适合。但无论如何互联网确实是一个很好的产品信息宣传和沟通的渠道。

（二）产品的定制化

批量式的大生产已经逐渐被个性化的定制生产所取代。如果这种定制可以很容易地为企业带来价值的增值、各个顾客的定制要求具有很大的差异性、产品的定制化程度对于企业获得市场成功是非常关键的话，那么直面顾客的网络直销更适合与顾客互动地进行产品设计和生产交流；反之，两种方式都可以。

（三）产品的质量保证

如果市场中还没有建立关于产品质量的公认标准，公司的品牌和商誉还没有建立，那么更适宜采取网络间接营销，以便于消费者向新型中间商追究责任；反之，则可以更多地采用网络直销。

（四）购买规模

如果产品的单位价值比较高、购买的规模比较大，则比较适宜采取网络直销；反之，适宜采用网络间接营销的方式。如果产品的需求变动率高，则互联网作为一

种很好的交流和沟通媒介，尤其适合作为一种直销渠道。

（五）产品的归类

如果提供产品归类信息对于消费者来说十分必要的话，那么更适宜采用网络间接营销的方式，由网络中间商为顾客提供有关的信息归类服务；否则，会影响"双道"的选择。

（六）市场的分布

这里的市场分布主要是指市场在地理空间上的分布，如果市场分散程度较高（即地理位置较分散），则宜使用网络间接营销；反之，网络直销更具竞争性。对于那些偏远的消费者，网络直销的成本太高，企业完全可以利用那些分布各地的中间商，企业只需要在网上列出各个分销商的所在地，消费者自然会就近购买。

（七）产品的可获得性

如果消费者对商品的可获得性要求高，则要多使用中间商，采用网络间接营销。如果消费者对于这种可获得性的要求不高，则不影响"双道"的选择。

（八）售后服务

企业在提供售后服务时要考虑顾客对等待时间的要求、顾客对售后服务的需求程度、售后服务的复杂程度及技术含量等问题，如果这些影响因素并不关键则可采用网络直销；反之，宜采用网络间接营销。

（九）物流

网上可以完成信息流和资金流的传递，但实际的物流还需要在网下实现。如果物流需要企业的专门设备，则宜使用网络直销；如果交通运输的便利性不高而用于物流的专用性资产又投资巨大，则应借助中间商。

三、网络营销渠道的营造策略

互联网对传统经营方式产生巨大的冲击，网络营销形成了新的营销理念和策略，但是必须认识到，这一过程不是网络营销将完全取代传统营销的过程，而是网络营销与传统营销整合的过程。网络营销渠道能使生产企业直接面对消费者，将货物展现在他们面前，并回答有关产品的信息咨询，接受订单。在营造网络营销渠道时可以采取以下策略。

（一）产品策略

在网络环境下，消费者与厂商的直接对话成为了可能，消费个性化受到厂商的重视，这使网络营销中的产品呈现出众多新特色。企业在制定产品策略时，应从网络营销环境出发，努力满足不同顾客的各种个性化要求，开创符合市场发展潮流的新产品，创造新的市场需求，形成企业自身的优势。

（1）通过分析网上消费者的总体特征，确定最适合在网上销售的产品。据有关方面的统计与分析，最适合网上营销的产品是流通性高的产品。

（2）产品的市场涵盖面要广，且电信业、信息技术要达到一定的水平。

（3）企业应利用网络上与顾客直接交流的机会为顾客提供定制化产品服务，同时企业应及时了解消费者对企业产品的评价，以便改进和加快新产品研究与开发。结合相关产业的公司，共同在网络上设点销售系列产品。采用这种方式可增加消费者的上网意愿和消费动机，同时也为消费者提供了较大的便利，增加了渠道吸引力。

（二）网页策略

网页策略主要从营销的角度来研究企业网页制作时应遵循的原则，以及哪种结构、哪种表现方式便于网络用户获取信息，最重要的一点是怎样使企业的网站在茫茫的网页之海中脱颖而出，留住漂泊而又不耐烦的网上"冲浪者"，即所谓的网页促销技术。网页设计中最主要的亮点是要做到易于导航和下载速度快。企业要想成功开展网络营销，应注意以下几点。

（1）抢占优良的网址并加强网址宣传。网址的名称应简单、鲜明、易记，通常为企业的品牌或名称。由于目前网址注册的规定还比较不完善，注册时间仍是主要标准，一旦本应属于自己的域名被别人注册了，就会对本企业造成不必要的损失。

（2）精心策划网站结构。网站设计应做到结构简单，建立较为便捷的路径索引，以方便访问。结构模式应做到内容全面，尽量涵盖用户普遍需求的信息量。

（三）价格策略

从单纯考虑定价到研究消费者为满足需求所愿意付出的成本，影响和制约企业制定产品价格的因素中无论是市场供求状况、消费者心理还是竞争状况，在网络环境下都同传统营销方式有着很大的差异。因此，企业在制定网上价格策略时，应充分考虑各个环节的价格构成，以便制定出最合理的价格。

（1）设计、开发一个适合网络环境的自动调价系统。由于网上价格随时会受到同行业竞争的冲击，所以企业可以开发、设计一个自动调价系统，根据季节变动、市场供需情况、竞争产品价格变动、促销活动等因素，在计算最大盈利的基础上对实际价格进行调整。

（2）开发智能型议价系统与消费者直接在网上协商价格，即两种立场（成本和价格）的价格策略直接对话，充分体现网络营销的整体特点。

（3）考虑到网上价格具有公开化的特点，消费者很容易全面掌握同类产品的不同价格，为了避免盲目价格竞争，企业可开诚布公地在价格目录上向消费者介绍本企业价格制定程序，并可将本产品性能价格指数与其他同类产品性能价格指数进行比较，促使消费者做出购买决策。

（四）促销策略

网络促销策略的出发点是利用网络的特征实现与顾客的沟通，这种沟通方式不是传统促销中"推"的形式而是"拉"的形式，不是传统的"强势"营销而是"软"营销。

（1）不是传统广告大面积播送（"推"）而是等候消费者自己的选择（"拉"），从而出现了标题广告、电子赠券等。

（2）网络广告的空间限制消失，使广告由"印象型"向"信息型"转变，消费者作出购买决策的机制也发生了变化，网络广告主要是基于信息的理性说服机制，而传统广告则是基于印象的联想型劝诱机制。

（3）网络广告是一种即时交互式广告，它的营销效果是可以测试的。网络广告将以其特有的优势成为企业促销策略的一种新的重要选择，并且它将同其他的促销方式相结合，使促销手段更为丰富。

本章小结

本章介绍了网络营销渠道策略的相关理论，包括网络营销渠道的特点、功能类型、网络营销渠道建设以及当前企业网络营销渠道策略选择等相关理论，使用了大量的实例，旨在使学生对各种网络营销渠道策略有较深刻的理解，从而为实践工作奠定良好的基础。

思考题

1. 比较传统营销渠道与网络营销渠道的优缺点。

2. 网络营销渠道的类型有哪几种?

3. 建立网络营销渠道应考虑哪些因素?

实践技能训练

1. 分析具体某一网站具体的网络营销渠道建设。

2. 根据某公司具体情况,选择相应的网络营销渠道。

第九章　网络营销实施与控制

1. 理解并掌握网络营销实施。
2. 理解网络营销控制。
3. 掌握网络营销评估方法。

1. 能够结合实际选择合适的网络营销方法。
2. 能够对具体网络营销进行控制分析。

整体大于部分之和——联邦快递公司

联邦快递公司（FedEx），是一家全球快运业巨擘。它仅用 25 年时间，从零起步，在联合包裹服务公司（UPS）和美国运通公司等同行巨头的前后夹击下迅速成长并壮大起来，成为在小件包裹速递、普通递送、非整车运输、集成化调运管理系统等领域占据大量市场份额的行业领袖，并跃入世界 500 强行列。

FedEx 网站（如图 9-1）注重的是它与客户尤其是企业客户间的亲和力，这对发挥其智能化运输控制系统作用是至关重要的。所以，网站定位在宣传"整体大于部分之和"的营销理念，力求与客户协同合作、共谋最佳效益。FedEx 网站也是个面向实际作业的服务窗口，故每层页面都有业务宣传、实地作业和树立企业形象的功能。FedEx 业务流主页的兴趣点都直接设在中央区，体现网站设计的立意重在本地化、人性化服务上，力争给人以亲切感和可信赖感。

FedEx 的网站共 3 000 多页，功能强大。页面大致分为两类，一类是业务页面，以国别为页簇平行组织；一类是宣传页面，按企业介绍及业务进程组织。两类页面互相链接，便于切换。所有页面均以清亮简洁为风格，页面间脉络清楚，链接关系简单。这些都是面向作业、面向流程的服务性网站所应具备的特征。否则，到处设活动区、链接关系复杂、不能按业务进程组织的页面必然会给顾客造成许多麻烦。

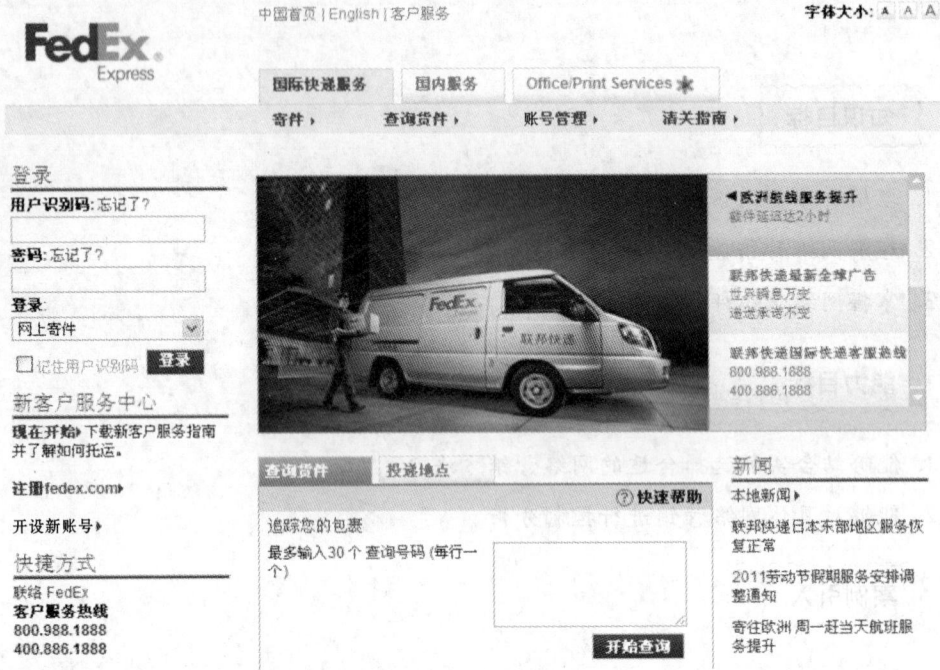

图 9-1　联邦快递中首页

FedEx 的竞争力之一体现为它在互联网上构建的智能化运输管理系统，其核心威力是对企业用户和对个体用户的吸引力。

对于企业用户，FedEx 把自己作为第三方物流服务供应商展开营销。FedEx 的智能系统能与用户企业网无缝连接，或通过 Web 页面直接介入到用户物资运输中去。这样的结果是，任何企业在逻辑上都可直接将 FedEx 庞大的空运阵容和陆地车队当作自己的运输资源。而且 FedEx 智能系统还告诉它们，一切最快并非一切最佳，明智的运输方案应是各种待运物资在送抵目的地总体等待时间最短，或最实时的解决方案。

对于个人用户，FedEx 网站的规范化作业流能使客户方便地进行自我服务，可以跟踪包裹、收集信息和开账单等。

该网站每月有几百万次的访问，所有数据都同时进入公司内部网。由于约 2/3 的运输都是通过该系统自动处理的，从而极大地降低了用户向 FedEx 电话应答中心查询的巨额费用，从而为其节省了数百万美元，成本的降低意味着竞争力的增强。

FedEx 网站证明：在当前信息时代，一个公司的先进系统、运作模式和处理的信息，其价值远不止于在公司内部使用。它能在"整体大于部分之和"的营销理念下，借助于国际互联网冲破无数企业在行业范围、物理形态和地理行程上的差异，彼此在虚拟的作业环节上实现无缝连接。借助于这种连接，一个企业可以让其先进的管理技术、战略资源等对其他无数企业产生强大的吸引力。

第一节　网络营销实施管理

一、网络营销实施的运作过程

这一过程可概括为：通过网络收集各方面的信息、技术、用户需求等，并将这些信息整理分析后反馈给企业；企业根据上述信息开发新技术、新思路、新产品，并通过网络进行宣传，与需求者进行沟通；通过网络收集订单；根据订单完成产品设计、物料调配、人员调动，再到生产制造；通过网络进行产品宣传与发布，与客户进行在线交易；通过网络获得客户的信息反馈，完成客户支持，积累经验，为下一个生产、销售循环做好准备。

一个完整的网络营销实施的运作过程应包括以下基本步骤。

（1）通过确定合理的目标，明确界定网络营销的任务。

（2）根据营销任务确定营销活动的内容。

（3）申请域名，创建全面反映营销活动内容的网页。

（4）与互联网连接。

（5）发掘信息资源，广泛收集网上信息。

（6）树立网上企业形象。

（7）开展网上市场调研。

（8）在网上推销产品与服务。

（9）与客户沟通，通过网络收集订单。

（10）将上述信息反馈给企业决策和生产部门。

（11）通过网络与分销商联系。

（12）促进在线销售。

（13）使网络营销与企业的管理融为一体，依靠网络与原料商、制造商、消费者建立密切联系，并通过网络收集传递信息，从而根据消费需求，充分利用网络伙伴的生产能力，实现产品设计、制造及销售服务的全过程，这种模式就是网络营销集成。

二、网络营销实施的时机决策

任何一种信息技术，只要在社会上健康存在，就必然会为企业所利用。网络营销的实施可以给企业带来很大的竞争优势，但是实施网络营销是一项投资比较大、涉及高新技术且有很大风险的决策，必然受到行业特点的制约。虽然网络营销已经在一些行业中得到了成功的应用，但仍有一些行业还未找到有效运用网络营销的途径，企业面临着实施网络营销时机的选择。

（一）网络营销实施面临的风险

要掌握实施网络营销的时机，必须能够判断出行业竞争、消费行为、经济与社会在 2～7 年间的变化趋势及其对于信息技术的影响，企业率先进入网络营销领域无疑是想借此获得先发性优势。但是，先进入的企业必须面对以下风险。

（1）市场观念风险：再好的网络营销观念，如果顾客不接受，企业也是很难实施的。

（2）技术风险：一般技术越新，其所面临的风险就越大，因而新技术必须经过多次实践和反复完善才能满足需要。

（3）执行风险：网络营销是一个系统工程，它涉及到系统开发、组织结构调整、人员培训和市场培育等诸多方面，一旦某个环节出现问题势必影响整个网络营销的实施。

（4）经济风险：一项有效的商业观念与技术，其实际执行的结果及所产生的成本与效益，可能与原先的乐观估计有所出入。

（5）组织风险：一项技术上可行的新方案，可能无法保证公司内部人人都能接受。

（6）政治风险：指的是一项网络营销的应用方案，因政府政策、法令、社会争议或利益集团的压力而产生问题，甚至不能施行。

（二）网络营销实施决策的原则

究竟是采取领先政策还是跟随政策并无标准答案，但企业可以重点综合考虑以下三个方面的因素。

（1）网络应用方向的明显程度：是否可以预见到网络的应用能够明显提高企业某些核心竞争能力，如掌握顾客需求、提高顾客服务水平和配送效率等。

（2）本企业在信息技术应用方面的能力：公司在以往信息技术应用方面的成果如何，是否具有较好的基础架构以从事网络营销的一些实验性工作，同时不影响公司的正常运营。

（3）行业内竞争手段的饱和程度：除了网络营销外，是否存在其他值得公司集中精力采用的主要竞争手段，如产品开发等。

传统营销方式依然是大部分企业生存与发展的基础，随着网络营销技术与观念的发展，网络营销的重要性也会日益提高，企业的任务是如何实现两者之间的良好配合。

三、网络营销实施的投资决策

网络应用于营销的根本目标是更快、更好地获取顾客信息，使企业作出更加高速而有效的反应，但网络本身并不能独立完成这一任务，它仅仅为此提供了信道，信道要发挥作用，势必要求企业具备与之相配套的信息处理及决策系统。这必然涉及一整套信息技术的建立与应用问题，这使得企业花在网络营销上的信息技术投资便十分可观了。

此外，网络及其配套信息设备与技术的投资之所以值得企业高度重视，还因为存在着成本的潜在增长性问题。因此，任何一家企业都不会不考虑为开展网络营销进行如此高的投资是否值得。

（一）网络营销的投资成本及其管理

对于网络技术投资，企业的主要决策人可能会面临两难选择：竞争上的需要使得企业必须做出更加积极的努力，但未来难以控制的成本及难以预测的收益又会使企业踌躇不前。

网络技术成本管理的第一项任务就是找出系统投资过程中的所有成本，这不仅包括财务报表上列示的各个成本项目，还包括许多隐藏成本。

网络技术成本管理中的一个难点是网络技术成本的不好辨别性。在建立起网络之后，几乎有一半的费用都投入到个人电脑、办公室自动化及改进会计业务等配套功能上了。各部门负责编写各处的预算，但许多涉及整体组织调整的衍生成本根本就未进行追踪。因此，为了进行有效的网络技术投资成本管理，有必要彻底了解其基本构成。从系统的整个生命周期看，该成本包括以下两大部分。

1. 供应者成本

所谓供应者成本是指最终由业务部门所承担的、自信息供应者（信息部门）那里划转或转移而来的成本费用。在转移的供应者成本当中，尤其要注意网络系统的维护费用。因为现有系统若得不到及时的维护，可能会陷入瘫痪。

2. 使用者成本

使用者成本是指直接发生在业务部门的关于使用网络系统方面的成本，或者由信息部门支出但可以直接归算到业务部门的费用，包括配置在业务部门的电脑等硬件购置费及使用、维护费等。

3. 组织过程中的成本

这部分成本如管理和学习所花的时间以及教育费用等，都是较少或没有列入预算中，而与系统开发费用相比十分可观的费用。

供应者成本可以通过"准利润中心"或"模拟利润中心"的方式得到有效的解决，而无需依赖传统的以成本核算为基础的分配方式。所以"准利润中心"方式是指，信息部门成为一个相对独立的部门，负责网络基本线路、基本系统及配套信息技术的投资与开发，并制定价格，根据业务部门各自的使用情况收费。这样，哪些部门应该负担什么和成本费用为多少便很明晰了，而且比硬性摊派成本更有说服力。当然最主要的是能使业务部门意识到网络对本部门的重要性。

需要注意的是，信息部门不能成为真正的利润中心，否则容易导致业务上的矛盾。例如，若信息部门为了扩大本部门的利润而收取高额费用，将会损害业务部门的利益；同时，信息部门将有可能过度追求对外承揽服务，进而影响内部服务的贸易。

（二）网络营销投资的效益评估

人们关注网络技术的投资、成本和风险，但更为看重的是网络建成之后的效益问题。当然，要想计算出在营销及内部管理中运用网络空间能够为企业带来多大的经济效益并不是件容易的事情。

由于网络建设是一项长期投资，因此应该从长远的角度来评估其经济效益。此外，网络的建设本身并非产生效益的唯一来源，近似于铁路建设，网络建设最根本的作用在于促使企业以新的思考方法去重新规划其营销活动，并调整内部组织与管理以适应这一新的营销理念。

综合起来看，管理阶层需要意识到以下几个方面。

（1）网络技术所创造的效益，与研究和开发十分类似。研究和开发方面的投资与效益之间存在时间差，使得两者很难直接联系在一起，网络技术开发同样如此。

（2）同一技术上的投资，可能会产生不同的结果，组织与管理将会起到巨大的作用。

（3）网络服务产生的效益可能无法独立体现在会计报表中，因为它并不能直接使企业的总体成本减少，而且它的目标在于提升服务、增强顾客满意度，这也是企业的无形资产。

为了更好地体现出网络技术的应用所带来的效益，企业需要为其单独设计一套"主锚指标"（Anchor messures）。信息技术所创造的价值往往被计入业务部门身上，而信息技术本身却成了耗费金钱的累赘。主锚指标的建立需要管理者判断出该项信息技术的最终作用点，并设计一项或一套指标来反映其效果。

网络技术直接运用于营销，因而与市场占有率、销售额等指标能够建立起直接的联系。网络技术的作用可分为对内与对外两部分：对内可以降低通信成本、提高生产效率、提高信息的处理与传播速度；对外可以提升服务、增强顾客满意度。企业可以根据这些功能制定相应的主锚指标以反映网络技术所产生的效益。

第二节　网络营销的组织机构

一、网络营销企业组织机构的重组

在网络营销的条件下，原有工作单元之间的界限被打破，而重新组合形成了一个直接为客户服务的工作组。这个工作组直接与市场接轨，以市场的最终效果衡量自己生产流程的组织状况，以市场的最终效果衡量各组织单元之间协作的好坏。实际上，这已经发展到一种新的管理模式，企业间的业务单元不再是封闭式的金字塔式层次结构（见图9-2），而是相互沟通、相互学习的网状结构（见图9-3），这种结构打破了原来业务单元之间的壁垒，使得业务单元之间可以广泛地进行信息交流、共享信息资源、减少内部摩擦、提高工作效率。

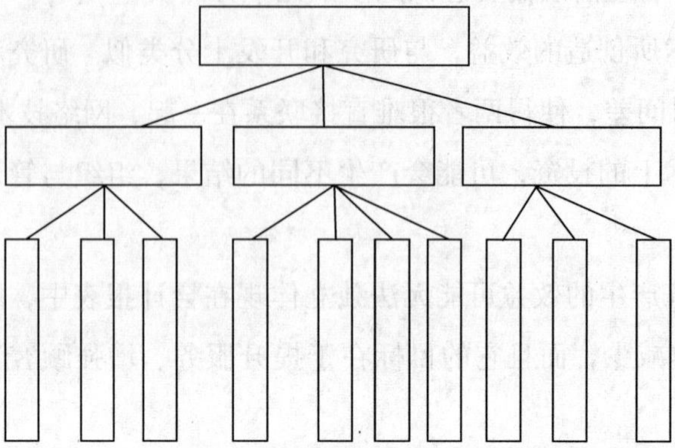

图9-2　企业金字塔式的层次结构组织

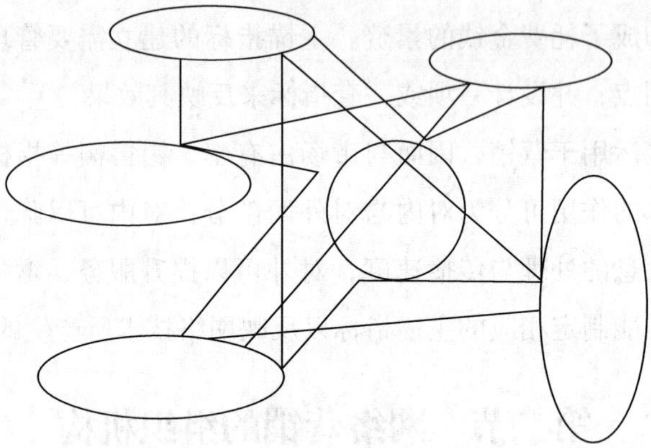

图9-3　企业网络式的组织结构

　　由图9-3的组织结构可以看出，在网络营销的构架下，企业组织信息传递的方式由单向的"一对多式"向双向的"多对多式"转换。由此可以看出，网络式的企业组织结构里的信息传递无需经过中间环节就可以达到沟通的双方，这种组织结构的管理模式被称为"第5代管理"，这是21世纪信息时代新的管理模式——信息模式，这种管理模式下的网络营销主要具有以下两个特点：

　　（1）网络营销构成了企业的内部网、数据库，所有的业务单元可以很快地通过网络进行直接快捷的交流，管理人员之间沟通的机会大大增加，组织结构处于分布化和网络化结构。

　　（2）网络营销使得中间管理人员获得更多的直接信息，大大提高了他们在企业管理决策中的作用，从而实现了扁平化的组织结构（见图9-4）。

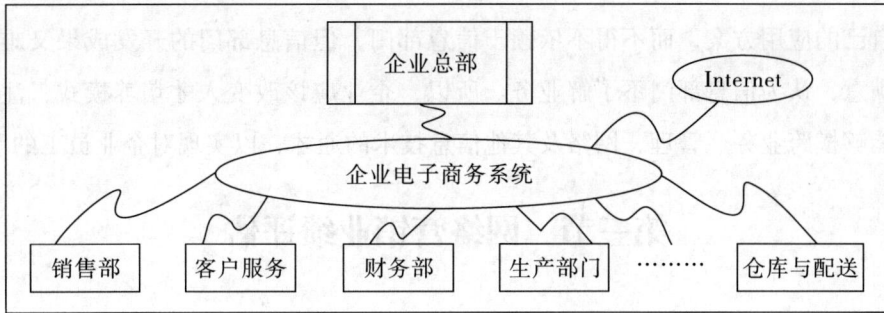

图 9-4　企业扁平化的组织结构

网络营销模式下企业结构重组的另一个特点即是由集权制向分权制转换。网络营销的推行，使企业由过去高度集中的决策中心组织转变为分散的多中心决策组织，也就是企业组织的扁平化结构趋向。企业的决策都由跨部门、跨职能的多功能型组织单元来制定，这种多组织单元共同参与、共担责任并由共同利益驱动的决策过程使员工的参与感和决策能力大大提高，充分发挥了员工的主观能动性，从而提高了整个企业的决策能力。

二、创立 Extranet 系统便于业务流程的重组

在网络营销中，有条件的企业可以利用 Internet Web 技术创立企业的 Extranet 系统，该系统是企业对外设立的一个营销运作的虚拟网络平台。在这个平台上，企业可以宣传产品品牌、企业形象、服务内容、沟通外界的商贸联系、开展网络营销业务等。

Extranet 是企业对外宣传、联系的窗口和营销运作的重要途径，网络营销要围绕 Extranet 来展开，营销策略中的相当一部分内容则要通过 Extranet 来实现，因此相应地必须对企业业务流程进行重组。

三、网络营销企业员工的重组

网络营销中信息和业务的紧密结合，会使企业员工工作及职业生涯的本质发生重大变化，这就需要对企业员工进行重组。

传统的员工"职业生涯"有两种不同的层面：业务与信息技术。换句话说，员工在进入企业后，要么按照业务方向发展，要么按照信息技术方面发展。这种相互

分离的人才培养方式将会隔离网络营销中业务与信息的关系。业务部门会缺乏能力开发自己的应用方案，而不得不依赖于信息部门，但信息部门的开发成果又难以使他们满意，认为信息部门不了解业务。所以，企业应该改变人才培养模式，注重培养出能够横跨业务、管理、网络及其他信息技术的通才，以实现对企业员工的重组。

第三节 网络营销业绩评估

一、网络营销业绩评估内容

网络营销是一个整体方案，虽然还没有一套较为可靠的评价方法，但通过对某些与网络营销业绩紧密相关的环节进行评价可以反映网络营销的业绩情况。例如，跟踪每次通信成本，可以准确地计算出电子邮件的价值；通过对网站设计、网站推广、站点流量等指标进行评估，可以知道网络营销运作的效果。通常对网络营销的评估根据网站的设计、网站的推广、网站的流量等指标进行分析。

（一）网站设计的评价

除了功能、风格和视觉设计等取决于网站本身的特定要求之外，在网站的设计方面，有一些通用的指标，主要有：主页下载时间（在不同速率 MODEM 情形下）、有无死链接、有无拼写错误、不同浏览器的适应性、对搜索引擎的友好程度（META 标签合理与否）等。关于这些指标的评价，除了自己进行测试外，还可以参照第三方提供的测试结果，如（网景 Netscape）提供的网站自动测试报告。检测结果分为四个等级：很好、好、一般、差。如果评价结果为差，就要认真分析原因所在了。

虽然这些测试结果有时不一定完全客观，但一个优秀的网站应该具有较高的技术融合量、优良的用户界面质量、灵活的导航、丰富的产品和服务信息、合理的交易流程、方便的信息交互等。

（二）网站推广评价

网站推广的力度在一定程度上说明了网络营销人员为之付出劳动的多少，而且可以进行量化。这些指标主要有以下几种。

1. 登记搜索引擎的数量和排名

搜索引擎对于增加新的访问者有着不可替代的作用。一般来说，登记的搜索引擎越多，对增加访问量越有效果。另外，搜索引擎的排名也很重要，虽然在搜索引擎注册了。但排名在第三名之后，或者在几百名之后，同样起不到多大作用。

2. 在其他网站链接的数量

在其他网站链接的数量越多，对搜索结果排名越有利，而且，访问者还可以直接从链接的网页进入自己的网站。实践证明，在其他网站进行链接对网站推广起着重要作用。

3. 注册用户数量

注册用户数量是一个网站价值的重要体现，在一定程度上反映了网站的内容为用户提供的价值。而且，注册用户也就是潜在的顾客数量。

（三）网站流量评价

（1）独立访问者数量，指在一定时期内访问网站的人数，每一个固定的访问者只代表一个唯一的用户。

（2）页面浏览数，指在一定时期内所有访问者浏览的页面数量。如果一个访问者浏览同一网页 3 次，那么网页浏览数就计为 3 个。

（3）每个访问者的页面浏览数，这是一个平均数，即在一定时间内全部页面浏览数与所有访问者相除的结果。

（4）用户在网站的停留时间，在一定时期内所有访问者在网站停留的时间之和。

（5）每个用户在网站的停留时间，所有用户在网站的停留时间与全部用户数的平均数。访问者停留时间的长短反映了网站内容对访问者吸引力的大小。

（6）用户在每个页面的平均时间，即访问者在网站停留总时间与网站页面总数之比，这个指标的水平说明了网站内容对访问者的有效性。

上述各项指标可以用来评价网站的流量以及流量的质量。

在没有直接收益的情况下，不可能用财务指标来衡量网络营销的最终效果，因此，上述指标体系还不完善，只是初步反映了网络营销的基本状况。

二、网络营销业绩评估方法

下面介绍几种国内外常用的网络营销评估方法。

（一）美国评比网站常用的评估方法

1．BizRate 网络营销评估法

bizrate.com 公司成立于 1996 年（其主页如图 9-5 所示），有 3 600 多家在线商店参与收集顾客每次购买后的直接反馈信息，所有资料全部来自在线调查，由此得出的评比结果被认为是顾客满意度的标准。该公司不断收集数以万计的网上购物者直接反馈的信息，因此掌握了哪些商业网站好、好在什么地方以及每天的服务如何变化等信息，可以根据网上顾客的特殊需求找出最适合的网站。而且，如果企业注册为会员，则可以从 BizRate.com 进入所有链接的商业网站，还可以获得特殊服务的机会——包括最高达 25% 的折扣。对于参与评比的商业网站来说，同样可以获得有益的价值：根据需要免费使用顾客的意见、每月免费获得一期详细的网站市场研究、免费使用 BizRate.com 顾客鉴定奖章做营销宣传、免费出现在 BizRate.com 的列表中、免费得到热点电子商务研究。因此，BizRate.com 在网站评价领域大获成功。

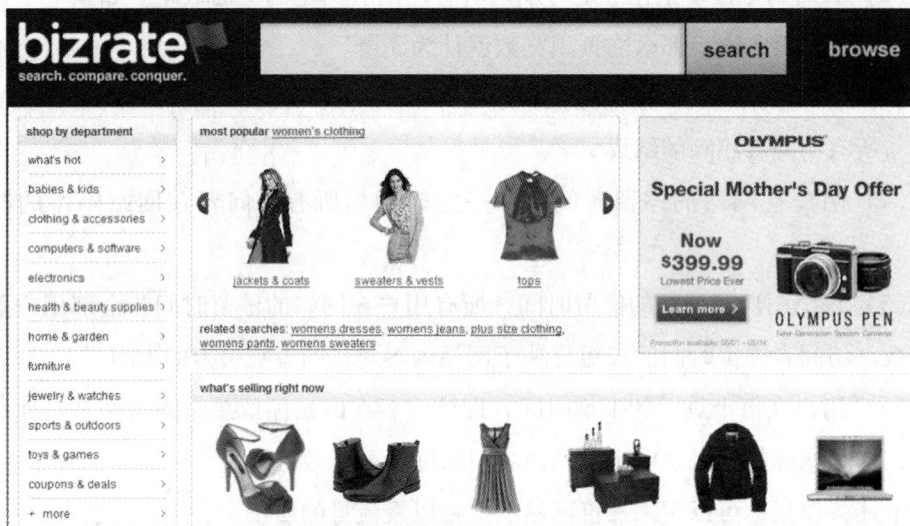

图 9-5　BizRate.com 主页

目前，BizRate.com 对 13 大类的电子商务网站进行评比，每类网站又可分为几十个小类，通过对刚刚完成网上购物的顾客进行调查来评比商店的表现，其调查内容有以下 10 个方面。

（1）网站导航及外观：是否有错误链接、版面质量、图片、网站速度；

（2）产品选择：提供产品的种类和规格数量；

（3）容易订购：下订单方便、快速；

（4）产品信息：信息的数量、质量及相关性；

（5）产品价格：相对于同类网上商店的价格；

（6）准时送货：预期收货日期与实际收货日期相比；

（7）产品运输和操作：包装和运输是否合适；

（8）产品表现：描述的产品与实际收到的产品是否相符；

（9）个人信息政策：个人信息的保护和承诺；

（10）顾客支持的水平和质量：处理顾客投诉和解决问题的状况。

BizRate.com 的评估完全建立在对大量购物者进行调查的基础之上，其评估结果具有相当的权威性。然而一些商业网站不参与评估，对于不参与 BizRate.com 评估计划的网上商店，BizRate.com 在线调查频道经由超过 100 000 人的实际在线购买的会员进行评估，这些信息的准确性或者被调查者身份的可信度对评估结果将产生直接影响。

2. CU 网络营销评估法

消费者联盟（Consumer Union，CU）是一个独立的、非营利性的测试和信息组织。从 1936 年起，它的使命一直是检验产品，向公众发布检测报告，并保护消费者。"Consumer Reports online" 由消费者联盟发布管理，对电子商务网站的评价与传统产品评价方法（对于传统行业，待检测的产品全部来自市场，检测人员像普通消费者一样从货架上购买，然后由 100 多位专家进行检验）类似，采用研究人员观察法，即对被评估网站的主要方面进行评价，包括销售额、网站流量、使用方便性（设计、导航、订单及取消、广告）、网站政策（安全性、装运、退货、个人隐私、顾客服务）和网站内容（分类深度、产品信息、个性化），然后根据各项指标的综合结果对电子商务网站进行排名。目前，Consumer Reports online 主要对九类网站进行评比：服饰、器具、汽车、书籍和音乐、目录、电子、玩具、园艺、家庭装饰/家具。CU 的非营利性质有助于其在公众心目中树立公正的形象，其主要刊物《消费者报告》有 460 万订户，还有数百万消费者通过《消费者报告》在线网站了解相关信息，在线付费订户数量达到 37 万。

Consumer Reports online 沿用与传统评估一样的方法评估商业网站，只监控高流量的网站，虽然大多数购买者会去这些网站购物，但网站流量小但专业化程度高的或者一些新成立的网站就失去了参与评估的机会。而且，纯粹的专家评估方法未必能反映商业网站的实际状况。专家可以评估电子商务经历的每个方面，甚至看到消费者没有意识到的新特性，但是专家也许一个季度才有一次购物。购物者虽然不一定实验所有特性，但却经常在线购买东西或进行测试，如果让购物者参与评估网站，使一些中小商业网站也可以参与评估，那么购物者对购物网站的评估将远胜过实验室里专家的评估。之所以"Consumer Reports online"的评估结果有较大的影响力，是因为基于传统产品评估的《消费者报告》杂志有众多的订户以及该机构所具有的非营利性质。

3. Forrester 强力评估法

Forrester 强力评估（Forrester PowerRankings）采取专家实际购物评估与消费者调查资料相结合的方式，为了让直接消费者浏览商业网站，Forrester 请求浏览 Forrester PowerRankings 网站的消费者参与调查，同时也与 Greenfield online 形成伙伴关系，对 40 万在线样本会员进行调查，Forrester 监控在线消费者的投票以确保没有欺骗性事件发生。收集到网上消费者的资料后，Forrester 对从在线调查中得到的统计资料进行一系列评估，Forrester 的专家购物实验对商业网站进行全方位评估，这种评估对所有被评估商业网站都是以同样的标准严格进行的。

最后，Forrester 专家的购物经历和消费者资料两类数据结果汇合成整体评估结果——PowerRanking（即影响力排名，以百分制表示）。其中，专家购物资料权重为 1/3，而消费者的资料权重为 2/3。Forrester PowerRankings 是专家公正分析与在线用户调查的结果，这种独特的组合为商业网站提供了一个全面的评价。Forrester Research 是一个独立的研究咨询公司，PowerRankings 为消费者提供客观研究调查以帮助他们为选择领先的网站提供较好的决策，这对于商业网站来说，得到了在市场地位方面的公正评估。Forrester PowerRankings 采取专家实际购物评估与消费者调查资料相结合的方式，显然在评估方法上更准确一些，然而对于应该对两类数据结果赋予多大的权重以及权重的设置会对评估结果的准确性造成什么影响还存有一定的疑问。

上述分析表明，对于所有的评估网站，建立科学的评价标准，并保持自身的公正形象至关重要，但是由于每个人都可能成为评估人，而各人的经历、偏好都有所不同，对每种标准的判断就会有差异，无论专家评估还是在线调查，都摆脱不了主观因素的影响，无论是定性描述还是定量分析，各种能够评估的方法都存在一定的缺陷。尽管各种方法都存在一定的缺陷或片面性，而且评估结果并不能真正反映商业网站的实际价值，这些方法也无法完全推广到其他类型的网站，但是作为一种新兴的互联网商务模式，可以预见，专业评估网站将会快速发展。这对于网络营销评估机制的建立与完善将起到极大的推进作用。

（二）直接回复网址的网络营销评估方法

一些营销研究机构从网络营销的直复功能出发，开发出一种营销评估方法——直接回复网址（Direct Response Web Site），以下简称直复网址。直复网址的设计思路是：要利用网络即时、互动的特性得到顾客（或潜在顾客）的实时回复。所谓回复（Response）是指当测试的目的针对某项特定的活动时，公司需要的是与此活动有关的特定的反馈信息，可见回复不完全等同于反馈信息（Feedback）。天下没有免费的午餐，顾客并没有回复的义务，为了使顾客乐于回复，当然得先给他点好处。为了准确评估某项营销活动的效果，得将其他反馈信息和与之有关的回复分离开来，这就要采取合理的信息分流。信息清晰分离后，即能精确获得服务于评估目的的回复数据，由此进行分析，可得到对该项营销活动效果的评估，同时可总结出优化营销效果的措施。这种网址在形式上和普通网址并无二致，仅仅是增加了一些具有直复特性的元素。可见，这种评估方法的根本出发点仍然是网络即时、互动的特性，其实质无非是将网络的特点结合传统营销的技巧和概念灵活运用而已，并不是什么神秘不可言的创造。下面我们就来具体阐释一下直复网址的设计中蕴含的经典的市场营销概念和技巧。

1. 优选目标市场——测试对象

和其他直复营销媒体的评估一样，使用直复网址针对某一营销活动进行评估的第一步就是要选择合适的测试对象。利用传统营销理论中的 STP（Segment 细分、Target 目标、Position 定位）方法，可以找到与该项营销活动相配的细分目标市场。这时，既可以直接将直复网络和目标市场的网络连接起来，也可以间接将网络营销和目标市场联系起来，即在电视、广播、广告板、POP 广告等这些传统媒体的醒目位置打上公司的网址，引导消费者去浏览该网址，利用目标市场中已有的传统营销媒体进行复合营销。

2. 给出优惠条件，诱使浏览者乐于回复

确定出测试对象后，接下来就是要收集每一位浏览站点的测试对象的基本数据：姓名、教育程度、收入、联系方法等。这些数据并不能直接获得，只有当浏览者愿意告诉网络营销者的时候，网络营销者才能得到这些数据，但是，浏览者并没有义务在一些站点设置的浏览者登记簿上填写这些信息，这是由网络文化所固有的保护个人隐私的特性所决定的。

所以，公司要想获得这些数据须付出应有的代价。要使浏览者乐于留下这些基本数据其实也很简单，只需将传统营销的一些促销策略稍加变化应用到网上即可：如网上竞赛、网上优惠价、网上折扣、网上抽奖等方式均可运用。但应注意：网上信息传播速度很快，不排除大多数浏览者冲着免费品而来，如果网络营销者事先没有设计好有效的控制策略，很可能会因此而大出血本，因此网络营销者不要滥给免费品（即没必要讨好每一位来访者）。下面是一个控制得较好的例子。

SoftMail Direct 公司为了促销"站点评论"这项新的服务，它在商业刊物刊登广告时给出了如下有吸引力的优惠条件：提供免费的站点评论，有机会获得价值 1 000 美元的幸运奖。公司将从 1995 年 12 月 15 日到 31 日期间所有在指定的 URL 上登记的浏览者中随机抽取 100 名幸运者。

3. 浏览者信息分流

如果将针对某项营销活动的特定的回复信息和其他目的的反馈信息混在一起，公司还是无法评估某项特定的网络营销努力是否成功。如上例（SoftMail Direct 公司）中，如果冲着免费评论目的来的浏览者和需要"站点评论"服务支持的浏览者（被评估的网站）都在同一个地址上登记，那么，公司就无法使用这个地址上的浏览者数据来评估他的新服务是否有效。为了解决这个问题，必须为不同的目的设置不同的网址以便将不同用途的信息分流。具体操作为：将当前主页拷贝一份，然后再在同一目录下另存一个名字即可。例如，上例中 www. SoftMail. com/index. html 为 SoftMail Direct 的标准网址，为了评估免费评论这项营销活动，可拷贝当前主页并为之设定一个特定的地址 www. softmail. com/New PubAd. html 即可。这样，从这个网址上得到的数据就是直接针对免费评论这个营销活动的。

4. 测试、评论并采取优化措施

评估的过程就是利用上述基本数据，计算相应评估指标，并与预期目标进行比较，得出正确的结论。根据评估的结果网络营销者可以了解哪些营销努力是没有市场效益的、哪些是卓有成效的，这样网络营销者就可以果断地采取优化措施、取消无效的努力，将其资源集中到有效的营销努力上来。总之，有了数据分流的观念后，可以很容易地评估每一项营销努力的效果，甚至通过巧妙的分流方法可以评估每一项营销努力中哪些具体的措施在起着关键作用。

对整体效益的评估还在不断的探索中，网络营销管理人员一定要重视网络营销的业绩评估，只有通过评估才能更及时地发现存在的问题，为网络营销的调整控制提供指导。

第四节 网络营销经营风险控制

一、网络营销风险因素分析

网络营销的风险包括两大类：一类是经济性风险，另一类是人为风险。下面主要介绍一下人为风险因素。

人为风险，或称非经济风险，是指由于人为破坏等因素造成的风险，主要包括以下几种。

（一）计算机病毒引起的风险

影响网络安全的一个重要因素是计算机病毒。所谓计算机病毒是指一种隐藏于计算机中，破坏其正常运行及存储于其中的文件，并且能够繁殖传播的程序。

（二）"黑客"网络犯罪引起的风险

除了人为编制病毒对企业网络造成破坏以外，还有些被俗称为"黑客"的人通过网络对企业进行骚扰，甚至盗窃企业机密，以获取非法经济利益。"黑客"原意是指热衷于设计电脑程序的人，他们对电脑非常着迷。但也有一些"黑客"走上了犯罪道路，他们有的截取银行账号，盗取巨额资金；有的盗用电话号码，使得电话公司的客户蒙受巨大损失。

（三）由网络知识产权受到侵犯而带来的风险

知识产权保护对网络营销服务提出的新问题，主要体现在版权保护领域，而这一方面受到的侵犯也就形成了网络营销中人为风险的一大因素。其主要包括以下几种。

（1）作品和录音制品在网络营销环境下传播的问题。

（2）对作品和录音制品技术保密的问题。

（3）作品和录音制品的权利管理信息问题。

（4）数据库的保护问题。

在网络营销中，侵犯知识产权造成的风险还包括因著作权、域名和注册商标及名称权受到侵犯所带来的风险。

二、网络营销风险的控制

（一）网络营销风险控制概述

1. 网络营销风险控制的范围

网络营销风险控制的核心和关键问题是交易的安全性，这也是电子商务技术的难点。为了降低交易的风险性，必须从以下四个方面进行风险控制。

（1）信息保密性：交易中的商务信息均有保密的要求。

（2）交易者身份的确定性：能方便而可靠地确认对方身份是交易的前提。

（3）不可否认性：交易一旦达成是不能被否认的，否则必须会损害一方的利益。

（4）不可修改性：交易的文件是不可被修改的。网上交易文件也要做到不可修改，以保障交易的严肃性和公正性。

2. 网络营销风险控制的措施

一个完整的网络交易安全体系至少应包括以下三类措施，并且三者缺一不可。

（1）技术方面的措施：如防火墙技术、网络防毒、信息加密存储通信、身份认证、授权等。但只有技术措施并不能保证百分之百的安全。

（2）管理措施：包括交易的安全制度、交易安全的实时监控、提供实时改变安全策略的能力、对现有安全系统漏洞的检查以及安全教育等。

（3）社会的法律政策与法律保障：包括在网上进行交易的统一商法以及各种网络交易方面的法律、法规等。

开展网络营销的企业，只有从上述三方面入手，才可能真正实现电子商务的安全运作。

（二）网络营销风险控制措施

1. 客户认证

客户认证（Client Authentication，CA）是基于用户的客户端主机 IP 地址的一种认证机制，它允许系统管理员为具有某一特定 IP 地址的授权用户制定访问权限。

客户认证技术是保证电子商务交易安全的一项重要技术。客户认证主要包括身份认证和信息认证。前者用于鉴别用户身份，后者用于保证通信双方的不可抵赖性和信息的完整性。在某些情况下，信息认证显得比信息保密更为重要。例如，买卖双方发生日用品业务或交易时，可能交易的具体内容并不需要保密，但是交易双方应当能够确认是对方发送或接收了这些信息，同时接收方还能确认接收的信息是完整的，信息在通信过程中没有被修改或替换。

2. 防止"黑客"入侵

"黑客"可分为两类。一类是骇客，他们只想引人注目，证明自己的能力，在进入网络系统后，他们不会去破坏系统，或者仅仅会做一些无伤大雅的恶作剧。另一类是"窃客"，他们的行为带有强烈的目的性。

防范"黑客"的技术措施根据所选用产品的不同，可以分为七类：网络安全检测设备、访问设备、浏览器/服务器软件、证书、商业软件、防火墙和安全工具包/软件。

3. 网络交易系统的安全管理制度

网络交易系统安全管理制度是指用文字形式对各项安全要求所做的规定，它是保证企业网络营销取得成功的重要基础工作，是企业网络营销人员安全工作的规范和准则。这些制度应当包括人员管理制度、保密制度、跟踪审计制度、系统维护制度、数据备份制度、病毒定期清理制度等。

（1）人员管理制度

从事网络营销的人员，一方面必须具有传统市场营销的知识和经验，另一方面，又必须具有相应的计算机网络知识和操作技能。为保证网络营销系统安全运作，需遵循下面一些基本原则。

① 双人负责原则：重要业务不要安排一个人单独管理，实行两人或多人相互制约的机制。

② 任期有限原则：任何人不得长期担任与交易安全有关的职务。

② 最小权限原则：明确规定只有网络管理员才可进行物理访问，只有网络人员才可进行软件安装工作。

（2）保密制度

网络营销涉及企业的市场、生产、财务、供应等多方面的机密，需要很好地划分信息的安全级别，确定安全防范重点，提出相应的保密措施。信息的安全级别一般可分为以下三级。

① 绝密级：包括公司经营状况报告、订/出货价格、公司的发展规划等。此部分网址、密码不在互联网上公开，只限于公司高层人员掌握。

② 机密级：如公司的日常管理情况、会议通知等。此部分网址、密码不在互联网上公开，只限于公司中层以上人员使用。

③ 秘密级：如公司简介、新产品介绍及订货方式等。此部分网址、密码在互联网上公开，供消费者测览，但必须有保护程序，防止"黑客"入侵。

保密工作的另一个重要问题是对密钥的管理。大量的交易必然需要使用大量的密钥，密钥管理必须贯穿于密钥的产生、传递和销毁的全过程。密钥需要定期更换，否则可能使"黑客"通过积累密文增加破译机会。

（3）跟踪、审计、稽核制度

跟踪制度要求企业建立网络交易系统日志机制，用以记录系统运行的全过程。系统日志文件是自动生成的。它对于系统的运行监督、维护分析、故障恢复，对于防止案件发生以及在案件发生后为侦破提供监督数据，都可以起到非常重要的作用。

审计制度包括经常对系统日志进行检查、审核，及时查看对故意入侵系统行为的记录和违反系统安全功能的记录，监控和处理各种安全事件，保存、维护和管理系统日志。

稽核制度是指工商管理、银行、税务人员利用计算机及网络系统，借助于稽核业务应用软件调阅、查询、审核、判断辖区内各电子商务参与单位业务经营活动的合理性、安全性，堵塞漏洞，保证电子商务交易安全，发出相应的警示或作出处理的一系列步骤及措施。

（4）网络系统的日常维护制度

网络系统的日常维护制度包括如下内容。

① 硬件设备维护。要求网络管理员必须建立系统设备档案。一般可用一个小型数据库来完成这项功能，一旦某地设备发生故障，可便于网上查询。

② 软件的日常管理和维护。一个是支撑系统软件，包括操作系统 Unix 或 Windows NT，数据库 Oracle 或 Sybase，开发工具 PowerBuilder、DelPhi 或 C 语言等。另

一个是应用软件的维护，应用软件的管理和维护主要是版本控制。

③ 数据备份制度。这种保护措施还包括对系统设备的备份。

④ 病毒防范制度。病毒在网络环境下具有更强的传染性，对网络交易的顺利进行和交易数据的妥善保存造成了极大的威胁。防止病毒入侵的有效方法是：安装防病毒软件；不打开来自陌生地址的电子邮件；认真执行病毒定期清理制度。

⑤ 控制权限。可以将网络系统中易感染病毒的文件的属性、权限加以限制，对各终端用户，只许他们具有只读权限，切断病毒入侵的渠道，从而达到预防的目的。

⑥ 高度警惕网络陷阱。网络上常常会出现各种非常诱人的广告及免费使用的承诺，在从事网络营销时对此应保持高度的警惕。

⑦ 应急措施。应急措施是指在计算机灾难事件，即紧急事件或安全事故发生时，利用应急辅助软件和应急设施，排除灾难和故障，保障计算机信息系统继续运行或紧急恢复。在启动网络营销业务时，就必须制定交易安全计划和应急方案，一旦发生意外立即实施，最大限度地减少损失，尽快恢复系统的正常工作。

4. 网络营销交易安全的法律保障

网上交易安全的法律保护问题涉及到两个基本方面：第一，网上交易首先是一种商品交易，其安全问题应当通过民商法加以保护；第二，网上交易是通过计算机及其网络实现的，其安全与否依赖于计算机及其网络自身的安全程度。

三、网络营销风险的消费者保护

企业在开展网络营销活动过程中，一个突出问题是要保护消费者的利益。网络营销作为电子商务的重要组成部分，如果忽略对消费者保护，同样也难以顺利发展。

对于企业来说，在开展网络营销过程中保护消费者，也是保护企业自身利益、培育市场的发展。目前，企业在网络营销过程中对消费者的保护主要从以下几个方面进行考虑。

（一）保护消费者隐私

在信息透明度很高的互联网上，企业可以很容易地在消费者不知情的情况下获得消费者的个性化信息，而许多信息都是消费者不愿意透露的。当企业出于自身的利益利用或者泄露消费者个人隐私信息时，就对消费者造成了伤害。基于消费者对隐私的考虑，美国著名市场研究机构 Forrester 估计电子商务公司在一年中可能因此而丢掉几十亿美元的销售额，因为一些担心企业会使用他们个人资料的消费者会停止在线购物，或在网上的支出低于在其他方面的消费。

企业保护个人隐私的主要措施有如下三个方面。

（1）在消费者知情的情况下收集他们的个人信息，并承诺对个人信息保护和非公开商业化使用。

（2）收集消费者的信息时，隐藏消费者信息的隐私部分，不包含消费者的个体识别信息（身份证号码、电话号码、姓名等）。

（3）在使用方面，如果企业收集的消费者信息只限于企业内部分析使用，消费者一般都比较能接受；如果企业将收集的消费者信息出售，则有可能造成对消费者隐私的侵犯，这是企业应当严加注意的。

（二）使消费者免受侵扰

由于网上信息发布非常方便，特别是随着 E-mail 的广泛使用，许多企业为发布信息，经常向消费者发送 E-mail 广告，对消费者造成了侵扰。这类电子邮件一般被称为垃圾邮件。企业在向消费者发送 E-mail 时，要注意减免对消费者的侵扰。

企业发送 E-mail 时，为避免对消费者造成侵扰可以采用下面两种方式。

（1）企业利用一些邮件列表公司，向那些愿意接收广告信息的消费者发送广告信息，采用这种方式要收取一定的费用。

（2）在收集 E-mail 地址时要遵照消费者的意愿，只对愿意接收的消费者发送 E-mail，而且允许消费者取消对 E-mail 的接收。对消费者减少侵扰最好的方法是减少向消费者发送对其无用的 E-mail。

（三）提供真实可靠的信息

企业在网上开展网络营销活动时，要注意提供信息的真实可靠性。消费者对网站访问的动因一个是感兴趣，另一个是信任。企业在网络营销活动中提供一些不真实的信息，对消费者造成损害，势必对企业自身造成负面影响。

（四）提供完善的售后服务

企业利用网络营销渠道销售产品时，要特别注意产品质量和提供完善的售后服务。消费者在网上购买产品，最担心的问题是无法现场检验产品的质量和感受产品的品质。因此，消费者在网上购物时，比较关心网站的信誉和售后服务。如果消费者在购买产品后发现产品质量不符合要求，或者购买的产品与预期有很大差距，则可能给消费者带来不满足感。如果企业不能保证产品质量，同时又没有完善的售后服务，势必会妨碍消费者利用网络营销渠道进行购物。

　　企业保护消费者既是保护消费者权益，同时也是保护自身权益。在互联网的虚拟网上市场中，企业实施网络营销活动，最大的挑战是树立网站的信誉，增强消费者对网站的信任。如果不采取积极措施保护消费者，消费者的反抗可能会给企业带来致命的打击。

　　由于我国目前发展网络营销的环境还不是很完善，网上交易需要新的立法对消费者的权益进行保护。对网络营销风险的控制，除了政府、企业方面的努力外，消费者自己也需要具备相应的自我保护意识，以免自身权益受到侵犯，其中最主要的保护手段就是充分利用法律手段维护自身权益。

本章小结

　　本章介绍了网络营销实施与控制的相关理论，包括网络营销实施管理、网络营销组织结构、网络营销业绩评估以及网络营销经营风险控制等，并对这些理论在实际的应用当中给出了很好的实例及解释，旨在使学生对于网络营销的实施有深刻的了解，从而为实践工作奠定良好的基础。

思考题

1. 网络营销实施的运作过程是什么？
2. 网络营销业绩评估内容有哪些？
3. 常见的网络营销业绩评估方法有哪些？
4. 如何进行网络营销风险分析？

实践技能训练

1. 找一个自己感兴趣的网站，进行网络营销业绩评估。
2. 任选一个网站，进行网络营销风险分析。

参考文献

1 拉菲·默罕默德著. 网络营销. 北京：中国财政经济出版社，2004

2 朱志强编著. 网络营销. 大连：东北财经大学出版社，2008

3 孙勇主编. 网络营销. 北京：化学工业出版社，2007

4 冯英健著. 网络营销基础与实践. 北京：清华大学出版社，2007

5 何建民主编. 网络营销. 北京：电子工业出版社，2010

6 邓少灵主编. 网络营销学. 广州：中山大学出版社，2009

7 宋文官编著. 电子商务与网络营销. 大连：东北财经大学出版社，2006

8 刘喜敏，马朝阳主编. 网络营销. 大连：大连理工大学出版社，2008

《网络营销理论与实务》
编读互动信息卡

亲爱的读者：

感谢您购买本书。只要您以下三种方式之一成为普华公司的会员，即可免费获得普华每月新书信息快递，在线订购图书或向我们邮购图书时可获得免付图书邮寄费的优惠：①详细填写本卡并以传真（复印有效）或邮寄返回给我们；②登录普华公司官网注册成为普华会员；③关注微博：@普华文化（新浪微博）。会员单笔订购金额满300元，可免费获赠普华当月新书一本。

哪些因素促使您购买本书（可多选）

○本书摆放在书店显著位置 　　　○封面推荐 　　　　　　○书名

○作者及出版社 　　　　　　　　○封面设计及版式 　　　○媒体书评

○前言 　　　　　　　　　　　　○内容 　　　　　　　　○价格

○其他（ 　　　　　　　　　　　　　　　　　　　　　　　　　　　　　　　　）

您最近三个月购买的其他经济管理类图书有

1.《 　　　　　　　　　　　》　　　2.《 　　　　　　　　　　　》

3.《 　　　　　　　　　　　》　　　4.《 　　　　　　　　　　　》

您还希望我们提供的服务有

1. 作者讲座或培训 　　　　　　　　2. 附赠光盘

3. 新书信息 　　　　　　　　　　　4. 其他（ 　　　　　　　　　　　　　　　）

请附阁下资料，便于我们向您提供图书信息

姓　　名 　　　　　　联系电话 　　　　　　　职　　务

电子邮箱 　　　　　　工作单位

地　　址

地　　　　址：北京市丰台区成寿寺路11号邮电出版大厦1108室

　　　　　　北京普华文化发展有限公司（100164）

传　　真：010 – 81055644

读者热线：010 – 81055656

编辑邮箱：chengzhenzhen@ puhuabook. com

投稿邮箱：puhua111@126. com，或请登录普华官网"作者投稿专区"。

投稿热线：010 – 81055633

购书电话：010 – 81055656

媒体及活动联系电话：010 – 81055656　　　　　　　　邮件地址：hanjuan@ puhuabook. com

普华官网：http：//www. puhuabook. com. cn

博　　客：http：//blog. sina. com. cn/u/1812635437

新浪微博：@普华文化（关注微博，免费订阅普华每月新书信息速递）